中國史學基本典籍叢刊

吴越春秋輯校彙考

〔後漢〕趙曄撰
周生春輯校彙考

中華書局

圖書在版編目(CIP)數據

吴越春秋輯校彙考/(後漢)趙曄撰;周生春輯校彙考.
—北京:中華書局,2019.6(2021.9 重印)
(中國史學基本典籍叢刊)
ISBN 978 - 7 - 101 - 13867 - 2

Ⅰ.吴…　Ⅱ.①趙…②周…　Ⅲ.①中國歷史 - 吴國(? ~前 473)②中國歷史 - 越國(? ~前 306)③《吴越春秋》- 譯文④《吴越春秋》- 注釋　Ⅳ.K225.04

中國版本圖書館 CIP 數據核字(2019)第 076757 號

責任編輯:陳若一

中國史學基本典籍叢刊

吴越春秋輯校彙考

〔後漢〕趙　曄 撰

周生春 輯校彙考

*

中 華 書 局 出 版 發 行

(北京市豐臺區太平橋西里 38 號　100073)

http://www.zhbc.com.cn

E - mail:zhbc@zhbc.com.cn

北京瑞古冠中印刷廠印刷

*

850 × 1168 毫米 1/32 · 13½印張 · 2 插頁 · 249 千字

2019 年 6 月北京第 1 版　2021 年 9 月北京第 2 次印刷

印數:3001 - 6000 册　定價:48.00 元

ISBN 978 - 7 - 101 - 13867 - 2

目録

附録四　相關人物傳記……三〇五

序

東漢趙曄曾作《吴越春秋》十二卷，記載吴、越兩國的歷史，這是許多史書有確切記載的，所以談起《吴越春秋》，就必然想到其作者爲趙曄。其實，後來又有不少人用同樣題材、同樣書名作書多種，知道的人就很少了，諸如趙岐的《吴越春秋》、張遐的《吴越春秋外紀》、無名氏的《吴越春秋》、《吴越春秋次録》、郭頒的《吴越春秋記》、楊方的《吴越春秋削繁》和皇甫遵的《吴越春秋傳》等，有八九種之多，遺憾的是經過近兩千年的發展，流傳至今的僅一種而已，於是現今流傳的這個本子作者、版本等也就成爲衆説紛紜、懸而難決的問題了。

周生春先生近年來曾對《越絶書》成書時代、作者、版本諸問題進行了深入研究，並發表了很有創見的文章，同時他對《吴越春秋》又作了全面的整理和研究，因爲這兩部書都是記載春秋時代吴、越兩國歷史的，在研究許多問題時確實有其互補性，因此凡是研究《越絶書》者往往要談及《吴越春秋》，而研究《吴越春秋》的論著，同樣少不了要論及《越絶書》，雖然作者、體裁、成書時代都不相同，但是後來發展的歷史，使它們似乎如同姊妹篇了。周君將兩書同時進行研究，其道理恐怕就在於此。其成果《吴越春秋輯校彙考》一書，可視爲該書研究的集大成之作，如此精細的校勘，非具有深厚的功底不能爲也。我在閱讀了全部書稿以後，亦深感得益非淺，歸納起來，此書具有如下特點：

首先對如今流傳的《吴越春秋》版本、作者、成書時代等長期争論、懸而未決的問題，通過對各家説法的深入研究，在占有大量的豐富資料的基礎上，特别是對今本《吴越春秋》全文及各種異文、佚文比較研究，並撰成《今本〈吴越春秋〉版本淵源考》、《今本〈吴越春秋〉作者、成書新探》專篇進行考訂，對歷史上凡撰述過《吴越春秋》的作者，都一一進行分析研究，不僅儘可能列出成書年代，而且對每部史的取材來源、内容及成書之分合，都作了詳盡考訂，從而得出了比較令人信服的結論。周君指出今本的祖本應是皇甫遵之書，而皇甫遵之書則又是合趙曄、楊方兩家之書而成，楊方之書五卷，是删趙曄之書而成，故曰《吴越春秋削繁》，趙曄之書原爲十二卷，皇甫遵要合自然就得加以增删，經過考證、改寫和重編，這就成了十卷本的《吴越春秋傳》，元人徐天祜之音注，正是用的此本。所以，「今本淵源於東漢趙曄的《吴越春秋》，晉時曾經楊方刊削，後由皇甫遵改寫編定，最終由元徐天祜音注、刊板而成。從廣義的作者概念來説，原著者趙曄，改編者楊方、皇甫遵，音注者徐天祜均應被視爲今本之作者」。「從歷史的眼光來看，今本並非一人一時之作，而是一部歷經衆人之手，成書過程長達一千二百餘年的歷史著作」。這個論述自然是符合事實的，因爲趙曄之本，宋代雖還有十卷殘存，但所記内容顯然已與今本不合。自然不能單以宋時亦爲十卷而定是非。研究古代典籍者大多知道，我國古代不少典籍，都不是出自一人之手，《左傳》這部古代編年體巨著，顧炎武早已指出，此書「成之者非一人，録之者非一世」。《越絶書》也是如此。當然每部書的成書情況也不盡相同。應當指出的是，如今流傳的本子儘管已經不是趙曄的原書了，但卻絲毫不影響他在著作這部書上所作的貢獻，儘管多次變動，他所確定的體裁，記載的主要内容可以説始終未變，否則也就不成其爲《吴越春秋》了。

其次是校勘精當，成爲該書理想的版本。校勘工作是一項十分細緻而複雜的科研工作，衹要讀了本書就可以發現，其校勘方法非常細緻，是以上海商務印書館《四部叢刊》影印之明弘治十四年鄺璠所刊《吴越春秋》爲工作底本，而用來對校的本子則有國家圖書館所藏元大德十年紹興路儒學刻明修本、《景印元明善本叢書》影印之明吴琯《古今逸史》本，還參考了江蘇古籍出版社一九八六年版苗麓點校本。至於他校方面所做之事則更是大量的，廣徵博引群書，搜求散佚放失，既做了拾遺補缺，又做了校勘正譌，徵引輯佚之書達數十種之多，約而言之，則是從史書、史注、地志、類書、集注諸類書中，輯出今本所無的

《吴越春秋》佚文，因爲趙曄在撰寫此書時，雖然搜集了不少民間傳説，但主要的材料自然是採集自《左傳》、《國語》、《史記》等重要史書，如今要校勘其文字正確與否，利用這些史書進行校對，自然就顯得十分重要。如《闔閭内傳第四》有這樣幾條校勘：

「子常遂濟漢而陣，自小别山至於大别山，三不利，自知不可進，欲奔六。」

校勘記曰：「按《左傳·定公四年》，『三』下疑脱『戰』字。」

「與妹季芈，出河、濉之間。」

校勘記曰：「芈，大德本作『芊』，弘治本、《古今逸史》本作『芊』，《左傳·定公四年》作『芈』，據改。下同。」

這裏校勘出來的雖然都衹是一個字，其實應當説都很重要，「三不利」若不加「戰」字成「三戰不利」，則其意乃不可解，「戰」字加上則全文通順。再説「芈」與「芊」本爲意、音完全不同的兩個字，季芈乃人名，楚平王之女，昭王之妹，若寫成季芊，則歷史上並無其人。可見這種校勘工作是何等重要。

人所熟知，類書是一種分類彙編各種材料以供檢查之用的工具書，内容範圍相當廣泛，古代重要史書，其内容大多爲被抄録對象。而《吴越春秋》也曾被許多類書所徵引和抄録，今天被用來輯佚的就有《北堂書鈔》、《藝文類聚》、《群書治要》、《初學記》、《太平廣記》、《太平御覽》等多種，這就説明《吴越春秋》這部史書在唐、宋時代一直受到學術界的重視。不僅如此，魏、晉以來許多著名學者在爲史地文學名著作注時，似乎也少不了《吴越春秋》這部地方史。如裴駰注《史記》，酈道元注《水經》，劉孝標注《世説新語》，劉昭注《後漢書》，李善注《文選》，李賢注《後漢書》，司馬貞、張守節注《史記》等，都徵引了這部書的内容，所有這些都從不同側面反映了該書的價值，因而從它問世以後，一直爲許多著名學者所重視。這是我們今天在研究這部書的價值時所不應當忽視的重要現象。當人們要研究整理這部在流傳中變化頗大的史籍時，以上各書的徵引内容，也自然就反過來成爲我們今天在校勘該書時重要的依據，所以周君《輯校彙考》他校的書非常廣泛也就屬情理之中。還要指出的是，周君在校勘過程中，也充分參考和吸收了前人研究成果。因爲清末以來，有不少學者先後都對該書進行了研究，作了校勘，其中有不少還是大名家，如俞樾、孫詒讓等，都有過研究。但我們可以看到，他並不爲名家的結論所囿，在不少問題上，有的名家在缺少可靠的論據時，往往用推理來論斷，確實解決了不少問題，但同樣也有推論錯的。對此，校勘記中都廣徵博引，據理更正。看來該書所以稱之「輯校彙考」，這些地方也就可以看出其命名的由來。要集中前人所有校勘這部書的智慧，再作深入細緻的考證。而態度又是十分審慎的，正如《凡例》所言：「校勘以不輕易改字爲原則。底本文字如有衍、脱、訛誤，衹據對校本及他校本所引《吴越春秋》增删更改，而絶不妄逞臆見，僅據對校本、他校本所引《吴越春秋》以外之書輕易改竄古書。」

此書的第三大特點，則是專設「吴越春秋異文、佚文輯録」一項，將異文、佚文全部輯録於正文之後。異文者，是指内容與今本大體相同，而文字、内容上則略有出入（當然亦有在文字記載上出入頗大者）；佚文者，是指今本全數不載。這些内容的收入，無疑有利於人們對該書版本的流傳和變革的認識和研究，對於研究該書記載的某些重要史事，自然也有重要參考價值。尤其可喜的是，唐人徐堅等所編的《初學記》，在摘引此書時，往往都冠以趙曄名字，即「趙曄《吴越春秋》」云云，若是細心排比一下，又可以發現，凡引趙曄《吴越春秋》者，其内容往往詳於今本。當然，除《初學記》外，其他類書和地志也有引趙曄之書的。不過成書於宋代的那些地志類書，是否直接引自趙曄之書就很難説了，很可能出自轉引。如《太平御覽》在編纂時，好多内容大都抄自其他類書。儘管如此，其文字畢竟出自原書。需要指出的是，我們説「往往詳於今本」，但從許多異文比較來看，亦有今本詳於趙氏内容的，這就説明後人在利用趙曄之書進行改編時，是有損有益，而絶不僅僅是删削而已。而所編之書也確實在内容上、體例上具有自己的某些特點，否則也不可能取代趙曄之書而流傳至今。

我們試看佚文。《太平御覽》卷二百九十一引《吴越春秋》曰：

吴師入郢，闔閭既妻昭王夫人，又及於伯嬴。伯嬴，秦康公之女，平王之夫人，昭王之母也。伯嬴操刃曰：「妾聞天子，天下之表也；公侯，一國之儀也。天子失制，則天下亂；諸侯失節，則國危。今夫婦之道，固人倫之始，王教之端也。今吴去儀表之行，從亂亡之欲，犯誅絶之事，何以行訓民乎？妾聞生以辱者，不如死以榮者。使吴王棄儀表，則無以生存，一舉而兩儀辱。妾以死守之，不敢命也。且凡欲近妾者，爲樂也。近妾而死，何樂之有？先殺妾，又何益於君王？」於是，吴王慚耻，遂退還舍。

這條内容今本《吴越春秋》不載，祇有「闔閭妻昭王夫人，伍胥、孫武、白喜亦妻子常、司馬成之妻，以辱楚之君臣也」。在古代，破人之國，占人之妻，乃是司空見慣之事。而對這些内容，《左傳》、《國語》、《史記》諸書均未記載。今本作者出於什麽目的將「及於伯嬴」一事删了，自然不得而知。但對闔閭君臣這種行爲最後加上「以辱楚之君臣」一句，説明他們旨在報仇。而如果將「及於伯嬴」一事也放上，似乎就與《國語》對闔閭的評論很不相符了。《國語·楚語下》藍尹亹論吴將斃是這樣評論闔閭的：「闔廬口不貪嘉味，耳不樂逸聲，目不淫於色，身不懷於安，朝夕勤志，恤民之羸，聞一善若驚，得一士若賞，有過必悛，有不善必懼，是故得民以濟其志。」這個評論所稱述的闔閭，顯然是位勵精圖治的君主，而決非荒淫無道之君。所以今本《吴越春秋》作者，便將上段文字删除了。事實上從這段文字所宣傳的思想來看，也並不是在説明闔閭是位昏庸的好色之徒，他在聽了伯嚭一系列數落後，也會感到「慚耻」，「遂退還舍」，這是無道之君不可能做到的。我們應當看到的是，在春秋戰國時代，許多有遠見的政治家，在談論治國之道時，都在强調以德治國，提倡君主要修德，行德政，得民心，國家方能强盛。伯嚭的那番激昂的言辭，不正是反映了這一思想嗎？宣傳王教，强調人倫，抬出儀表，以護己身。「諸侯失節，則國危」，「吴王棄儀表，則無以生存」。這就是使「吴王慚耻」的原因之所在。作爲國君的夫人尚且深知如此重要的治國之道，那些想要争王稱霸的君主和周圍的謀臣就更可想而知了。因此，我們再回過頭來看這條佚文的價值，自然也就可以更加深一層理解了，它對於研究當時的政治思想、史學思想以及倫理道德等方面無疑都具有不可忽視的重要價值。我們不妨再看兩條佚文：

《吴越春秋》曰：「闔廬死，葬於國西北，名虎丘。穿土爲川，積壤爲丘，發五都之士十萬人，共治千里……傾水銀爲池。池廣六十步，黄金珠玉爲鳧鴈，專諸之劍、魚腸三千在焉。葬之已三日，金精上陽，爲白虎據墳，故曰虎丘。」（《藝文類聚》卷八）

這條佚文《吴地記》、《太平御覽》、《太平寰宇記》、《（紹定）吴郡志》諸書也都有所引録，内容詳略也多不相同，《太平御覽》、《（紹定）吴郡志》都明言「銅槨三重」。再如：

《吴越春秋》曰：「越王既棲會稽，范蠡等曰：『臣竊見會稽之山有魚池上下二處，水中有三江、四瀆之流，九溪、六谷之廣。上池宜於君王，下池宜於民臣，畜魚三年，其利可以致千萬，越國當富盈。』」（《藝文類聚》卷九十六）

這條佚文《太平御覽》、《事類賦注》兩者亦有引録。

以上兩條今本均無記載，而其他史書亦未見有著録。可是，前者對研究古代帝王的安葬，後者對研究范蠡的治國富民思想應當説都是很有價值的。上文云槨之周圍，「傾水銀爲池」，據《史記·秦始皇本紀》載，秦始皇墓穴裏亦「以水銀爲百川江河大海」。可見古代帝王的墓穴似乎都要傾注水銀，這一現象顯然就具有研究的價值。綜上所引，無論是異文還是佚文，將其輯出彙編，都有着無可替代的價值。

此書還有一個顯著的特點，就是全書在校勘、考證的過程中，大量應用避諱學的手段，來解決許多由於某些字的不可理解而難以解決的問題。衆所周知，避諱是我們這個民族所特有的一種風俗，這種風俗起於周，成於秦，魏晉南北朝社會交往中非常流行，唐宋更盛。這種奇特的社會風俗，給古人著作時增添了許多麻煩，避諱改字，避諱改名，避諱改姓，避諱改官名，避諱改地名等等所在多有，後人閱讀古籍，自然就困難重重。若不懂避諱常識，古籍整理就很難進行。作者正是用了避諱這把鑰匙，不僅解開了不少難以讀通的字句之謎，而且用此手段論證了今本究竟爲誰所作及其著作成書時間。周君以「先」字爲例作了統計和比較，發現今本在絶大多數場合不用「先」字，並列舉《初學記》、《太平御覽》、《北堂書鈔》等書所引《吴越春秋》文句，凡有「先」字者，今本都作了變更，「王先食蒸魚」，「唯先生卜焉」、「先莊王」、「先君之劍」、「先君無廢祀」、「先師」、「先人與君相遭於途」、「先人藏器」、「先沉後揚」等，今本分别作「王前嘗半」、「惟公卜焉」、「前王」、「前君之劍」、「前君無廢」、「師」、「前人與君相逢於途」、「前王所藏」、「前沉後揚」等。而即使引用《左傳》、《國語》、《史記》、《越絶書》等史書内容，「先」字亦多變爲「前」字。書中作了統計，上述史書所載與今本内容相同之文，共用「先」字三十五處，其中二十六處今本均作

「前」字。周君正是在大量的避諱字中，理出了令人信服的結論。

關於《吴越春秋》的體裁，我認爲是典型的編年體史書。《左傳》正是這種體裁成熟的代表作，因爲它不僅突破了逐年編排的刻板形式，而且也突破了先秦分别記言、記事的格局，做到了「言事相兼，煩省合理」（劉知幾《史通·二體》），這是前人早已有的定論。所以我們説《吴越春秋》的編纂形式，乃是遠學《左傳》，將某些事件相對集中叙述，近效《史記》，將吴、越兩國分别加以編寫。可以這樣説，《史記》的本紀和世家，正是爲趙曄分國編寫提供了效法的榜樣。當然，我們也不應當忽略《國語》的分國編寫法對趙曄的影響。附帶還要指出的是，就我國史學發展的歷史來看，除《吕氏春秋》特殊外，凡曰「春秋」者皆爲編年體史書，直到魏晉南北朝時期成書的孫盛《魏春秋》、《晉春秋》，習鑿齒的《漢晉春秋》、王韶之的《晉安帝春秋》等無不如此。我們不妨再看杜預爲「春秋」所下的定義，自然就更能説明問題了：「記事者以事繫日，以日繫月，以月繫時，以時繫年，所以紀遠近，别同異也。故史之所記，必表年以首事，年有四時，故錯舉以爲所記之名也。」（《春秋經傳集解·序》）這就是説，編年史體之所以稱「春秋」，就因爲其書是以年爲綱，舉春以包夏，舉秋以賅冬。所以從孔子的《春秋》以後，許多編年體的歷史著作仍稱「春秋」，這顯然不是出於偶然。正因如此，歷代史書和目録學家一直把《吴越春秋》看作史書，《隋書·經籍志》列爲雜史，《舊唐書·經籍志》、《新唐書·藝文志》亦列爲雜史，《宋史·藝文志》列爲霸史，《四庫全書總目提要》則列入載記。

然而，不知從什麼時候開始，有人提出此書乃是小説。主要理由不外兩個方面，一則是説該書内容記載了許多荒唐不經的民間傳説和神話；再則便是説它對後世小説和戲曲産生了深遠的影響，許多關於伍子胥和勾踐的戲曲小説都是在它的基礎上創作出來的。

此書記載了「迂怪妄誕，真虚莫測」的内容確是事實，這在前人許多論著中均已指出，這是該書的糟粕，無庸諱言，應當批判或剔除。但是不能因此便定其性爲小説，若是此條成立，那麼許多史書都將變成爲小説了！就以上面所舉《左傳》爲例，這是研究我國先秦史很重要的一部史書，但是書中也有不少關於卜筮、星占、望氣等預斷人間禍福的事，並且幾乎没有一件不符合驗證的。即便正史又何嘗没有？就如「史家絶唱」的《史記》，不是也記載了范增的鬼話「吾令人望其氣，皆爲龍虎，成五采，此天子氣也」（《項羽本紀》）嗎？《漢書》作者班固，爲了説明劉邦應當得天下，不是也在《高帝紀》中記載了劉邦斬蛇的故事嗎？《三國志》、《後漢書》記載這類事情自然就更不在少數，尤其是後者，由於書中許多地方對符瑞、氣運、期數、陰德等迷信的肯定，所以作者范曄究竟是無神論還是有神論者，一直是争論不休的問題。前四史尚且如此，以後諸史自然就可想而知了。趙翼在《廿二史劄記》中就曾專門列出標題集中論述了這些内容。在卷八「《晉書》所記怪異」條開頭便説：「採異聞入史傳，惟《晉書》及《南》、《北史》最多。而《晉書》中僭僞諸國爲尤甚。」又如同卷「相墓」條，羅列了諸史所記相墓應驗之事，卷十五「誦經獲報」條，則是彙集諸史所記某些人在大難臨頭時，由於能大誦佛經而得以逢凶化吉之類故事的，如此等等，自然都是史書所不該記載的東西。但是，由於時代局限，當時社會風氣所致，這些「正史」都記了，但誰也不會因此而否定它們是史書這一性質。特别是，東漢社會從漢光武劉秀起就篤信圖讖，《後漢書・桓譚傳》中説：「是時帝方信讖，多以決定嫌疑。」《張衡傳》中也説：「初，光武善讖，及顯宗、肅宗因祖述焉。自中興之後，儒者争學圖緯，兼復附以妖言。」生活在這樣一個社會風氣之中，以個人力量編寫研究古代某地方歷史，除能夠見到的史書記載外，便是搜集流傳於社會上的許多傳説故事，這些傳説和故事中，夾雜着許多「迂怪妄誕，真虛莫測」的内容，也就完全可以理解了，因此用這個來定其是否爲史書的標準顯然是不科學的。

至於用對後世小説和戲曲的影響來定其性質，自然就更不妥當了。儘管宋、元話本中確實有《吴越春秋連像評話》，但衹能説明這部書對宋、元話本有很大影響，而不能就此便下結論它是小説。我們還是以《史記》爲例。魯迅先生既稱它是「史家之絶唱」，又稱其爲「無韻之《離騷》」，這就是首先肯定了它在史學上的地位，又肯定了它在文學上的價值，這兩者並不矛盾。王伯祥先生曾指出：「《史記》中保留下來的許多生動活潑的故事，都成人民所喜見樂聞的東西。明朝余邵魚的《列國志傳》和甄偉的《西漢通俗演義》等小説，其中絶大部分是取材於《史記》的。……至於戲劇的搬演，尤其是『源遠流長』，自元、明以來不少的『雜劇』和『傳奇』也都採取《史記》的故事做他們編演的藍本。」王伯祥先生又列舉了《元曲選》和明末清初傳刻的《六十種曲》以及京劇《文昭關》、《魚腸劍》、《鬧朝撲犬》、《搜孤救孤》、《完璧歸趙》、《負荆請罪》、《鴻門宴》、《霸王别姬》等戲，認爲「像這樣上好的劇本，就是説根據司馬遷的原著而改編的，也並不過分」。「取材於《史記》的還多着呢。這不是它遺留在中國文藝界的莫大影響麽！」惟其如此，我們認爲單純用《吴越春秋》對後世「説部」的影響而否定它是史書的結論同樣是不能成立的。

還要指出的是，有些論著爲了符合自己的觀點，在引用前人著作時，竟然採用斷章取義的方法，於是就有「《四庫全書總目提要》説它『尤近小説家言』」的結論。這裏不妨將《四庫全書總目提要》有關論述摘引如下，便可知道《四庫提要》作者的真實評論：

煜（曅）所述雖稍傷曼衍，而詞頗豐蔚。其中如伍尚占甲子之日，時加於巳；范蠡占戊寅之日，時加日出，有螣蛇青龍之語；文種占陰畫六、陽畫三，有元武、天空、天關、天梁、天一、神光諸神名，皆非三代卜筮之法，未免多所附會。至於處女試劍、老人化猿、公孫聖三呼三應之類，尤近小說家言。然自是漢、晉閒稗官雜記之體。

問題非常清楚，「尤近小說家言」是從「處女試劍」以下幾件事的記載而得出的，決不是指《吳越春秋》全書而言，而對於全書，其結論是「自是漢、晉閒稗官雜記之體」。「稗官雜記之體」是什麽呢？儘管《隋書·經籍志》講了「非史策之正」，但畢竟還是屬於史的範疇，這一點劉知幾在《史通·雜述》等篇中早有論述，並且還批評了那些研究編寫歷史的人衹知死守周、孔章句和遷、固紀傳的做法，指出應當廣聞博採。可見《四庫提要》的作者對此書評論還是有分寸的。既然將其分列在史部載記類裏，就決不會將全書視作「小說家言」。

《吳越春秋》在流傳過程中，自然也免不了爲後人加進了不少東西，如《闔閭内傳》所載楚樂師扈子作的《窮劫之曲》，學者俞樾已經指出，「可爲七言詩之祖矣。……然詞意均淺薄，不似春秋人語」。又如伍子胥的言論中有「胡馬望北風而立，越燕向日而熙」，等等，當然也不是春秋時期的語言，這顯然都是用自己的想象而强加於古人的語言。爲什麽元人徐天祜在爲該書所作的序中，已經感到「觀其所作，不類漢文」？漢人著作文字，爲什麽會「不類漢文」？原因就在這裏。我所以要指出這點，就是要説明對該書許多亂七八糟的内容，不應全部歸咎於原作者趙曄，對於後人的篡改、補進和傳抄中的摻入，趙曄自然不應負責。

周君浸潤《吴越春秋》幾十載，寒窗伏案，燃膏繼晷，終於校考既成，得以付梓，謹爲之作序。

倉修良　於杭州

一九九六年元月

前言

《吴越春秋》是一部詳細記載先秦時吴、越二國歷史的重要著作。但迄今爲止，人們對它仍缺乏足够的瞭解，諸如在其書名、卷帙、版本、整理及研究概況、體裁、歸類和價值等方面，尚存在不少應予澄清、説明和訂誤補正的問題。

一、《吴越春秋》的書名和卷帙

自東漢至唐代，記載吴、越二國歷史，又以《吴越春秋》命名的著作爲數頗多。僅按目前所知，即有趙曄的《吴越春秋》，趙岐的《吴越春秋》，張遐的《吴越春秋外紀》，無名氏的《吴越春秋》、《吴越春秋次録》，楊方的《吴越春秋削繁》，皇甫遵的《吴越春秋》等多種。以上各書書名並不完全一致，卷帙亦不盡相同。兹分别叙述如次：

趙曄的《吴越春秋》是上述諸書中撰作時代最早的一部。《隋書》卷三十三《經籍志》、《舊唐書》卷四十六《經籍志》、《新唐書》卷五十八《藝文志》均曰：《吴越春秋》十二卷，趙曄撰（據上海古籍出版社影印二十五史本，下同）。晁公武《郡齋讀書志》卷二上《雜史類》

云此書十二卷,「後漢趙曄撰。吴起太伯,盡夫差。越起无余,盡勾踐。内吴外越,本末咸備」。《册府元龜》卷五百五十五《國史部・採撰》,《崇文總目》卷三《雜史類》,《玉海》卷四十一《藝文》所引《中興書目》和《宋史》卷二百三、卷二百四《藝文志》之《别史類》及《霸史類》則稱曄書十卷,與上述諸書所載不同。《册府元龜》言曄著《吴越春秋》十卷,不知何據。《崇文總目》著録了《吴越春秋》十卷和皇甫遵《吴越春秋傳》一書。今本《崇文總目》在後一書書名下附有釋文,云「趙曄爲《吴越春秋》十卷」。今本之釋文係後人據《郡齋讀書志》、《直齋書録解題》、《文獻通考》等書所引原文補入。其中《吴越春秋傳》十卷下所附釋文係從《文獻通考》卷一百九十五《經籍考》所引鈔補。《文獻通考》所引《崇文總目》作「趙曄爲《吴越春秋》十二卷」。按此,可見今本之「十卷」,應爲「十二卷」之訛。《崇文總目》成於王堯臣、歐陽修諸人之手(《續資治通鑑長編》卷一百三十四「慶曆元年十二月己丑」條)。由歐陽修撰有《崇文總目》經、史、子三部若干類(包括《雜史類》)之序文(《歐陽文忠公集》卷一百二十四《崇文總目叙釋》,可見他曾參與包括《吴越春秋》在内的《雜史類》書目的編修。歐陽修又曾主持編修《新唐書》,分工負責本紀和表、志(包括《藝文志》)的撰修(《郡齋讀書志》卷二上《正史類》、《直齋書録解題》卷四《正史類》、《玉海》卷四十六《嘉祐新唐書》)。《新唐書・藝文志》云趙曄《吴越春秋》十二卷,同樣由其編定的《崇文總目·雜史類》所録趙曄之書亦應爲十二卷而非十卷。顯然，今本《崇文總目》釋文中的「十卷」，原本爲「十二卷」，後乃爲鈔補者誤改作「十卷」。細考致誤之原因，當不難看出鈔補者係據皇甫遵《吴越春秋傳》一書前所列之「《吴越春秋》十卷」而改。《崇文總目》不列「僞謬重複」之書（《玉海》卷五十二《慶曆崇文總目》），此十卷本《吴越春秋》應係趙曄所作。鈔補者當據此而改「十二」爲「十」。又《崇文總目》係據館閣所藏之書編成。景祐元年，張觀等因館閣所藏「古書或缺少三、五卷，便成不全部帙」，建議「據見少卷數曉示，許人詣館閣投納」（《宋會要輯稿·崇儒》四之一八）。宋廷遂命其「看詳，定其存廢。……内有差漏者，令補寫校對，……著爲目録」，後遂成《崇文總目》一書（《玉海》卷五十二《慶曆崇文總目》）。按淳熙中所編《中興館閣書目》所載：「《吴越春秋》十卷。内吴外越，以紀其事。吴起太伯，止闔閭。越起無余，止句踐。」（《玉海》卷四十一《吴越春秋》）可知此書不載夫差時吴國之事，應爲曄書殘本。復由此知曄書十卷殘本南宋時仍流傳於世，藏之中秘，可知張觀等人許人「投納」和「補寫」的效果似不理想。按此推斷，《崇文總目》所著録之十卷本曄書應爲殘本。《宋史·藝文志》係據《崇文總目》、《秘書總目》、《中興館閣書目》和《中興館閣續書目》四書「删其重複，合爲一志」（《宋史》卷二百二《藝文志》）。内《秘書總目》是據《崇文總目》及其以外之遺書編成，《嘉定續書目》則是據淳熙以後續增之書編成（《玉海》卷五十二《政和秘書總目》、《嘉定續書目》）。《宋史》卷二百三《别史類》、卷二百四《霸史類》所載「趙曄《吴越春秋》十卷」，當録自《崇文總目》、《中興館閣書目》等書所載曄書十卷殘本。其《别史類》所列「皇甫遵注《吴越春秋》十卷」，則是據《崇文總目》等書録入。按上所述，趙曄原著共十二卷，至宋代，其書已缺佚記載夫差時吴事的二卷。《崇文總目》、《中興館閣書目》和《宋史》所著録之趙曄《吴越春秋》十卷本，應係其原著十二卷本的一種殘本。

趙岐所作見諸《册府元龜》的著録。該書卷五百五十五《國史部·採撰》指出：「趙岐爲太嘗（常），著《吴越春秋》。」按武英殿本《後漢書》卷九十四《趙岐傳》所言，岐生活之時代晚於趙曄，爲東漢安帝至獻帝時人。岐平生「多所述作」，著有《孟子章句》、《三輔決録》、《巵屯歌》、《禦寇論》等（前二書今尚存）。《吴越春秋》應是其所作多種著述中的一部。此書《隋書·經籍志》、《舊唐書·經籍志》、《新唐書·藝文志》均未著録，頗疑隋、唐時即已散佚。其卷帙現已無法考知。

朱彝尊《經義考》卷二百七十五著録有張遐《吴越春秋外紀》一書。顧櫰三《補後漢書藝文志》卷四引《（同治）餘干縣志》云：「遐，餘干人，試五經，補博士，撰《吴越春秋》。」姚振宗《後漢藝文志》卷二、《隋書經籍志考證》卷十三則引《（同治）餘干縣志》云遐「撰《吴越春秋外紀》」。按《（同治）餘干縣志》卷十二《張遐傳》所載，遐與陳蕃、徐穉同時，乃東漢順帝、桓帝時人，與趙岐大致同時。又按姚振宗《後漢藝文志》卷一所引《饒州府志》，遐還著有《太極説》、《五經通義》等。《吴越春秋外紀》一書《隋書·經籍志》、《舊唐書·經籍志》、《新唐書·藝文志》均未著録，隋、唐時似已散佚。其卷帙亦已不可得知。

又九世紀後期成書的《日本國見在書目·雜史家》，載有冷泉院所藏《吴越春秋》七卷和《吴越春秋次録》一卷。以上二書均不見於《隋書》、《舊唐書》和《新唐書》等書著録，今皆散佚，作者失考。前者與趙曄、趙岐、皇甫遵所作書名相同，其卷數則與趙曄、皇甫遵所撰不同。頗疑其應出自趙岐之手，當然也可能係其他人所作。後者之書名與上述各書均不合，其卷數亦與趙曄、郭頒、皇甫遵所作不同，疑作者爲趙岐，或另有其人。

《隋書·經籍志》云：「《吴越春秋削繁》五卷，楊方撰。」《舊唐書·經籍志》、《新唐書·藝文志》「繁」字作「煩」，餘皆同。按《崇文總目》卷三《雜史類》所言，「初，趙曄爲《吴越春秋》十卷。其後有楊方者，以曄所撰爲煩，又刊削之爲五卷」。可見其書並非楊方別撰，而是刊削趙曄所作而成。此書《崇文總目》、《郡齋讀書志》、《直齋書録解題》、《文獻通考》和《宋史》諸書均未著録，宋時當已散佚。

《隋書·經籍志》又云：「《吴越春秋》十卷，皇甫遵撰。」《舊唐書·經籍志》、《新唐書·藝文志》言皇甫遵所撰爲《吴越春秋傳》十卷。《崇文總目》卷三《雜史類》云：「《吴越春秋傳》十卷，唐皇甫遵注。初，趙曄爲《吴越春秋》十卷，其後有楊方者，……又刊削之爲五卷。遵乃合二家之書，考定而注之。」徐天祐《吴越春秋序》引邯鄲李氏《圖書十志目》云：「皇甫遵合曄、方二家『考正，爲之傳注』。」《宋史》卷二百三《藝文志》則曰：「皇甫遵注《吴越春秋》十卷。」按諸書所載，皇甫遵所作本名《吴越春秋》，後稱《吴越春秋傳》，又二名並行。其書係合曄、方二書考定而注之，亦非遵另行別撰。

此外，據《册府元龜》卷五百六十一《國史部·世官》、《國史部·自序》和《北史》卷一百《序傳》所載，李延壽父大師「將擬《吴越春秋編年》，以備南北」，所撰未畢而卒。其書所記乃南北朝事，與趙曄等人所作名似而實異。書以《吴越春秋》爲名者，祇是表示借用其「内吴外越」的叙事體例而已。

另外，《隋書·經籍志》、《舊唐書·經籍志》、《新唐書·藝文志》和《日本國見在書目》又著録有《吴越記》一書。其書撰人不詳，書名與上述各書均不同。該書《日本國見在書目》作七卷，其餘諸書均著録作六卷，卷數與趙曄、楊方、皇甫遵所作亦不同。《文選》卷二十《曹子建應詔詩》注云：「《吴越記·採葛婦人詩》曰：『飢不遑食四體疲。』」此句今本《吴越春秋》不載。今本《吴越春秋》係皇甫遵合曄、方二書而成。據今本無此詩句來看，《吴越記》當非趙曄、楊方和皇甫遵所作。至於其作者，有可能是張遐和趙岐，亦很可能另有其人。姚振宗《後漢藝文志》卷二和《隋書經籍志考證》卷十三認爲《吴越記》疑即《吴越春秋外紀》。不過，僅因書名近似而遽下此斷語，似難以服人。又《（乾隆）紹興府志》卷七十七《經籍志》言此書「《萬曆志》云謝沈撰」。然檢《（萬曆）紹興府志》卷四十三及《晉書》卷八十二《謝沈傳》，均不載其撰《吴越記》一事。謝作一説證據不足，恐難成立。復由其書名而言，《吴越記》應是記載吴、越二國之事的多種著作中的一部。此書不見於《舊唐書》、《新唐書》以後諸書的著録，似佚失於唐宋之交。

二、《吴越春秋》的版本源流

漢唐間人所撰各種以《吴越春秋》爲名的著作，自成書後即不斷散佚。時至今日，僅有題爲趙曄所撰之《吴越春秋》尚存留傳世。趙曄原著共十二卷，所載吴事起太伯，盡夫差。殘本則爲十卷，所載吴事始於太伯，止於闔閭。今本《吴越春秋》十卷，所記吴事起太伯，訖夫差。兩書分卷全然不同。又就其内容而言，今本所載之子胥乞食、闔閭葬女、薛燭相劍、歐冶子作劍、夫差開溝、禹發金簡之書、禹娶塗山之女、勾踐入臣於吴、范蠡卜吴王之疾、范蠡起靈臺、勾踐欲登明堂、勾踐嘗膽欲復仇和越人穿允常之墓諸事，與《北堂書鈔》卷一百六十,《初學記》卷五、卷六、卷十三、卷十四、卷十八、卷二十一、卷二十四、卷二十九、卷三十,《吴地記》,《太平御覽》卷四百四十、卷四百八十二、卷五百三十三、卷七百三十八和卷九百九所引趙曄《吴越春秋》之文均顯然有别,或相去頗遠。《初學記》卷七、卷二十四、《太平御覽》卷四百五十六引趙曄《吴越春秋》所載鯀築城造郭、夫差祠子胥和海鹽縣淪陷諸事,今文俱失載。據此,可以斷言今本《吴越春秋》絶非趙曄原著。

今本《吴越春秋》既非趙曄原作,那麽,隨之而來的問題便是其作者是誰?它和趙曄所作又有何關係?先就書名、卷數來説。上述以《吴越春秋》爲名的諸書中,唯有皇甫遵所作爲十卷,與今本同。其書雖以《吴越春秋傳》爲名,但本名《吴越春秋》,後又二名通行,不可謂與今本書名不同。再就内容而論,皇甫遵書乃合趙曄、楊方二書考定而注之。其所載吴事起太伯,盡夫差;所載越事始無余,止句踐。正與今本相合。又今本雖非趙曄原作,但書中充斥陰陽五行、占驗、災異、妖妄之説,行文雖已帶駢偶之風,但仍不脱古樸。顯然,今本《吴越春秋》應淵源於合趙曄、楊方二書考定而注之的皇甫遵之書。

後人之所以將今本題爲趙曄所作,是因爲曄書至宋代已脱記載夫差時吴事的二卷,僅存十卷。而《册府元龜》卷五百五十五《國史部·採撰》、《崇文總目》卷三《雜史類》及《宋史》卷二百三、卷二百四又均云趙曄著《吴越春秋》十卷。由於十卷本曄書與皇甫遵所作書名、卷數相同，極易混淆，人們又多忽略曄書所佚乃記述夫差時吴事的二卷，徐天祜、錢福和《四庫提要》的作者纔均誤以爲今本即趙曄原著，「殆非全書」。且誤認爲皇甫遵之書「今人罕見，獨曄書行於世」。也正是因爲這樣，錢福纔以爲所缺二卷乃「西施之至吴，范蠡之去越」，余嘉錫也纔有「《文選注》諸書所引，亦當在所佚二卷之内」一語。

此外，後人如徐天祜等之所以將今本題爲趙曄所作，還和《崇文總目》所言與徐天祜等所見之書不符有關。《崇文總目》云皇甫遵「合二家之書，考定而注之」，徐天祜所見之書却「無所謂傳注」，後人因此而得出「獨曄書行於世」的結論。

皇甫遵之書係遵據趙曄、楊方二書考正、修改、重編，而非逐字逐句照鈔曄書原文並加注解而成。衹要將源於遵書的今本《吴越春秋》與《初學記》、《太平御覽》所引曄書之原著一一對照，便可發現：曄書所載鯀築城造郭、夫差祠子胥、海鹽縣淪陷之内容，已爲今本删去。禹夢見玄夷蒼水使者言「聞帝使文命於斯」，至「故倚歌覆釜之山」數句，係曄書所無，今本所增。從上下文來看，此數句絶非皇甫遵所作之注。至於其他增删和文字歧異之處，可謂不勝枚舉。足見皇甫遵所作並不僅僅局限於照鈔和注解，而是對趙曄之書頗多增補删削，在一定程度上重新改寫了趙曄的原著。

《吴越春秋》經皇甫遵據趙曄、楊方二書改定後，即一直以鈔本和刻本的形式流傳至今。《隋書・經籍志》所著録的皇甫遵《吴越春秋》當爲鈔本。《舊唐書・經籍志》、《新唐書・藝文志》和《崇文總目》所録亦以鈔本的可能性爲大。至宋代，可以肯定已有刻本流傳。張金吾《愛日精廬藏書志》卷十四在著録影寫宋刊本《吴越春秋》時，轉録了汪綱爲此書所作之跋。其文曰：「《吴越春秋》十卷，後漢趙曄所著。予既刻《越絶書》，遂併刻之。蓋二書實相表裏，而曄又爲郡人，其書固宜廣。第訛舛特甚，惜無從可以是正云。嘉定甲申八月望日，新安汪綱書。」按其所言，此書刻於嘉定十七年（一二二四）甲申，刊梓時，各種《吴越春秋》皆不可得見，無他本可據以校正。

宋刻《吴越春秋》在清代似尚流傳於世。如江標《宋元本書目行格表》卷上即著録曰：「宋本《吴越春秋》，行十八字，無注，十卷。」按瞿鏞《鐵琴銅劍樓藏書目録》卷十所云：「宋本，嘉定中新安汪綱所刻，有跋。每半頁九行，行十八字。」陸心源《儀顧堂題跋》卷四則曰：《吴越春秋》「有宋汪綱刊本，行數、字數與元刻同」，即每頁十八行，每行十八字。

此外，清代尚有影宋鈔本傳世。如顧廣圻即曾據「嘉定甲申《吴越春秋》景鈔本」校明刊本，並在鈔本卷首留有「手校朱記」（《思適齋書跋》卷二、《思適齋集》卷十四、《鐵琴銅劍樓藏書目録》卷十）。張金吾《愛日精廬藏書志》卷十四亦著録有「影寫宋刊本」《吴越春秋》一書。

至元代，其他各種《吴越春秋》均已散佚，唯有宋刻皇甫遵十卷本《吴越春秋》尚存。大德十年（一三〇六），紹興學者徐天祜據宋刻十卷本詳加考訂，「刊正疑訛，……復爲之音注，並考其與傳記同異者，附見於下而互存之」，而成元大德本。按《儀顧堂題跋》卷四所言，大德本「每頁十八行，每行十八字」，與宋汪綱本同。不同處在於大德本有徐天祜音注，音注「小字雙行，每行廿六、七字不等」，其「版心分上、下兩卷」。此書清代尚存，如《四庫》文淵閣本《吴越春秋》即是據紀昀家藏元大德本謄録，陽湖孫氏曾藏有元大德本，《天禄琳琅書目後編》（以上見《增訂四庫簡明目録標注》）、《鐵琴銅劍樓藏書目録》卷十、《儀顧堂題跋》卷四和卷七、莫友芝《宋元舊本書經眼録附録》卷一、鄧邦述《群碧樓善本書録》卷二亦均著録了大德本。

明清以來，《吴越春秋》的各種傳本多出自大德本這一系統。該系統主要分十卷本和六卷本二大類。前者包括國家圖書館所藏元刻明修本，弘治十四年（一五〇一）鄺廷瑞刻本，上海圖書館所藏明嘉靖覆刻元大德本，國圖、上圖二館所藏之萬曆十四年（一五八六）馮念祖刊本和楊爾增重修本，《四庫》文淵閣鈔本，徐維則《會稽徐氏初學堂群書輯録》本和徐乃昌《隨盦徐氏叢書》本等。後者有明萬曆吴琯《古今逸史》本、康熙間據此重編刊印的《秘書廿一種》本，以及萬曆間何允中《廣漢魏叢書》本、乾隆中王謨《增訂漢魏叢書》本、南京圖書館所藏明天啓間《吴越史》刻本、《摛藻堂四庫全書薈要》鈔本、日本寬延二年（一七四九）刊本等。此外，值得一提的是尚有不分卷的清初清謹軒鈔本等。

今日中國各圖書館所藏《吴越春秋》的善本有國家圖書館的元大德十年紹興路儒學刻明修本、明弘治十四年鄺廷瑞刻本、萬曆十四年馮念祖卧龍山房刻本、萬曆十四年刻二十九年楊爾增重修本、明刻本、翁同龢所跋明刊本，上海圖書館收藏的顧觀光所校楊爾增重修本、清莫友芝所跋明刻本、葉昌熾録顧廣圻所校明刻本，南京圖書館的清陳其榮校並跋之萬曆十四年刻本、丁丙所跋萬曆十四年刻本，中國科學院圖書館的鄧之誠所跋萬曆十四年刻本，湖南省圖書館的葉德輝所跋明刻本，以及南京圖書館的明天啓《吴越史》刻本、翁同龢所批康熙七年（一六六八）重編之《秘書廿一種》本，復旦大學圖書館的明刻《廣漢魏叢書》本，上海圖書館的吴琯《古今逸史》本、《增定古今逸史》本。此外，尚有臺灣故宮博物院所藏《摛藻堂四庫全書薈要》本，文淵閣《四庫全書》本，國家圖書館所藏文津閣、文溯閣《四庫全書》本，浙江圖書館所藏文瀾閣《四庫全書》本等。比較常見的則有據弘治十四年和萬曆十四年刊本影印的《四部叢刊》本，據萬曆十四年本排印的《四部備要》本，以及嘉慶間所刊《廣漢魏叢書》本、《秘書廿一種》本，光緒間紅杏山房、三餘堂和宣統末上海大通書局所刊《增訂漢魏叢書》本，商務印書館據《古今逸史》本影印的《景印元明善本叢書》本，《叢書集成初編》本，徐乃昌的《隨盦徐氏叢書》本和潮陽鄭氏所刻《龍谿精舍叢書》本等。在現存的各種版本中，以國家圖書館所藏明翻元大德本、弘治十四年刊本和清末徐乃昌刻本爲佳。

三、整理和研究概況

清代以來，學者對《吴越春秋》的整理、研究主要是從校勘、輯佚、撰作題記、書目考證、提要和論文等方面入手的。其整理、研究成果主要體現爲一系列的校勘記、札記、精校本、佚文、題跋、書目考證、提要和專門論文。兹分别介紹如次：

先就校勘、輯佚而言。清代學者在這方面的工作主要開始於乾隆年間。乾隆四十九年（一七八四），盧文弨將弘治十四年刊本和《古今逸史》本對校，而成盧校本。其對校自十月十八至二十二，前後歷時共五日（見徐乃昌《吴越春秋札記》）。乾隆五十九年，顧廣圻又據宋嘉定十七年影鈔本與明刊本對校，而成校宋本（《黄顧遺書思適齋書跋》卷二、《鐵琴銅劍樓藏書目録》卷十）。道光、咸豐間，蔣光煦以影宋本、明翻元刻本和《古今逸史》本相校，而成《吴越春秋校》一卷（《涉聞梓舊·斠補隅録》）；顧觀光以元大德本，《北堂書鈔》、《藝文類聚》、《初學記》、《白孔六帖》、《太平御覽》、《事類賦注》等類書和《水經注》、《世説新語注》、《後漢書補注》、《文選注》、《史記正義》、《太平寰宇記》、《（元豐）吴郡圖經續記》、《（紹定）吴郡志》諸書所引《吴越春秋》，與當時通行本對校，而成《吴越春秋校勘記》一卷（《武陵山人遺書》）。此外，俞樾（一八二一——一九〇七）撰有《讀吴越春秋》一卷（見《春在堂全書・曲園雜纂》或《諸子平議補録》卷十七《吴越春秋平議補録》），對《吴越春秋》正文和徐天祜注文的用字遣詞、章句及其音讀、含義與所載事實加以考證，提出許多足以啟迪後學的新見。孫詒讓（一八四八——一九〇八）《札迻》卷三則據元刊本、盧文弨所校吴琯本、蔣光煦《吴越春秋校》、顧觀光《校勘記》、俞樾《讀吴越春秋》，對《吴越春秋》的字詞句章及其音讀和含義提出不少持之有故、言之成理的見解。光緒三十二年（一九〇六），徐乃昌將明翻元刻本「交鄂工翻雕，並爲校讎」。同時，又「取蔣氏所據宋本、盧抱經校本、顧尚之《校勘記》、俞曲園《讀吴越春秋》、孫仲容《札迻》，類聚而折衷之，間有己意，……成《札記》一卷，《逸文》一卷」（見《吴越春秋札記》、《逸文》卷末所附《識》）。徐乃昌在廣泛吸取前人成果，發掘並輯録《史記集解》、《繹史》所引《修文御覽》、《群書治要》和《能改齋漫録》所引《吴越春秋》的基礎上，類聚、折衷，詳加考訂，終成一較他刻爲勝的精校本，在校勘、輯佚方面取得了引人注目的成就。本書的校勘、輯佚即充分利用了上述成果，並發掘和輯録了《史記索隱》、《太平廣記》、《吴地記》、《（寶祐）琴川志》、《（嘉泰）會稽志》諸書所引《吴越春秋》之文，又在徐乃昌所取得成績的基礎上前進了一步。

另外，王仁俊（一八六六—一九一三）輯有《吴越春秋佚文》一卷（《經籍佚文》）。其所録與徐乃昌所輯《逸文》完全相同。張余鴻則有《讀吴越春秋札記》一文，載於《學風》五卷二期（一九三五）。又《中國叢書綜録》著録有邵瑞彭（一八八八—一九三八）所撰《吴越春秋札記》一卷，標明該卷收入浙江圖書館所藏之稿本《邵次公遺著》中。查浙江圖書館所藏《邵次公遺著》第三十五種，其首頁云：「《吴越春秋札記》：《吴太伯傳第一》，『姜嫄怪而棄於阨狹之巷，牛馬過者折易而避之』。按此篇述后稷事本《詩·生民》篇。此二句即《詩》『誕置之隘巷，牛馬腓字之』之義。徐注以折易爲解（辟）易。然則此書以解（辟）易代『腓字』也。」以上所録即邵瑞彭有關《吴越春秋札記》的全部内容，其後即爲《三統日法説》。《中國叢書綜録》誤以祇占半頁之《吴越春秋札記》爲一卷，且失載《三統日法説》一卷之篇目。

又就著録古籍書名、卷帙、作者、成書年代、版本和内容一類的書目、讀書志、題跋、書影和提要而言，清代以來成績亦頗爲可觀。例如朱彝尊《經義考》卷二百七十五，于敏中《天禄琳琅書目》卷八、《後編》卷四，顧廣圻《思適齋書跋》卷二，《思適齋集》卷十四，張金吾《愛日精廬藏書志》卷十四，洪頤煊《讀書叢録節鈔》，吴壽暘《拜經樓藏書題跋記》卷二，周中孚《鄭堂讀書記》卷二十六，江標《宋元本書目行格表》卷上，瞿鏞《鐵琴銅劍樓藏書目録》卷十，莫友芝《宋元舊本書經眼録附録》，丁日昌《持静齋書目》卷二，陸心源《皕宋樓藏書志》卷二十八，《儀顧堂題跋》卷四、《續跋》卷七，澁江全善、森立之《經籍訪古志》卷三，丁丙《善本書室藏書志》卷十，繆荃孫《藝風藏書記》卷四、《續記》卷四，沈德壽《抱經樓藏書志》卷二十三，柳詒徵《盋山書影二輯》上，葉德輝《郋園讀書志》卷三，羅振常《善本書所見録》卷二，傅增湘《雙鑑樓善本書目》卷二，鄧邦述《群碧樓善本書録》卷二，國家圖書館《中國版刻圖録》圖版二八九、《目録》五四，以及錢大昭《補續漢書藝文志》，侯康《補後漢書藝文志》卷三，顧櫰三《補後漢書藝文志》卷四，姚振宗《後漢藝文志》卷二，曾樸《補後漢書藝文志并考》卷五，丁國鈞《補晉書藝文志》卷二，文廷式《補晉書藝文志》卷二，秦榮光《補晉書藝文志》卷二，吴士鑑《補晉書經籍志》卷二，黄逢元《補晉書藝文志》卷二，章宗源《隋書經籍志考證》卷三，姚振宗《隋書經籍志考證》卷十三即均著録了《吴越春秋》一書，並提出不少值得重視的意見。姚際恒的《古今僞書考》、黄雲眉的《〈古今僞書考〉補證》、張心澂的《僞書通考》對今本《吴越春秋》的作者和成書時代提出了疑問（按目前所知，明人楊慎在其《丹鉛餘録》卷十四中即已提出上述疑問）。《四庫全書總目》卷六十六、余嘉錫《四庫提要辨證》卷七，則對《吴越春秋》的版本源流、卷帙、注和序的作者、體裁及徐天祜的考證提出了一系列很有價值的精闢見解。

再就專門的論述而言，近年來，先後發表了若干從不同角度考察和研究《吴越春秋》的論文。其中，陳橋驛先生的《〈吴越春秋〉及其記載的吴、越史料》一文（《杭州大學學報》一九八四年第一期），比較全面地考察、研究了《吴越春秋》一書，針對其作者、卷帙、版本、體裁和史料價值提出不少精到的見解，並指出除趙曄、楊方和皇甫遵之書外，歷史上《吴越春秋》這樣一類著作尚有張遐的《吴越春秋外紀》和《吴越春秋次録》。陳中凡先生的《論〈吴越春秋〉爲漢晉間的説部及其在藝術上的成就》（《文學遺産（增刊）》第七輯）、葉建華的《浙江史學探源——論〈越絶書〉、〈吴越春秋〉的文化意義》（《浙江學刊》一九八九年第一期）和梁宗華的《一部值得重視的漢代歷史小説——〈吴越春秋〉文學價值初探》（《浙江學刊》一九八九年第五期）在今本《吴越春秋》的體裁等問題上各抒己見，充分闡述了自己的觀點，並對該書的文學和史學價值進行了有益的探討。陳文還提出了今本《吴越春秋》非東漢趙曄所作，而是成書於漢晉間人之手的觀點。曹林娣的《關於〈吴越春秋〉的作者及成書年代》（《西北大學學報》一九八二年第四期）指出今本《吴越春秋》的始作者爲趙曄，中間曾經楊方刊削，後由皇甫遵斟酌乎趙、楊之間，重新編定而成。其文又主張趙曄係東漢前期而非東漢中葉人，認爲其書完成於明帝時。梁宗華《現行十卷本〈吴越春秋〉

考識》（《東岳論叢》一九八八年第一期）認爲今本《吴越春秋》絶非楊方所作，而是由趙曄著作、楊方改定的。十二卷本變爲十卷，並非因爲散佚，而是由於皇甫遵删去曄書中記載地理名物的内容所致。上述二文又都沿襲余嘉錫之説，認爲今本係用皇甫本而去其注，遵注因此而失傳。薛正興的《〈吴越春秋〉詞語校釋》（《社會科學戰綫》一九八八年第三期）、金永平的《〈吴越春秋〉訛誤考辯》和《〈吴越春秋〉徐天祜注淺議》（《浙江學刊》一九九一年第一期，《杭州師範學院學報》一九九一年第四期），對《吴越春秋》的訛誤、徐天祜其人、其事及其音注提出了自己的看法。金其楨的《〈吴越春秋〉「内吴外越」探辯》（《贛南師範學院學報》一九九三年第一期）認爲趙曄「内吴外越」完全是由他的以周室爲正統的儒家立場和觀點所決定的。傳和内傳的區别在於後者包括趙曄所收集的民間傳説、遺聞逸事和自己的虚構想象。以上論文的發表，大大推動了對《吴越春秋》的研究，爲在一新的起點上整理、研究這部典籍奠定了豐厚的基礎。

必須指出的是，前人的整理、研究也存在不少問題和不足之處。這包括校勘錯訛，有失精當；輯佚不够全面，遺落頗多；没有指出東漢人趙岐撰有《吴越春秋》一書；未能揭示楊方之書的撰作年代、皇甫遵的生活時代及其著作的成書年代；在考證趙曄之書的撰作時間，剖析今本《吴越春秋》與趙曄、楊方、皇甫遵三書的關係等問題上，存在一些失誤；

在涉及《吴越春秋》的體裁問題上，又衆説紛紜，無法統一。但總的來説，前人的工作可謂瑕不掩瑜，成績十分可觀。這些成就的取得，爲進一步的深入研究，爲集諸家校勘、研究之成果，整理、出版一部較他本爲勝的新刊本，創造了良好的條件。

四、今本《吴越春秋》的歸類和體裁

在今本《吴越春秋》屬於哪一類著作的問題上，目前主要存在二種不同的看法。一種意見認爲，《吴越春秋》爲漢小説，應歸入説部和小説家之列。陳中凡先生、曹林娣、梁宗華等人主此説。另一種意見則認爲，《吴越春秋》係史書、史籍，應歸入史部。陳橋驛、倉修良先生和葉建華即持此説（倉説見黑龍江人民出版社一九八三年版《中國古代史學史簡編》）。二説相權，筆者以爲後者更令人信服。

《吴越春秋》應視爲史書的理由之一，是自《隋書·經籍志》著録此書以來，一直到清代，各類公私書目多將其歸入史部。如《隋書》卷三十三《經籍志》、《舊唐書》卷四十六《經籍志》、《新唐書》卷五十八《藝文志》、《崇文總目》卷三、《遂初堂書目》、《郡齋讀書志》卷二上、《文獻通考》卷一百九十五《經籍考》即俱將其劃入史部雜史類。《宋史》不立雜史類，其卷二百三《藝文志》將其歸入史部别史類，卷二百四又將其繫於史部霸史類。《四庫全書總目》卷六十六、《增訂四庫簡明目録標注》卷六和《中國叢書綜録》第二册皆將其置於史部載記類。《書目答問補正》卷二則將其隸於史部古史類。以上所引諸書，均爲影響較大、具有一定代表性的權威著作。既然一千多年來經典性和權威性的書目一直將《吴越春秋》視爲史書，那麽，如無充分的理由，我們是不能隨便將其歸入子部小説家之類的。

《吴越春秋》應歸入史部的理由之二，是這一分類符合古往今來學術界所一致共認的古籍分類方法和標準。這雖出自人爲的規定，但並不意味着個人可以隨心所欲地改動，因爲衹有在取得學術界的一致共認後，其規則才能推廣運用。我國古籍分經、史、子、集四大部，其中史部包括正史、霸史、地理、職官等各種體裁的歷史著作，共分十多類；子部包括諸子百家之書，亦分小説家等十多類。這一分類原則，經過漢代和魏晋南北朝時期的不斷演變，到隋代已趨於成熟。此後，學術界在這一方面基本達成共識，圖書分類的方法及標準也就一直沿用了一千餘年。《吴越春秋》雖在屬史部還是子部的問題上有所争議，但就主流而言，仍應歸入史部。

具體而論。《漢書·藝文志》云：「小説家者流，蓋出於稗官街談巷語，道聽途説者之所造也」，是「閭里小知者之所及」。《隋書·經籍志》曰：「小説者，街説巷語之説也。」《四庫全書總目》卷九十一、卷一百四十則認爲，小説者，「稗官所述，其事末矣」。「迹其流别，凡有三派。其一叙述雜事，其一記録異聞，其一綴輯瑣語」。「雜史以紀異體雜紀」（《舊唐書・經籍志》）。「其屬辭比事，皆不與《春秋》《史記》《漢書》相似，蓋率爾而作，非史策之正也。……又自後漢已來，學者多鈔撮舊史，自爲一書。……而體制不經，又有委巷之説，迂怪妄誕，真虚莫測。然其大抵皆帝王之事」（《隋書・經籍志》）。《四庫全書總目》則認爲，雜史、載記「皆參考紀傳者也」，足「資考證」（《四庫全書總目》卷四十五）。其中載記乃「述偏方僭亂遺迹者」。所載之事源於偏方割據所設史官之著述。後因「年祀緜邈，文籍散佚。……存於今者，大抵後人追記而已」（《四庫全書總目》卷六十六）。雜史「大抵取其事繫廟堂，語關軍國。……要期遺文舊事，足以存掌故，資考證，備讀史者之參稽云爾。若夫語神怪，供詼嘲，里巷瑣言，稗官所述，則別有雜家、小説家存焉」。其「既繫史名，事殊小説。著書有體，焉可無分」（《四庫全書總目》卷五十一）。由此可知，小説家乃道聽途説者所造之里巷瑣語，其事末矣。雜史、載記雖體制不經，非史策之正，又有委巷迂怪之説，但多係學者鈔撮舊史而成，所載又大抵皆事關廟堂、軍國的帝王之事，具有足資考證參稽的史料價值。兩者作者之身份、材料來源、所記事之大小和學術價值均涇渭有別，絶不可混爲一談。

古籍的分部歸類主要取決於特殊性而非普遍性，分部歸類標準的核心主要在於各部類間的差異而非共同點。因此,《吴越春秋》是歸入史部雜史類和載記類,還是歸入子部小説類,應視兩者的差異而非共同點而定。就其内容而言,《吴越春秋》雖有「迂怪妄誕,真虚莫測」之説,但這並非該書的主流。我們不能僅據其在這一點上與小説相同,就將其歸入小説之列。因爲即便在位居正史之首的《史記》中,也載有不少神話和迂怪妄誕、真虚莫測之言。《吴越春秋》係學者趙曄據舊史和地方史乘編撰而成,而非稗官和道聽途説者所造。其書所載非里巷末事,而是事關興霸存亡的帝王廟堂之事,又具有足資考證的史料價值。顯而易見,它應歸入史部而非子部。

值得注意的是,今本《吴越春秋》自皇甫遵改編後,已删去原文中關於眉間尺復仇,孔子至吴,夫差祭子胥,杯動酒盡和文種、范蠡相識等内容。原文所載上述諸事均屬不經之談,可謂迂怪妄誕,真虚莫測。删削上述内容後,今本《吴越春秋》小説成分大減,信史成分相應增加。如果説隋唐時人尚將較今本小説成分爲多的趙曄、楊方之書視爲史書,那麽,經皇甫遵删去上述内容後的今本《吴越春秋》就更應被視爲史書了。

在《吴越春秋》應歸入史部哪一類的問題上,歷來亦存在種種不同意見。隋至宋、元,學者多將其歸入雜史類。宋元以降,人們或將其歸入别史、霸史,或將其歸入載記、古史。現分别考察如下。

主雜史説者，認爲《吴越春秋》與編年體《春秋》和紀傳體正史《史記》《漢書》有别，非史策之正，乃異體雜紀，即體裁受編年體和紀傳體正史之本紀、世家影響，紀事較雜的一類史籍。

《宋史·藝文志》不立雜史目，而將《吴越春秋》歸入霸史和别史。按其分類，其霸史、别史所録之書應包括《隋書·經籍志》等雜史類所録之書。具體來看，亦復如此。如《隋書·經籍志》至《文獻通考·經籍考·雜史類》著録之書，即多載見於《宋史·藝文志》之别史類和霸史類。霸史所録乃非正統政權和偏方割據之史（《隋書·經籍志》、《四庫全書總目》卷六十六）。别史一目創自陳振孫，以處上不至於正史，下不至於雜史者（《四庫全書總目》卷六十六）。這是一種介於紀傳體正史和異體雜紀間的史書。《宋史·藝文志》將《吴越春秋》歸入别史和霸史，即意味着這是一部體裁接近於紀傳體正史和異體雜紀，記載吴、越偏方之史的史書。顯然，這和《隋書·經籍志》等書所録的雜史並無任何本質的不同。《宋史·藝文志》的分類雖與前人稍異，但它對《吴越春秋》一書性質的認識，卻和前人完全一致，並不矛盾。

《四庫全書總目》將史書分作十五類，内雜史、載記「皆參考紀傳者也」。兩者的區别僅在於載記衹「述偏方僭亂遺迹」，雜史則不載偏方之事。載記「實立乎中朝，以叙述列國之名」(《四庫全書總目》卷六十六)。這是史家正統觀的一種表現,不足取法。按其分類,《吴越春秋》亦爲接近紀傳體正史,記載吴、越偏方遺迹的異體雜紀。

《書目答問補正》將史籍分爲十四類,而將《吴越春秋》歸之於古史。所謂古史,係指「周秦傳記體例與經、子、史相出入,散歸史部,派别過繁者」(《書目答問補正》卷二)。按其所言,《吴越春秋》乃體制不經的異體傳記。

由上所述,可知歷代學者雖將《吴越春秋》分别歸入雜史、别史、霸史、載記和古史,意見似乎不一,但這種分歧衹是表面的,是因各人分類及分類標準的小小不同造成的。就實質而言,前人對《吴越春秋》的看法基本上是一致的,即都認爲這是一部採用異體雜紀形式,記載吴、越遺事的地方史。

又就《吴越春秋》的體裁而言,是一部深受編年體和紀傳體影響的異體雜紀。編年體史書是按時間順序統一記載歷史事迹,如《春秋》即是如此。《吴越春秋》以「春秋」爲名,按年月繫事。但全書又並不完全按時間先後,而是同時又按吴、越二國分别記述史實,衹在《吴内傳》和《越外傳》每一部分内纔按時序記事,與《國語》頗相似。紀傳體正史一般由本紀、表、書(志)、列傳等部分構成,而以本紀和列傳爲主。趙曄所撰之《吴越春秋》,衹有相當於正史本紀或世家的《吴内傳》和《越外傳》,以及相當於正史之志,記載吴、越二地地理名物的内容，而無表、書和列傳。自從皇甫遵删去曄書中記載地理名物的内容後，《吴越春秋》與紀傳體正史的差别隨之增大，後人因此也就更有理由稱之爲異體雜紀。《吴越春秋》之深受編年體、紀傳體體裁的影響，似與其撰作時代有關。趙曄編撰《吴越春秋》時，正是《春秋》《左傳》《國語》等編年體史書具有很大影響，《史記》成書不過一二百年，《漢書》剛完稿，紀傳體風靡一時，史家争相仿效之際。在這種時代氛圍的影響下，趙曄所作帶有上述兩種體裁影響的痕迹乃是極其自然的。到東晉和梁、陳之交，採用上述兩種體裁編撰史書的風氣仍十分流行，楊方、皇甫遵之書是據趙曄所作刊削、改編而成，兩書之深受編年體和紀傳體的影響也是完全可以理解的。

五、今本《吴越春秋》的價值

《吴越春秋》是一部具有重要學術價值的著作。從史學的角度來看，今本《吴越春秋》雖係合曄、方二書而成，但仍大致保留了趙曄之書的原貌，保存了趙曄所採用的大量原始史料。全書内容豐富，涉及面廣，頗多獨到之處。書中所載有關農業、手工業、城市建設、交通、政治、思想、軍事、文學和社會風尚、習俗等方面的大量珍貴史料，具有十分重要的史料價值。

又就橫向比較而言。在我國衆多的古籍中，撰作時代較早，記載先秦時吳、越二國之事較多的史書主要有《左傳》《國語》《竹書紀年》《史記》《越絶書》和《吳越春秋》等書。其中前四種所載遠不及後二種篇幅集中、内容豐富、涉及面廣。又從作者及史料來源來看，前者出自北方學者之手，大抵採自傳聞。後者出自南方人之手，所述多取自地方史乘和當地傳説，其内容因此而和他書所載頗多出入，且有不少他書所不載的獨一無二的材料。這就給比較研究和深入探討先秦時吳、越二國的歷史提供了良好的條件。此外，由於後者係吳、越之人所作，又多採當地史乘和傳説，其所述在不少方面也就較前者更爲可信。

具體來説。《吳越春秋·勾踐陰謀外傳》載計硯之言云：「春種八穀，夏長而養，秋成而聚。」又云：「謹除苗穢，穢除苗盛。」這説明吳、越之地實行的是一熟制和中耕除穢的農作制。《勾踐歸國外傳》中有關「甘蜜」和採葛以織「黄絲之布」的記載，是瞭解當地農産品種類、主要紡織品和紡織水平的寶貴資料。《闔閭内傳》中關於干將、莫耶鑄劍和魚腸、磐郢、湛盧寶劍的記載，足以使我們瞭解當時的冶煉、鑄劍水平，以及古人評定寶劍價值的理論和標準。這都是《左傳》等書所不載的。

《闔閭内傳》又載伍子胥「因地制宜」，「相土嘗水，象天法地」，造築大城、小城。《勾踐歸國外傳》則載范蠡按「處平易之都，據四達之地」，「應天」和「合氣於后土」的原則，築作小城之事。上述内容是他書所不載，關於吴、越二城創築情形的唯一文獻記載，也是有關當時築城理論和水平的寶貴資料。《夫差内傳》所云吴「緣江泝淮，開溝深水」，「闕爲深溝，通於商、魯之間，北屬蘄，西屬濟」，指的是連接江淮的邗溝和連接沂水、濟水的古運河黄溝。這又是關於先秦時古運河開修和水路交通的珍貴史料。

《吴太伯傳》云：吴君周章子熊，「熊子遂，遂子柯相」。這和《史記》卷三十一《吴太伯世家》所載「周章卒，子熊遂立；熊遂卒，子柯相立」不同，比較研究因此而得以存在。按《史記》所説，吴自太伯至夫差，共二十五君。按《吴越春秋》所言，則爲二十六君。今本《越絶書》失載吴君世次，但據《越絶外傳記吴地傳》所載，「武王封太伯於吴，到夫差，計二十六世」，可知《越絶書》所載應與《吴越春秋》同。二説相比，當以取自當地史乘和傳説的二十六君説較爲可信。同樣，《勾踐伐吴外傳》所載越君世系，亦與《史記·越王勾踐世家》、《竹書紀年》所載不同，而與《越絶外傳記地傳》相近，這就爲比較研究越君世系提供了可能。至於《越王無余外傳》中關於越君無壬、無瞕的内容，則是其他各書（包括《越絶書》）所不載，唯一見於此書的珍貴記載，具有獨一無二的重要價值。

《勾踐歸國外傳》和《勾踐陰謀外傳》記録了計硯、句如等人有關「陰陽」、「孤虚」、「天地之氣」、「四時」、「五勝」之説。書中其他部分又載有占卜、災異、讖緯一類的内容。這都爲瞭解和研究當時之人的思想,提供了有用的史料。

《勾踐陰謀外傳》又有越處女論劍道,陳音闡述弩的起源、結構及正射持弩之道的言論。這也都是上述諸書所未載,是探討和研究古代軍事史的不可多得的重要資料。

《吴越春秋》載有伍子胥所引之《河上歌》,楚樂師所作《窮劫之曲》,塗山人所歌,越採葛之婦所作《苦之詩》,和越國人、軍士所作《離别相去之詞》等詩歌多首。這對先秦至魏晉時期文學史的研究,具有參考和比較研究的價值。

《吴越春秋》一書中還有一些關於越人生男賜犬、生女賜豚;專諸從太湖學炙魚;闔閭治魚爲鱠;闔閭女因吴王先食蒸魚,嘗半而予之,怒而自殺的記載。又有越王「立東郊以祭陽,名曰東皇公;立西郊以祭陰,名曰西王母。祭陵山於會稽,祀水澤於江州」之言;以及「越性脆而愚,水行山處,以船爲車,以楫爲馬,往若飄然,去則難從,悦兵敢死,越之常也」之論。這些記載均不失爲瞭解和研究吴人、越人之飲食、祭祀、民情、習俗和性格特點等社會風俗的絶好資料。

再從史學的角度來看,今本《吴越春秋》在史學理論、歷史文獻學等方面也具有一定的價值。如書中多次提到國家興衰存亡的問題,記載了從壽夢、諸樊到勾踐等人有關國家興亡及其原因的言論。這對後人探討國家興亡的規律,瞭解研究古人對此規律的認識，具有一定的價值。又如今本《吴越春秋》和類書等各種古籍所載多種《吴越春秋》引文的並存，則使我們得以通過比較研究，對《吴越春秋》的作者、寫作思想、成書過程和版本流傳諸問題，得出一比較清晰和正確的認識。

又從文學的觀點來看，今本《吴越春秋》雖以記述史實爲主，但又和《史記》一樣，不乏文學成分，因而又具有一定的文學價值。如書中所述漁父渡子胥，漁父之子解鄭危，要離刺慶忌和太子友諫夫差之事，即富於故事性。吴人殺子作鈎和越女道逢袁公之事，顯係出自虚構或採自傳説。全書叙事圍繞吴越争霸、生死相争的中心展開，具有一條貫穿始終的故事綫索。《吴越春秋》在叙事中還通過描述人物行動和内心活動，藉助於個性化的語言，運用場面渲染、氣氛烘托等表現手法（可見勾踐入吴、浙江祖道一節），塑造出諸如勾踐、伍子胥、夫差等個性鮮明的人物形象。此外，《吴越春秋》叙事又常引神話和傳説，加以豐富的想象，融入渲染誇張的描繪，從而使全書帶有一種奇妙的傳奇色彩和獨特瑰麗的風格。上述文學成分的存在，使《吴越春秋》一書始終有别於其他許多史書。而這些文學成分又不够充足，尚不足以構成全書的主流。因此，長期以來，《吴越春秋》也就祇能作爲異體雜紀的一部地方史見諸目録學著作的著録。作爲既有重要的史學價值，又兼有相當文學價值的一部著作，《吴越春秋》既有足資參考以備博採廣覽和比較研究的用途，又有欣賞、閲讀的價值。這大概就是近二千年來《吴越春秋》能經得起時間考驗，長期受人珍愛，爲人珍藏、傳鈔和刊行，流傳至今的一個重要原因。

凡例

一、本書校勘以校正文字的衍、脱、訛誤爲目標。

二、本書整理，以上海商務印書館《四部叢刊》影印之明弘治十四年鄺璠所刊《吴越春秋》爲底本（以下簡稱「弘治本」），以北京圖書館出版社《中華再造善本》影印之元大德十年紹興路儒學刻明修本（以下簡稱「大德本」）、《景印元明善本叢書》影印之明吴琯《古今逸史》本（以下簡稱「《古今逸史》本」）爲通校本。

三、參校本有民國十三年（一九二四）上海商務印書館據清蔣氏刊本影印之蔣光煦《涉聞梓舊・斠補隅録》之《吴越春秋校》所引宋本（以下簡稱「宋本」），秀水王氏學禮齋刊《黄顧遺書》顧廣圻《思適齋書跋》卷二《吴越春秋》，道光六年（一八二六）昭文張氏所刊張金吾《愛日精盧藏書志》卷十四《吴越春秋》，光緒二十四年（一八九八）刊瞿鏞《鐵琴銅劍樓藏書目録》卷十《吴越春秋》，民國三年（一九一四）上海文瑞樓石印本江標《宋元本書目行格表》卷上宋本《吴越春秋》，光緒十六年（一八九〇）刊之陸心源《儀顧堂題跋》卷四《元板吴越春秋跋》所引宋本及元本、光緒十八年（一八九二）刊之《儀顧堂續跋》卷七《元槧吴越春秋跋二》。

四、本書校勘以不輕易改字爲原則。底本文字如有衍、脱、訛誤，衹據對校本及他校本所引《吴越春秋》增删更改，而絶不妄逞臆見，僅據對校本、他校本所引《吴越春秋》以外之書輕易改竄古書。

在底本與大德本、蔣光煦所見宋本、《古今逸史》本及他校本所引《吴越春秋》存在文字上差異時，如底本誤而大德本無衍、脱、訛誤，則據大德本校正。如以上二本均不可據，則按蔣光煦所見宋本、《古今逸史》本和他校本所引《吴越春秋》校正。

凡皇甫遵《吴越春秋》成書後，後人因避諱所改之字，一概改回。

徐天祜注所引文字凡經查對，與原著或轉引之書所載一致者，均在引文首尾加引號以示區别。凡引文與原著或轉引之書所載有出入，或原著和轉引之書已佚，及無從查對者，則不加引號。

五、凡增删更改文字，除明顯字形錯誤徑改，其餘均出校記説明理由。凡底本與大德本、蔣光煦所見宋本、《古今逸史》本文字有别且均可讀通，又非古今字、異體字時，均出校記，加以説明。如係古今字、異體字，則依底本，不作修改，亦不出校記。以上諸本與他校本所引《吴越春秋》或所載存在明顯差異，或前人對《吴越春秋》的校勘提出有價值的意見時，則酌情出校記予以説明。

底本及大德本版心所載書名、篇名、卷次、頁碼、目録和各卷卷末所附書名、篇名一律删去，不再另出校記一一説明。校勘記引文如有訛舛，即在其字後逕予訂正，並加方括號〔 〕以爲標識。引文歧出之文則加圓括號（ ）以便識别。

六、主要參考書有光緒九年（一八八三）莫祥芝刊《武陵山人遺書》顧觀光《吴越春秋校勘記》，民國十一年（一九二二）刊俞樾《諸子平議補録·吴越春秋》，光緒二十年（一八九四）刊孫詒讓《札迻》卷三《吴越春秋》，南陵徐氏刊《隨盦叢書》徐乃昌《〈吴越春秋〉札記》、《〈吴越春秋〉逸文》、《〈吴越春秋〉跋》，浙江圖書館所藏邵瑞彭《邵次公遺著》之《〈吴越春秋〉札記》、上海圖書館所藏王仁俊《經籍佚文·吴越春秋佚文》等。

又有《尚書正義》（中華書局影印《十三經注疏》本）、《毛詩正義》（中華書局影印《十三經注疏》本）、《周禮注疏》（中華書局影印《十三經注疏》本）、《儀禮注疏》（中華書局影印《十三經注疏》本）、《大戴禮記》（元至正刻本）、《禮記正義》（中華書局影印《十三經注疏》本）、《春秋左傳》（中華書局影印《十三經注疏》本、上海人民出版社標點本）、《春秋穀梁傳》（中華書局影印《十三經注疏》本）、《論語注疏》（中華書局影印《十三經注疏》本）、《爾雅注疏》（中華書局影印《十三經注疏》本）、《博雅》（《廣漢魏叢書》本）、《孟子注疏》（中華書局影印《十三經注疏》本）、《方言》（《四部叢刊》景宋本、浙江人民出版社影印《百子全書》本）、《釋名》（《四部叢刊》景明翻宋書棚本）、《説文解字》（光緒十四年上海蜚英館印本、中華書局影印本）、《重修玉篇》（文淵閣《四庫全書》本）、《廣韻》（文淵閣《四庫全書》本）、《集韻》（文淵閣《四庫全書》本）、《史記》（中華書局標點本）、《漢書》（中華書局標點本）、《後漢書》（中華書局標點本）、《晉書》（中華書局標點本）、《隋書》（中華書局標點本）、《舊唐書》（中華書局標點本）、《新唐書》（中華書局標點本）、《宋史》（中華書局標點本）、《竹書紀年》（上海古籍出版社影印《二十二子》本）、《國語》（《士禮居叢書》景宋本、上海古籍出版社標點本）、《戰國策》（文淵閣《四庫全書》本）、《世本》（商務印書館《叢書集成》本）、《越絶書》（《四部叢刊》景明雙柏堂本、上海古籍出版社標點本）、《資治通鑑》（中華書局標點本）、《通鑑外紀》（文淵閣《四庫全書》本）、《古史》（文淵閣《四庫全書》本）、《大事記》（文淵閣《四庫全書》本）、《繹史》（文淵閣《四庫全書》本）、《通典》（中華書局影印本）、《水經注校》（上海人民出版社影印本）、《元和郡縣志》（文淵閣《四庫全書》本）、《吴地記》（文淵閣《四庫全書》本）、《會稽三賦》（文淵閣《四庫全書》本）、《太平寰宇記》（文淵閣《四庫全書》本）、《（元豐）吴郡圖經續記》（中華書局影印《宋元方志叢刊》本）、《（紹定）吴郡志》（宋刻元修本、中華書局影印《宋元方志叢刊》本）、《（寶祐）琴川志》（中華書局影印《宋元方志叢刊》本)、《(嘉泰)會稽志》(中華書局影印《宋元方志叢刊》本)、《墨子》(上海古籍出版社影印《二十二子》本)、《淮南子》(上海古籍出版社影印《二十二子》本)、《吕氏春秋》(上海古籍出版社影印《二十二子》本)、《山海經》(上海古籍出版社影印《二十二子》本)、《孔叢子》(浙江人民出版社影印《百子全書》本)、《論衡》(《四部叢刊》景通津草堂本、浙江人民出版社影印《百子全書》本)、《世説新語注》(《四部叢刊》景明袁氏嘉趣堂本)、《能改齋漫録》(文淵閣《四庫全書》本、上海古籍出版社標點本)、《王逸章句楚辭》(《四部叢刊》本)、《文選注》(《四部叢刊》本、中華書局影印本)、《太平御覽》(中華書局影印本)、《太平廣記》(文淵閣《四庫全書》本、民國景印明嘉靖談愷刻本)、《群書治要》(《四部叢刊》景日本天明刊本)、《北堂書鈔》(光緒十四年萬卷堂刻本)、《藝文類聚》(文淵閣《四庫全書》本)、《初學記》(明九州書屋覆刻錫山安國本、文淵閣《四庫全書》本)、《白孔六帖》(文淵閣《四庫全書》本)、《事類賦注》(宋紹興十六年刻本、文淵閣《四庫全書》本)等。

此外，並參考了江蘇古籍出版社一九八六年版苗麓點校本。

吴太伯傳第一

吴之前君太伯者，《論語》作「泰伯」。后稷之苗裔也。后稷其母，台氏之女姜嫄，《韓詩章句》：「姜，姓。嫄，字。」《説文》：「邰，炎帝之後，姜姓，封邰國。」《晉語》曰：「黄帝以姬水成，炎帝以姜水成，故黄帝爲姬，炎帝爲姜。」是姜者，炎帝之姓。《史記》「嫄」作「原」，「台」作「邰」。邰國在京兆武功縣所治斄城。《漢·地理志》作「斄」，與「邰」同。爲帝嚳元妃。年少未孕，出游於野，見大人跡而觀之，中心歡然，喜其形像，因履而踐之，身動，意若爲人所感。後姙娠，恐被淫泆之禍，遂祭祀以求，謂無子，履上帝之跡，《詩·生民》篇所謂「履帝武」是也。天猶令有之。姜嫄怪而棄于阨狹之巷，牛馬過者折折，疑當作「辟」。易而避之；《詩》云：「誕置之隘巷，牛羊腓字之。」復棄于林中，適會伐木之人多；《詩》云：「誕置之平林，會伐平林。」復置于澤中冰上，衆鳥以羽覆之。《詩》云：「誕置之寒冰，鳥覆翼之。」后稷遂得不死。姜嫄以爲神，收而養之，長因名棄。爲兒時好種樹樹，亦種也。禾、黍、桑、麻、五穀，相去聲。五土之宜，青、赤、黄、黑，陵陸地。水高下，粢、稷、黍、禾、蕖、麥、豆、稻〔一〕，各得其理。堯遭洪水，人民泛濫，遂遂，疑當作「逐」。高而居。堯聘棄，使教民山居，隨地造區，研窮也。營種之術〔二〕。三年餘，行人無飢乏之色。乃拜棄爲農師，封之台，號爲后稷，姓姬氏。

后稷就國，爲諸侯。卒，子不窋立，《帝王世紀》：「后稷納姞氏，生不窋。」《括地志》曰：「不窋故城在慶州弘化縣南三里。」遭夏氏世衰，失官，奔戎、狄之間。其孫公劉。《周本紀》：「不窋卒，子鞠立。鞠卒，子公劉立。」公劉慈仁，行不履生草，運車以避葭葦。公劉避夏桀於戎、狄，變易風俗，民化其政。公劉卒，子慶節立。其後八世，而得古公亶甫，慶節子皇僕。皇僕子蒫弗。蒫弗子毀隃。《世本》「隃」作「榆」。毀隃子公非。公非子高圉。高圉子亞圉。《世本》作「亞圉雲都」。皇甫謐曰：「雲都，亞圉字。」亞圉子公叔祖類。公叔祖類子古公亶甫。《毛詩》、《史記》「甫」皆作「父」，「甫」、「父」通。自慶節至是爲八世。脩公劉、后稷之業，積德行義，爲狄人所慕。薰鬻、戎姤而伐之〔三〕。薰鬻，《孟子》作「獯鬻」〔四〕，《史記》作「薰育」，《漢·匈奴傳》作「葷粥」，音同。古公事之以犬馬牛羊，其伐不止。事以皮幣金玉重寶，而亦伐之不止。古公問：「何所欲？」曰：「欲其土地。」古公曰：「君子不以養害〔五〕。害所養，孟子曰：「君子不以其所以養人者害人。」國所以亡也〔六〕，而爲身害，吾所不居也。」古公乃杖策去邠，踰梁山而處岐周，徐廣曰：「新平漆縣東北有豳亭。」杜預云：「豳在新平漆縣東北。」《索隱》曰：「豳即邠也。」又，徐廣曰：「岐山在扶風美陽西北，其南有周原。」顔師古曰：「梁山在夏陽，岐山在美陽，即今岐州岐山縣箭括嶺也。」曰：「彼君與我何異？」邠人父子兄弟，相帥負老携幼，揭釜甑而歸古公。居三月，成城郭；一年，成邑；二年，成都，而民五倍其初。

古公三子：長曰太伯，次曰仲雍，雍一名吳仲，《史記》作「虞仲」。少曰季歷。太姜生，少子，季歷即王季也。季歷娶妻大任氏〔七〕，音泰壬。《詩·大明》篇「摯仲氏任」毛氏箋：「摯，國。任，姓。仲，中女也。」《史記》作「太任」。《列女傳》：「太任，摯任氏之中女。」生子昌。昌有聖瑞。《尚書緯·帝命驗》曰：「季秋之月甲子〔八〕，赤爵銜《丹書》入于酆，止于昌户。」其書云云。此蓋聖瑞，《丹書》文多不載。古公知昌聖，欲傳國以及昌，曰：「興王業者，其在昌乎？」因更名曰季歷。太伯、仲雍望風知指，曰：「歷者，適也。」知古公欲以國及昌。古公病，二人託名採藥於衡山，南岳。遂之荆蠻，斷髮文身，爲夷狄之服，示不可用。古公卒，太伯、仲雍歸。赴喪畢，還荆蠻，國民君而事之，自號爲勾吴。《漢·地理志》：「太伯奔荆蠻，號曰勾吴。」顔師古注：「夷俗語發聲，猶越爲于越也〔九〕。」吴人或問：「何像像，疑當作「據」〔一〇〕。而爲勾吴？」太伯曰：「吾以伯長居國，絶嗣者也。其當有封者，吴仲也。故自號勾吴，非其方乎？」荆蠻義之，從而歸之者千有餘家，共立以爲勾吴。數年之間，民人殷富。遭殷之末世衰，中國侯王數用兵，恐及於荆蠻，故太伯起城，周三里二百步，外郭三百餘里，在西北隅，名曰故吴，太伯所都，謂之吴。城在梅里平墟，今無錫縣境。人民皆耕田其中。古公病，將卒，令季歷讓國於太伯，而三讓不受。故云：太伯三以天下讓。於是季歷蒞政，脩先王之業，守仁義之道。季歷卒，子昌立，號曰西伯。按《孔叢子》，羊容問子思曰：「周自后稷封爲王者，之後至太王、王季、文王，此爲諸侯，奚得爲西伯乎？」子思曰：「吾聞諸子夏曰，殷帝乙之時，王季以九命作伯於西，受圭瓚秬鬯之賜。故文王因之，得專征伐。此諸侯爲伯，猶召公分陝，謂之召伯也。」遵公劉、古公之術，業於養老，天下歸之。西伯致太平，伯夷自海濱而往。西伯卒，太子發立，發，武王名。任周、召周公，旦。召公，奭。而伐殷。天下已安，乃稱王，追謚古公爲大王〔一一〕，追封太伯於吳。

太伯祖卒，葬於梅里平墟。即太伯故城之地。劉昭云：「無錫縣東皇山有太伯冢，去墓十里有舊宅，其井猶存。」《皇覽》云：「太伯墓在吳縣北梅里聚。」二説不同。此云平墟，當以劉説爲正。仲雍立，是爲吳仲雍。仲雍卒，子季簡，簡子叔達，達子周章，章子熊，熊子遂，遂子柯相，相子彊鳩夷〔一二〕，夷子餘喬疑吾，吾子柯廬，廬子周繇，繇子屈羽，羽子夷吾，吾子禽處，處子專，專子頗高，高子句畢立〔一三〕。《史記・世家》「熊子遂」作「熊遂」。「喬」作「橋」。「廬」作「盧」。「專」作「轉」，譙周《古史考》作「柯轉」。「畢」作「卑」。是時晉獻公滅周北虞虞公，以開晉之伐虢氏。畢子去齊〔一四〕，齊子壽夢立，夢，《左傳》莫公切，《史記正義》同。而吳益彊〔一五〕，稱王。凡從太伯至壽夢之世，與中國時通朝會，而國斯霸焉。

校釋

〔一〕蕖，芋也。孫詒讓《札迻》云：「『蕖』非穀名，疑當作『粱』，形近而誤。」

〔二〕研，《古今逸史》本作「妍」。

〔三〕盧文弨《校吳琯本》云：「『姤』疑當作妬。」徐乃昌《吳越春秋札記》曰：「『姤』與『搆』通，《左傳》適有讒人，交搆其閒，亦足致伐，似不必改作妬。」當以徐説爲是。

〔四〕獯，《古今逸史》本作「獯」。

〔五〕害，孫詒讓《札迻》云：「此文不可通，當作『君子不以養者害所養』，徐注引《孟子》可證。此『者』字涉下『害』字而誤。」原文不誤，且可通。孫詒讓因斷句不當，而誤以爲「害」字應作「者」字。

〔六〕亡，盧文弨云「亡」字誤。孫詒讓《札迻》云：「以上文校之，『亡』疑當爲『養』之誤。」原文不誤。盧、孫因句讀有誤，而妄下斷語。

〔七〕大，弘治本、《古今逸史》本作「太」。徐天祜注作「大」，爲保持一致，此據大德本改。

〔八〕甲子，弘治本作「中子」。此據大德本、《古今逸史》本改。

〔九〕于越，弘治本、《古今逸史》本皆作「千越」，大德本作「干越」。《漢書·地理志》「會稽」注作「於越」，「句吴」注作「于越」，據改。

〔一〇〕盧文弨云：「『何像』，何所依倣也。若『何據』，則時下語耳。」當以盧説爲是。

〔一一〕大，《古今逸史》本作「太」。此據大德本、弘治本。

〔一二〕彊，《古今逸史》本作「疆」。此據大德本、弘治本。

〔一三〕畢，蔣光煦及瞿鏞《鐵琴銅劍樓藏書目録》卷十所引宋本作「卑」。

〔一四〕畢，《古今逸史》本作「卑」。

〔一五〕彊，《古今逸史》本作「疆」。此據大德本、弘治本。

吳王壽夢傳第二

壽夢元年，《史記索隱》曰：「自壽夢已下，始有其年。」朝周，適楚，觀諸侯禮樂。魯成公會於鍾離，鍾離之會，吳始與中國接，事見《春秋·魯成公十五年》。以《史記·年表》考之，是爲壽夢十五年〔一〕。此以爲元年，何也？鍾離，古塗山氏之國，漢置鍾離縣，屬九江，今屬濠州。深問周公禮樂。成公悉爲陳前王之禮樂，因爲詠歌三代之風。壽夢曰：「孤在夷蠻，徒以椎髻爲俗，豈有斯之服哉？」因歎而去，曰：「於乎哉，禮也！」

二年，楚之亡大夫申公巫臣子靈也。適吳，以爲行人，教吳射御，導之伐楚。見《左傳·成公七年》。按巫臣怨楚子反而奔晉，自晉請使吳，教吳用兵叛楚，使其子狐庸爲吳行人，非巫臣爲行人也。行人，掌國賓客之禮，籍以待四方之使。楚莊王怒，使子反將，去聲。敗吳師。二國從斯結讎。於是吳始通中國，而與諸侯爲敵。蠻夷屬楚者，吳盡取之，始大，通吳於上國。

五年，伐楚，敗子反。

十六年，楚恭《左傳》作「共」。王怨吳爲巫臣伐之也，乃舉兵伐吳，至衡山而還。見《左傳·襄公三年》，楚「克鳩茲，至于衡山」。杜預曰：「衡山，在吳興烏程縣南。」楚歸三日，吳人伐楚，取駕，此不書。

十七年，壽夢以巫臣子狐庸爲相，任以國政。

二十五年，壽夢病，將卒。有子四人，長曰諸樊，次曰餘祭，祭，側界切。次曰餘昧，昧，莫葛切。次曰季札〔二〕。季札賢，壽夢欲立之。季札讓曰：「禮有舊制，奈何廢前王之禮，而行父子之私乎？」壽夢乃命諸樊曰：「我欲傳國及札，爾無忘寡人之言。」諸樊曰：「周之太王，知西伯之聖，廢長立少，王之道興。今欲授國於札，臣誠耕於野。」王曰：「昔周行之，德加於四海。今汝於區區之國，荆蠻之鄉，奚能成天子之業乎？且今子不忘前人之言，必授國以次，及于季札。」諸樊曰：「敢不如命。」壽夢卒，見《春秋・襄公十二年》：「秋九月，吳子乘卒。」《左傳》書「壽夢卒」。杜預曰：「壽夢，吳子之號。」諸樊以適適，通作「嫡」，正出也。長攝行事，當國政。

吳王諸樊元年，《史記・年表》，吳諸樊元年爲魯襄公十三年，諸樊在位十三年，卒，是爲襄公二十五年。此書止載元年事，餘皆不書。已除喪，讓季札曰：「昔前王未薨之時，嘗晨昧不安，吾望其色也，意在於季札。又復三朝，悲吟而命我曰：『吾知公子札之賢，欲廢長立少，重發言於口。雖然，我心已許之。』然前王不忍行其私計，以國付我。我敢不從命乎？今國者，子之國也，吾願達前王之義。」季札謝曰：「夫適嫡長當國，非前王之私，乃宗廟社稷之制，豈可變乎？」諸樊曰：「苟可施於國，何先王之命有？句。太王改爲季歷，二伯來入荆蠻，遂城爲國，周道就成。前人誦之，不絕於口，而子之所習也。」札復謝曰：「昔曹公卒，宣公。庶存適亡，「嫡亡」者，公子負芻殺太子而自立，是爲成公。諸侯與曹人不義而立於國。子臧公子欣時也，與負芻皆宣公庶子，聞之，行吟而歸。曹君懼，將立子臧。子臧去之，以成曹之道。見《左傳·魯成公十五年》：諸侯將見子臧於王而立之，遂逃奔宋。明年，反自宋，盡致其邑與卿而不出。札雖不才，願附子臧之義，吾誠避之。」吳人固立季札，季札不受，而耕於野，吳人捨上聲。之。諸樊驕恣，輕慢鬼神，仰天求死。將死，命弟餘祭曰：「必以國及季札。」乃封季札於延陵，號曰延陵季子。延陵，季札之采邑也。漢改延陵爲毘陵縣，晉爲毘陵郡，又爲晉陵郡，今常州也。

餘祭十二年，楚靈王會諸侯伐吳，圍朱方，誅慶封。慶封數爲吳伺祭，祭，當作「察」。故晉、楚伐之也。吳王餘祭怒曰：「慶封窮，來奔。吳封之朱方，《左傳·襄公二十八年》，慶封「奔吳，吳句餘予之朱方」。杜預云：「句餘，吳子夷昧也〔三〕。」《索隱》曰餘祭以二十九年卒，則二十八年賜慶封邑不得是夷昧，但句餘或別是一人。今按《春秋》於明年書：「閽弒吳子餘祭。」又《年表》：餘祭四年，守閽殺餘祭〔四〕。則句餘非別爲一人矣。《世家》、《年表》皆在餘祭三年，即襄公二十八年也。《年表》既云餘祭四年卒〔五〕，此乃書十二年，何也？十二、十三年，皆當刪「十」字〔六〕。十七年亦改從四年可也。朱方，吳邑，秦改丹徒，今屬鎮江。以効不恨士也。」即舉兵伐楚，取二邑而去。

十三年，楚怨吳爲慶封故伐之，心恨不解，伐吳至乾谿。在譙國城父縣南，楚東境。吳擊之，楚師敗走。

十七年，餘祭卒。餘昧立，四年，卒，欲授位季札。季札讓，逃去，曰：「吾不受位明矣。昔前君有命，已附子臧之義。潔身清行，仰高履尚，惟仁是處。富貴之於我，如秋風之過耳。」遂逃歸延陵。吴人立餘昧子州于，號爲吴王僚也。

校釋

〔一〕按中華書局標點本《史記》卷十四《十二諸侯年表》，壽夢十五年應爲壽夢十年之誤。

〔二〕札，蔣光煦所見宋本作「扎」，下同。

〔三〕按《春秋》、《左傳》和以下徐天祜所注，「句餘」應指餘祭，杜注誤。又按前所述，太伯因已「居國絶嗣」，而吴仲「其當有封」，「故自號勾吴」，知「句餘」既可指餘昧，亦可指餘祭。

〔四〕俞樾《諸子平議補録》卷十七《吴越春秋》云：「《史記·年表》並無『餘祭四年，守閽殺餘祭』之文。」《補録》誤。

〔五〕俞樾云：「餘祭、夷昧二王享國之年，《春秋》、《史記》不同。《春秋·襄二十五年》：『吴子遏卒。』《二十九年》：『閽弑吴子餘祭。』則餘祭在位四年。《昭二十五年》：『吴子夷末卒。』則夷末在位十七年。《史記·世家》：『十七年，王餘祭卒。』『四年，王餘昧卒。』則兩王之年適與《春秋》相反。考之《年表》，亦同。《吴越春秋》從《史記》而不從《春秋》，則所載當悉如《史記》。」俞説爲是。俞樾又曰：「兩王之年，自以《春秋》爲正。」其説未必確。《吴越春秋》、《史記》當別有所據。

〔六〕俞樾云：「治古書者，當各治其書。《吴越春秋》既從《史記》，則但當改正其文字之誤，而不得改從《春秋》也。」又云：「楚誅慶封，據《史記》，在王餘祭十年。則此云『十二年』者，『二』乃衍字也。當删『二』字，不當删『十』字。徐氏欲删『十』字，非也。其下云十三年『楚伐吴，至乾谿』，依《史記》在餘祭十二年。則『三』字乃『二』字之誤，而『十』字亦不當删也。」俞説爲是。「十二」、「十三」應改作「十」、「十二」。

王僚使公子光傳第三

二年，王僚使公子光伐楚，見《左傳・昭公十七年》。光，諸樊子闔廬也。以報前來誅慶封也。吳師敗而亡舟。舟名餘皇，爲楚所獲，亦曰艅艎。光懼，因捨〔一〕，復得王舟而還〔二〕。「捨」字不通，疑當作「揜」。蓋揜其不備，取之以歸。光欲謀殺王僚，未有所與合議，陰求賢，乃命善相者爲吳市吏。

五年，楚之亡臣伍子胥來奔吳。見《左傳・昭公二十年》。伍子胥者，楚人也，名員。音云。員父奢，兄尚。其前名曰伍舉，前名，當作「前人」〔三〕。舉即奢之父，員之祖。以直諫事楚莊王。王即位三年〔四〕，不聽國政，沉湎於酒，淫於聲色，左手擁秦姬，右手抱越女，身坐鐘鼓之間，而令曰：「有敢諫者，死！」於是伍舉進諫曰：「有一大鳥，集楚國之庭，三年不飛，亦不鳴，此何鳥也？」於是莊王曰：「此鳥不飛，飛則冲天；不鳴，鳴則驚人。」伍舉曰：「不飛不鳴，將爲射者所圖。絃矢卒音猝，忽遽貌，倉卒也。發，豈得冲天而驚人乎？」於是莊王棄其秦姬、越女，罷鐘鼓之樂，用孫叔敖，任以國政，《史記》曰：「任伍舉、蘇從以政，國人大說。」遂霸天下，威伏諸侯。莊王卒，靈王立，建章華之臺，杜預曰：「南郡華容縣有臺，在城内。」與登焉〔五〕。王曰：「臺美！」伍舉曰：「臣聞國君服寵以爲美，安民以爲樂，克聽以爲聰，致遠以爲明。不聞以土木之崇高，蟲鏤之刻畫，金石之清音，絲竹之淒唳，以之爲美。前莊王爲匏居之臺〔六〕，高不過望國氛，祲氣也。大不過容宴豆，木不妨守備，不妨城郭守備之材。用不煩官府，民不敗時務，官不易朝常。今君爲此臺七年，國人怨焉，財用盡焉，年穀敗焉，百姓煩焉，諸侯忿怨，卿士訕謗〔七〕，豈前王之所盛，人君之所美者耶〔八〕？臣誠愚〔九〕，不知所謂也。」靈王即除工去飾〔一〇〕，不遊於臺。由是伍氏三世爲楚忠臣。楚平王有太子，名建。平王以伍奢爲太子太傅，費無忌《左傳》作「無極」，《史記》亦作「無忌」。爲少傅。平王使無忌爲太子娶於秦。秦女美容，無忌報平王曰：「秦女天下無雙，王可自取。」王遂納秦女爲夫人，而幸愛之，生子珍。而更爲太子娶齊女。無忌因去太子，而事平王。深念平王一旦卒，而太子立，當害己也，乃復讒太子建。建母蔡氏無寵，乃使太子守城父，服虔曰：「城父，楚北境邑。」杜預曰：「襄城城父縣。」備邊兵。頃之，無忌日夜言太子之短曰：「太子以秦女之故，不能無怨望之心，願王自備。太子居城父，將兵，外交諸侯，將入爲亂。」平王乃召伍奢而按問之。奢知無忌之讒，因諫之曰：「王獨奈何以讒賊小臣而踈骨肉乎？」無忌承宴，復言曰：「王今不制，其事成矣，王且見擒。」平王大怒，因囚伍奢，而使城父司馬奮揚往殺太子。奮揚使人前告太子：「急去！不然將誅。」三月，太子奔宋。無忌復言平王曰：「伍奢有二子，皆賢。不誅，且爲楚憂。可以其父爲質而召之。」王使使謂奢曰：「能致二子，則生；不然，則死。」伍奢曰：

「臣有二子，長曰尚，少曰胥。尚爲人慈溫仁信，若聞臣召，輒來。胥爲人少好於文，長習於武，文治邦國，武定天下，執綱守戾，蒙垢受恥，雖冤不爭，能成大事，此前知之士，安可致耶〔一一〕？」平王謂伍奢之譽二子，即遣使者駕駟馬，封函印綬往，詐召子尚、子胥〔一二〕。令曰：「賀二子，父奢以忠信慈仁，去難就免。平王內慚囚繫忠臣，外愧諸侯之恥，反遇奢爲國相，封二子爲侯。尚賜鴻都侯，胥賜蓋侯，相去不遠三百餘里。奢久囚繫，憂思二子，故遣臣來，奉進印綬。」尚曰：「父繫三年，中心忉怛〔一三〕，食不甘味，嘗苦飢渴，晝夜感思，憂父不活，惟父獲免，何敢貪印綬哉？」使者曰：「父囚三年，王今幸赦，無以賞賜，封二子爲侯，一言當至，何所陳哉？」尚乃入報子胥曰：「父幸免死，二子爲侯，使者在門，兼封印綬，汝可見使。」子胥曰：「尚且安坐，爲兄卦之。今日甲子，時加於巳，支傷日下，氣不相受，君欺其臣，父欺其子，今往方死，何侯之有？」尚曰：「豈貪於侯，思見父耳！一面而別，雖死而生。」子胥曰：「尚且無往。父當我活，楚畏我勇，勢不敢殺。兄若誤往，必死不脫。」尚曰：「父子之愛，恩從中出，徼倖相見，以自濟達。」於是子胥歎曰：「與父俱誅，何明於世？冤讎不除，恥辱日大。尚從是往，我從是決。」決，當作「訣」〔一四〕，別也。尚泣曰：「吾之生也，爲世所笑，終老地上，而亦何之！不能報讎，畢爲廢物。汝懷文武，勇於策謀，父兄之讎，汝可復也。吾如得返，是天祐之。其遂沉埋，亦吾所喜。」胥曰：「尚且行矣，吾去不顧。勿使臨難，雖悔何追！」旋泣辭行，與使俱往。楚得子尚，執而囚之。復遣追捕子胥。胥乃貫烏還切〔一五〕。弓執矢，去楚。楚追之，見其妻，曰：「胥亡矣，去三百里。」使者追及無人之野。胥乃張弓布矢，欲害使者。使者俯伏而走。胥曰：「報汝平王，「平」字當去。王在，安得先稱其謚？不則，當作「君王」。下文「平王」，則後人追書也。欲國不滅，釋吾父兄。若不爾者，楚爲墟矣！」使返報平王。王聞之，即發大軍，追子胥至江，失其所在，不獲而返。子胥行至大江，仰天行哭林澤之中，言：「楚王無道，殺吾父兄。願吾因於諸侯〔一六〕，以報讎矣！」聞太子建在宋，胥欲往之。伍奢初聞子胥之亡，曰：「楚之君臣，且苦兵矣！」尚至楚就父，俱戮於市。伍員奔宋，道遇申包胥，謂曰：「楚王殺吾兄父〔一七〕，爲之奈何？」申包胥曰：「於乎！吾欲教子報楚，則爲不忠。教子不報，則爲無親友也。子其行矣，吾不容言。」子胥曰：「吾聞父母之讎，不與戴天履地；兄弟之讎，不與同域接壤；朋友之讎，不與鄰鄉共里。今吾將復楚辜，以雪父兄之恥。」申包胥曰：「子能亡之，吾能存之。子能危之，吾能安之。」胥遂奔宋。

宋元公無信於國，國人惡之。大夫華氏謀殺元公，國人與華氏因作大亂。華氏，華亥、華定也。見《左傳·昭公二十年》。子胥乃與太子建俱奔鄭，鄭人甚禮之。太子建又適晉。晉頃公曰：「太子既在鄭，鄭信太子矣。太子能爲內應而滅鄭，即以鄭封太子。」太子還鄭，事未成，會欲私其從者，從者知其謀，乃告之於鄭。鄭定公與子産誅殺太子建。建有子，名勝。伍員與勝奔吴，到昭關〔一八〕，關吏欲執之。伍員因詐曰：「上所以索我者，美珠也〔一九〕。今我已亡矣〔二〇〕，將去取之〔二一〕。」關吏因舍上聲。之。與勝行去，追者在後，幾不得脱。至江，江中有漁父，乘船從下方泝水而上。子胥呼之，謂曰：「漁父渡我！」如是者再。漁父欲渡之，適會旁有人窺之，因而歌曰：「日月昭昭乎侵已馳，與子期乎蘆之漪。」子胥即止蘆之漪。漁父又歌曰：「日已夕兮，予心憂悲。月已馳兮，何不渡爲？事寖急兮，當奈何？」子胥入船，漁父知其意也，乃渡之千潯潯，當作「尋」。四尺曰仞，倍仞曰尋。之津〔二二〕。子胥既渡，漁父乃視之，有其飢色〔二三〕。乃謂曰：「子俟我此樹下，爲子取餉。」漁父去後，子胥疑之，乃潛身於深葦之中。有頃，父來，持麥飯、鮑魚羹、盎漿，求之樹下，不見，因歌而呼之曰：「蘆中人，蘆中人，豈非窮士乎？」如是至再，子胥乃出蘆中而應。漁父曰：「吾見子有飢色，爲子取餉，子何嫌哉？」子胥曰：「性命屬天，今屬丈人，豈敢有嫌哉！」二人飲食畢，欲去，胥乃解百金之劍，以與漁者〔二四〕，曰〔二五〕：「此吾前君之劍〔二六〕，中有七星，價直百金〔二七〕，以此相答。」漁父曰：「吾聞楚之法令〔二八〕，得伍胥者賜粟五萬石，爵執圭。豈圖取百金之劍乎〔二九〕？」遂辭不受，謂子胥曰：「子急去，勿留，且爲楚所得。」子胥曰：「請丈人姓字。」漁父曰：「今日凶凶，兩賊相逢，吾所謂渡楚賊也。兩賊相得，得形於默，何用姓字爲？子爲蘆中人，吾爲漁丈人，富貴莫相忘也。」子胥曰：「諾。」既去，誡漁父曰：「掩子之盎漿，無令其露。」漁父諾。子胥行數步，顧視漁者，已覆船自沉於江水之中矣。子胥默然，遂行。至吳，疾於中道，乞食溧陽。今建康屬邑。適會女子擊綿於瀨水之上〔三〇〕，筥中有飯。子胥遇之，謂曰〔三一〕：「夫人，可得一餐乎〔三二〕？」女子曰：「妾獨與母居，三十不嫁，飯不可得〔三三〕。」子胥曰：「夫人，賑窮途少飯〔三四〕，亦何嫌哉〔三五〕？」女子知非恒人，遂許之〔三六〕。發其簞筥〔三七〕，飯其盎漿，長跪而與之。子胥再餐而止。女子曰：「君有遠逝之行，何不飽而餐之？」子胥已餐而去，又謂女子曰：「掩夫人之壺漿，無令其露。」女子歎曰：「嗟乎！妾獨與母居三十年，自守貞明，不願從適，何宜饋飯而與丈夫，越虧禮儀，妾不忍也。子行矣。」子胥行〔三八〕，反顧女子，已自投於瀨水矣。於乎！貞明執操，其丈夫女哉！

子胥之吳，乃被髮佯狂，跣足塗面，行乞於市。市人觀，罔有識者。翌日，翌，明也，明日。吳市吏善相者見之，曰：「吾之相人多矣，未嘗見斯人也。非異國之亡臣乎？」乃白吳王僚，具陳其狀：「王宜召之。」王僚曰：「與之俱入。」公子光聞之，私喜曰：「吾聞楚殺忠臣伍奢。其子子胥，勇而且智，彼必復父之讎，來入於吳。」陰欲養之。市吏於是與子胥俱入，見王。王僚怪其狀偉〔三九〕，身長一丈，腰十圍〔四〇〕，眉間一尺。王僚與語三日，辭無復者。王曰：「賢人也。」子胥知王好之，每入語語，遂有勇壯之氣〔四一〕，稍道其讎，而有切切之色。王僚知之，欲爲興師復讎。公子謀殺王僚，恐子胥前親於王，而害其謀，因讒：「伍胥之諫諫，當作「諜」。伐楚者，非爲吴也，但欲自復私讎耳〔四二〕。王無用之。」子胥知公子光欲害王僚，乃曰：「彼光有内志，未可説音税。以外事。」入見王僚曰：「臣聞諸侯不爲匹夫興師用兵於比國。」王僚曰：「何以言之？」子胥曰：「諸侯專爲政，非以意救急後興師〔四三〕。今大王踐國制威，爲匹夫興兵，其義非也。臣固不敢如王之命。」吴王乃止。

子胥退耕於野，求勇士薦之公子光，欲以自媚，乃得勇士專諸。《左傳》作「鱄設諸」。專諸者，堂邑吴地。《漢·地理志》爲臨淮郡堂邑縣。人也〔四四〕。伍胥之亡楚如吴時，遇之於途。專諸方與人鬬，將就敵，其怒有萬人之氣，甚不可當。其妻一呼，即還。子胥怪而問其狀：「何夫子之怒盛也，聞一女子之聲而折道，寧有説乎？」專諸曰：「子視吾之儀，寧類愚者也〔四五〕？何言之鄙也？夫屈一人之下，必伸萬人之上。」子胥因相其貌〔四六〕，碓顙而深目〔四七〕，虎膺而熊背〔四八〕，戾於從難，知其勇士，陰而結之，欲以爲用。遭公子光之有謀也，而進之公子光。光既得專諸，而禮待之。公子光曰：「天以夫子輔孤之失根也。」專諸曰：「前王餘昧卒，僚立，自其分也。公子何因而欲害之乎？」光曰：「前君壽夢有子四人：長曰諸樊，名「遏」。《史記索隱》曰：「遏是其名，諸樊是其號。」則光之父也。次曰餘祭。次曰餘昧。《春秋》作「夷末」。次曰季札，札之賢也。將卒，傳付適長，以及季札。念季札爲使，去聲。亡在諸侯，未還，餘昧卒，國空，有立者，適長也。適長之後，即光之身也。今僚何以當代立乎？吾力弱，無助於掌事之間，非用有力徒，能安吾志？吾雖代立，季子東還，不吾廢也。」專諸曰：「何不使近臣從容言於王側，陳前王之命，以諷其意，令知國之所歸？何須私備劍士，以捐先王之德？」光曰：「僚素貪而恃力，知進之利，不覩退讓。吾故求同憂之士，欲與之并力。惟夫子詮擇言。斯義也。」專諸曰：「君言甚露乎？於公子何意也？」光曰：「不也。此社稷之言也，小人不能奉行，惟委命矣。」專諸曰：「願公子命之。」公子光曰：「時未可也。」專諸曰：「凡欲殺人君，必前求其所好。吴王何好？」光曰：「好味。」專諸曰：「何味所甘？」光曰：「好嗜魚之炙也。」專諸乃去，從太湖學炙魚，三月得其味，安坐待公子命之。

八年，僚遣公子伐楚，大敗楚師，因迎故太子建母於鄭。鄭君送建母珠玉簪珥，欲以解殺建之過。《左傳・昭公二十三年》：楚太子建故母在郹〔四九〕，「吴太子諸樊入郹，取楚夫人與其寶器以歸」。杜預解：「諸樊，吴王僚之太子。」按《春秋・襄公二十五年》：「吴子遏伐楚，門于巢，卒。」杜預解：「遏，諸樊也。」《傳》亦書吴子諸樊卒。諸樊之死，於是三十年矣。此書云「僚遣公子」，當是公子光，非光之父諸樊也。諸樊於僚爲世父，亦不得云王僚太子也。豈《傳》與杜解俱誤耶〔五〇〕？

九年，吴使光伐楚，拔居巢、鍾離。《左傳・昭公二十四年》：吴「遂滅巢及鍾離而還」。《世家》所記與此合。巢，今無爲巢縣。吴所以相攻者，初，楚之邊邑脾梁《史記》作「卑梁」。之女與吴邊邑處女蠶〔五一〕，争界上之桑。《史記》曰：「小童争桑。」〔五二〕《伍子胥傳》：「兩女子争桑。」二家相攻，吴國不勝。遂更相伐，滅吴之邊邑。吴怒，故伐楚，取二邑而去。

十二年冬，楚平王卒。《左傳·昭公二十六年》：九月，「楚平王卒」。《索隱》曰：「按《年表》及《左傳》，合在僚十一年。」此書作十二年，又以秋爲冬，皆誤。伍子胥謂白公勝即太子建之子。其後，惠王召勝歸楚，使居邊邑。服虔曰：「白，楚邑名，大夫皆稱公。」杜預曰：「汝陰褒信縣西南有白亭。」勝奔吴事見前。曰：「平王卒，吾志不悉矣。然楚國有，吾何憂矣？」白公默然不對，伍子胥坐泣於室。

十三年《索隱》曰：據《表》及《左氏》，僚止合有十二年事。今《史記·世家》乃書云十三年，此書似承《世家》之誤。春，吴欲因楚葬而伐之。《左傳》：「吴子欲因楚喪而伐之。」《世家》同，「喪」作「𠷎」字〔五三〕。此書「葬」字，恐是「喪」字之誤。使公子蓋餘、燭傭《左傳》「蓋」作「掩」，「傭」作「庸」，皆王僚母弟。以兵圍楚。使季札於晉，以觀諸侯之變。楚發兵絶吴後，吴兵不得還，於是公子光心動。伍胥知光之見機也，乃説光曰：「今吴王伐楚，二弟將兵，未知吉凶，專諸之事，於斯急矣。時不再來，不可失也。」於是公子見專諸曰：「今二弟伐楚，季子未還，當此之時，不求何獲？時不可失，且光真王嗣也。」專諸曰：「僚可殺也。母老，子弱，弟伐楚，楚絶其後。方今吴外困於楚，内無骨鯁之臣，是無如我何也。」四月，公子光伏甲士於窋室中〔五四〕，《左傳》作「堀室」。《史記》作「窟室」。具酒而請王僚。僚白其母曰：「公子光爲我具酒，來請期，無變悉乎？」母曰：「光心氣怏怏，常有愧恨之色，不可不慎。」王僚乃被棠銕之甲三重〔五五〕，使兵衛陳於道，自宮門至於光家之門。階席左右〔五六〕，皆王僚之親戚，使坐立侍，皆操長戟交軹〔五七〕。酒酣，公子光佯爲足疾，入窋室裹足，使專諸置魚腸劍炙魚中進之。既至王僚前，專諸乃擘炙魚，因推匕首。立戟交軹，倚專諸胷。戟，有枝兵也。《周禮》戟長丈六尺。《增韻》：「雙枝爲戟，單枝爲戈。」軹，《說文》：「車輪小穿。」《周禮·大馭》「祭兩軹」注〔五八〕：「軹謂兩轊。」《詩》詁曰：「車軸之耑，貫轂者爲槽，轂末之小穿，容轊者爲軹。」此言「立戟交軹」，謂戟之立如軹之交，倚專諸之胷也。胷斷臆開，匕首如故，以刺王僚，貫甲達背。王僚既死〔五九〕，左右共殺專諸，衆士擾動。公子光伏其甲士，以攻僚衆，盡滅之。遂自立，是爲吳王闔閭也。乃封專諸之子，拜爲客卿。季札使還，至吳。闔閭以位讓，季札曰：「苟前君無廢祀〔六〇〕，社稷有奉〔六一〕，君也〔六二〕。吾誰怨乎？哀死待生〔六三〕，以俟天命，非我所亂〔六四〕，立者從之，是前人之道。」命哭僚墓〔六五〕，復位而待。公子蓋餘、燭傭二人，將兵遇圍於楚者，聞公子光殺王僚自立，乃以兵降楚。楚封之於舒。按《左傳》：「掩餘奔徐，燭庸奔鍾吾。吳使徐人執掩餘，鍾吾人執燭庸。二公子奔楚。」此言以兵降楚，與《傳》不合。《史記》亦云奔楚，《世家》與《伍子胥傳》皆云降楚。舒，春秋時舒國，爲楚所滅，漢屬廬江郡，今廬州有舒城縣。

校釋

〔一〕因捨，顧觀光《吴越春秋校勘記》曰：「句不可解。《御覽》七百六十九『因』作『困』，無『捨』字。」徐天祜云：「『捨』字不通，疑當作『揜』。」俞樾則以爲：「改爲『揜』字，亦於義未足。『捨』乃『舍』字之假借。軍行一宿爲舍。吴師時已奔北，因公子光欲復得王舟，故又止一宿，而以計取舟也。」

〔二〕復得王舟而還，顧觀光據《御覽》卷七百六十九曰：「『王舟』下有『泛』字。」此據大德本、弘治本、《古今逸史》本。

〔三〕前名，徐乃昌按「後第七葉『此吾前君之劍』」，而云「前名」「似當作『前君』」，「『君』與『名』字相近而譌」。俞樾則云：「徐以『前名』二字連讀，誤也。『其前』，猶云『其先』，言伍員之先世名曰伍舉也。下文『胥乃解百金之劍，以與漁者：「此吾前君之劍。」』又專諸及公子光稱『前王餘昧』、『前君壽夢』，是此書『前』字皆作『先』字用。」俞説爲是。「前」、「名」二字不應連讀。

〔四〕三，蔣光煦所見宋本作「二」。按下言「三年不飛」，應作「三」。

〔五〕此句《太平御覽》卷一百七十七所引《吴越春秋》作「與群臣登焉」。

〔六〕前，《太平御覽》卷一百七十七所引《吴越春秋》作「昔先」。匏，大德本、弘治本、《古今逸史》本均作「抱」。此據《太平御覽》卷一百七十七所引及《國語》卷十七《楚語上》改。

〔七〕謗，《太平御覽》卷一百七十七所引《吴越春秋》作「譏」。

〔八〕所美，大德本、弘治本、《古今逸史》本脱「所」字，此據《太平御覽》卷一百七十七所引補。

〔九〕臣誠愚，蔣光煦據其所見宋本云：「『臣』下有『之』字。」《太平御覽》卷一百七十七所引與宋本同。

〔一〇〕靈王，《太平御覽》卷一百七十七在「王」字下有「納之」二字。

〔一一〕致，蔣光煦所見宋本作「置」。

〔一二〕許，弘治本、《古今逸史》本均作「許」，此據大德本及蔣光煦所見宋本。

〔一三〕忉，大德本、弘治本、《古今逸史》本均作「切」，此據蔣光煦所見宋本。

〔一四〕盧文弨曰：「『决』即『訣』，字不必改。」「决」通「訣」，盧説爲是。

〔一五〕按蔣光煦所見宋本，「烏還切」三字係「宋本原注」。

〔一六〕盧文弨云：「『願吾』當作『吾願』。」

〔一七〕楚，蔣光煦所見宋本作「平」。兄父，《古今逸史》本作「父兄」，此據大德本、弘治本。

〔一八〕到，《太平御覽》卷八百三、《事類賦》卷九注所引《吴越春秋》均作「至」，《藝文類聚》卷六所引在「到」字前又有「夜行晝伏，出」五字。

〔一九〕《藝文類聚》卷六、《初學記》卷七、《太平御覽》卷八百三、《事類賦》卷九注所引《吴越春秋》在「美」字前有「以我有」三字。

〔二〇〕《藝文類聚》卷六、《初學記》卷七所引《吴越春秋》在「亡」字後有一「之」字。

〔二一〕此句《藝文類聚》卷六所引《吴越春秋》作「我將告子，欲取之」；《初學記》卷七所引作「將告子，取吞之」；《太平御覽》卷八百三所引作「今執，我將言爾取之」。

〔二二〕千潯，《太平御覽》卷一千所引《吴越春秋》作「于潾」，《越絶荆平王内傳第二》作「于斧」。

〔二三〕有其飢色，徐乃昌曰：「當作『有飢色』，『其』字衍。」《太平御覽》卷一千所引《吴越春秋》作「見其有飢色」。按下句亦作「吾見子有飢色」。

〔二四〕者，《藝文類聚》卷六十、《太平御覽》卷三百四十三、《事類賦》卷十三注、《北堂書鈔》卷一百二十二注所引《吴越春秋》作「父」。

〔二五〕曰，大德本、弘治本、《古今逸史》本均無此字。此據《北堂書鈔》卷一百二十二注、《藝文類聚》卷六十、《太平御覽》卷三百四十三、《事類賦》卷十三注所引《吴越春秋》及《越絶荆平王内傳第二》。

〔二六〕前，《北堂書鈔》卷一百二十二注所引《吴越春秋》作「先」。此句《太平御覽》卷三百四十三所引作「此劍」。

〔二七〕中有七星價值百金，《北堂書鈔》卷一百二十二注所引《吴越春秋》作「上有七星北斗，其直百金」，《藝文類聚》卷六十所引作「中有七星北斗，其值百金」，《太平御覽》卷三百四十三所引作「中有七星北斗文，其直千金」。《事類賦》卷十三注所引作「中有七星北斗文，其直百金」。

〔二八〕楚之法令，《北堂書鈔》卷一百二十二注所引《吴越春秋》作「楚王之命」。

〔二九〕圖取，《史記》卷六十六《伍子胥列傳》作「徒」。

〔三〇〕擊綿，《太平御覽》卷五十九、《太平寰宇記》卷九十所引《吴越春秋》作「擊縹」，《太平御覽》卷四百四十所引作「滸紗」。

〔三一〕謂曰，《太平御覽》卷四百四十所引《吴越春秋》作「長跪而請之曰」。

〔三二〕得，《太平御覽》卷四百四十所引《吴越春秋》作「乞」。

〔三三〕三十不嫁飯不可得，大德本、弘治本、《古今逸史》本兩「不」字均作「未」，此據《太平御覽》卷四百四十所引《吴越春秋》，按下文「不願從適」之意改。「得」字後《太平御覽》所引有一「也」字。

〔三四〕途，《太平御覽》卷四百四十所引《吴越春秋》作「者」。

〔三五〕亦何嫌哉，《太平御覽》卷四百四十所引《吴越春秋》作「有何嫌乎」。

〔三六〕遂許之，《太平御覽》卷四百四十所引《吴越春秋》作「曰：『妾豈可逆人情乎？』即」。

〔三七〕簞，《古今逸史》本作「箪」。

〔三八〕子胥行，《太平御覽》卷五十九、《太平寰宇記》卷九十所引《吴越春秋》「行」字下俱有「五步」二字。

〔三九〕怪其狀偉，《太平御覽》卷三百七十七、卷四百三十六所引《吴越春秋》均作「望其顔色甚可畏」。

〔四〇〕腰十圍，《太平御覽》卷三百七十七、卷四百三十六所引《吴越春秋》分别作「大十圍」、「大十六圍」。

〔四一〕每入語語遂有勇壯之氣，《太平御覽》卷三百七十七所引《吴越春秋》作「每入言，倍有勇壯之氣」；卷四百三十六所引作「每入，言語侃侃，有勇壯之氣也」。

〔四二〕耳，蔣光煦所見宋本作「取」。

〔四三〕諸侯專爲政非以意救急後興師，盧文弨云：中有譌字。

〔四四〕堂，《史記》卷三十一《吴太伯世家》正義所引《吴越春秋》作「豐」。

〔四五〕類，弘治本作「頪」。此據大德本、《古今逸史》本改。

〔四六〕其貌，《太平御覽》卷四百三十六所引《吴越春秋》作「決之」。

〔四七〕碓顙，《太平御覽》卷四百三十六所引《吴越春秋》作「推顙」，《史記》卷三十一《吴太伯世家》正義所引作「雄貌」。

〔四八〕虎膺而熊背，《史記》卷三十一《吴太伯世家》正義所引《吴越春秋》作「侈口，熊背」，《太平御覽》卷四百三十六所引作「虎口鷹背」。

〔四九〕鄍，大德本、弘治本均作「鄍」，《古今逸史》本作「郢」，此據《左傳·昭公二十三年》原文改。下同。俞樾云：「『鄭』字隸書或作『鄍』，故《左傳》誤爲『鄍』。」可備一説。

〔五〇〕《左傳·昭公二十三年》和杜預所説之「諸樊」，乃是吴太子，而非吴子。太子諸樊和吴子諸樊應是兩人，《左傳》、杜預不誤。

〔五一〕脾，大德本、弘治本作「胛」，此據《古今逸史》本及《（紹定）吴郡志》卷五十《雜志》所引《吴越春秋》。《博雅》云：脾，卑也。「脾梁」，《史記》卷三十一《吴太伯世家》、卷四十《楚世家》、卷六十六《伍子胥列傳》均作「卑梁」。

〔五二〕此據《史記》卷四十《楚世家》。

〔五三〕罊，弘治本、《古今逸史》本均作「器」，此據大德本。

〔五四〕窋，《太平御覽》卷三百二、卷三百五十六、《初學記》卷二十二所引《吴越春秋》作「私」，《（紹定）吴郡志》卷五十《雜志》所引作「窟」，同「窋」。

〔五五〕銕，《初學記》卷二十二、《太平御覽》卷三百二、三百五十六所引《吴越春秋》及《越絶外傳記地傳第十》作「夷」，此據大德本、弘治本、《古今逸史》本及《（紹定）吴郡志》卷五十《雜志》所引。「銕」即「夷」。

〔五六〕階席，《太平御覽》卷三百五十六所引《吴越春秋》作「夾陛帶甲」。

〔五七〕軹，俞樾云：「此『軹』字當讀爲『枝』，古字通用。『枝』從支聲，『軹』從只聲，兩聲相近。胑或作肢，即其證也。戟者有枝之兵，『交軹』即『交枝』，言戟枝相交也。下文『立戟交軹』義同。徐注云『謂戟之立如軹之交』，未達古人假借之例。」俞説是。

〔五八〕兩，《古今逸史》本作「雨」。此據大德本，弘治本。

〔五九〕既，《太平御覽》卷三百二、卷三百五十六所引《吴越春秋》作「立」。

〔六〇〕前，《（紹定）吴郡志》卷五十《雜志》所引作「先」。祀，大德本、弘治本、《古今逸史》本均脱，此據《（紹定）吴郡志》卷五十《雜志》所引《吴越春秋》及《史記》卷三十一《吴太伯世家》、《左傳·昭公二十七年》所引季札語補。

〔六一〕有，大德本、弘治本、《古今逸史》本均作「以」，此據《（紹定）吴郡志》卷五十《雜志》所引《吴越春秋》及《史記》卷三十一《吴太伯世家》、《左傳・昭公二十七年》所引季札語改。

〔六二〕「君」字前《（紹定）吴郡志》卷五十《雜志》所引《吴越春秋》及《史記》卷三十一《吴太伯世家》、《左傳・昭公二十七年》所引季札語有「乃吾」二字。

〔六三〕待，《（紹定）吴郡志》卷五十《雜志》所引《吴越春秋》及《史記》卷三十一《吴太伯世家》、《左傳・昭公二十七年》所引季札語均作「事」。

〔六四〕所，《（紹定）吴郡志》卷五十《雜志》所引《吴越春秋》及《史記》卷三十一《吴太伯世家》、《左傳・昭公二十七年》所引季札語均作「生」。

〔六五〕「命」字前《（紹定）吴郡志》卷五十《雜志》所引《吴越春秋》及《史記》卷三十一《吴太伯世家》、《左傳・昭公二十七年》所引季札語有一「復」字。

闔閭内傳第四

闔閭《左傳》作「闔廬」，《史·世家》同。元年，始任賢使能，施恩行惠，以仁義聞於諸侯。仁未施，恩未行，恐國人不就，諸侯不信，乃舉伍子胥爲行人，以客禮事之，而與謀國政。闔閭謂子胥曰：「寡人欲彊國霸王，何由而可？」伍子胥膝進，膝行而進，出《莊子》。垂淚頓首曰：「臣楚國之亡虜也，父兄棄捐骸骨不葬，魂不血食，蒙罪受辱，來歸命於大王，幸不加戮，何敢與政事焉？」闔閭曰：「非夫子，寡人不免於縶禦之使。今幸奉一言之教，乃至於斯，何爲中道生進退耶？」子胥曰：「臣聞謀議之臣，何足處於危亡之地？然憂除事定，必不爲君主所親。」闔閭曰：「不然，寡人非子，無所盡議，何得讓乎？吾國僻遠，顧在東南之地，險阻潤濕，又有江海之害。君無守禦〔一〕，民無所依〔二〕，倉庫不設，田疇不墾，爲之奈何？」子胥良久對曰：「臣聞治國之道，安君理民，是其上者。」闔閭曰：「安君治民，其術奈何？」子胥曰：「凡欲安君治民〔三〕，興霸成王，從近制遠者，必先立城郭，設守備，實倉廩，治兵庫。斯則其術也。」闔閭曰：「善。夫築城郭，立倉庫，因地制宜，豈有天氣之數，以威鄰國者乎？」子胥曰：「有。」闔閭曰：「寡人委計於子。」子胥乃使相土嘗水，象天法地，造築大城，周迴四十七里。陸門八，以象天之八風〔四〕。水門八，以法地之八聰〔五〕。築小城，周十里，陵門三。不開東面者，欲以絶越，明也。立閶門者，以象天門，通閶闔風也。《史記·律書》：「閶闔風居西方。閶者，倡也；闔者，藏也。」立蛇門者，以象地户也。巳爲地户。闔閭欲西破楚〔六〕，楚在西北，故立閶門以通天氣，因復名之破楚門。欲東并大越，越在東南，故立蛇門以制敵國。吴在辰，其位龍也，故小城南門上反羽爲兩鯢鱙〔七〕，以象龍角。越在巳地，其位蛇也，故南大門上有木蛇，北向首内，示越屬於吴也。城郭以成，倉庫以具，闔閭復使子胥、屈蓋餘、燭傭習術戰騎射御之巧〔八〕。未有所用，請干將鑄作名劍二枚。干將者，吴人也，與歐冶子同師，俱能爲劍〔九〕。越前來獻三枚，闔閭得而寶之，以故使劍匠作爲二枚〔一〇〕：一曰干將，二曰莫耶。莫耶，干將之妻也〔一一〕。干將作劍，採五山之鐵精，六合之金英〔一二〕，候天伺地，陰陽同光，百神臨觀，天氣下降，而金鐵之精，不銷淪流〔一三〕。於是干將不知其由。莫耶曰：「子以善爲劍聞於王，王使子作劍〔一四〕，三月不成〔一五〕，其有意乎？」干將曰：「吾不知其理也。」莫耶曰〔一六〕：「夫神物之化，須人而成之〔一七〕。今夫子作劍，得無得其人而後成乎〔一八〕？」干將曰：「昔吾師作冶〔一九〕，金鐵之類不銷〔二〇〕，夫妻俱入冶爐中，然後成物。至今後世即山作冶，麻絰葌服，然後敢鑄金於山。今吾作劍不變化者，其若斯耶？」莫耶曰：「師知爍身以成物，吾何難哉〔二一〕？」於是干將妻乃斷髮剪爪〔二二〕，投於爐中，使童女、童男三百人，鼓橐裝炭，金鐵乃濡，遂以成劍。陽曰干將，陰曰莫耶。陽作龜文〔二三〕，陰作漫理〔二四〕。干將匿其陽，出其陰而獻之，闔閭甚重之〔二五〕。既得寶劍，適會魯使季孫聘於吴，闔閭使掌劍大夫以莫耶獻之。季孫拔劍之〔二六〕，鍔中缺者大如黍米，歎曰：「美哉！劍也。雖上國之師，何能加之！夫劍之成也，吴霸。有缺，則亡矣。我雖好之，其可受乎？」不受而去。

闔閭既寶莫耶，復命於國中作金鉤。令曰：「能爲善鉤者，賞之百金。」吴作鉤者甚衆，而有人貪王之重賞也，殺其二子，以血舋通作釁。金，遂成二鉤，獻於闔閭，詣宫門而求賞。王曰：「爲鉤者衆，而子獨求賞，何以異於衆夫子之鉤乎？」作鉤者曰：「吾之作鉤也，貪而殺二子，舋成二鉤。」〔二七〕王乃舉衆鉤以示之，曰〔二八〕：「何者是也？」王鉤甚多，形體相類〔二九〕，不知其所在。於是鉤師向鉤而呼二子之名〔三〇〕，曰〔三一〕：「吴鴻、扈稽〔三二〕！我在於此，王不知汝之神也。」聲未絶於口〔三三〕，兩鉤俱飛着父之胷〔三四〕。吴王大驚，曰：「嗟乎！寡人誠負於子。」乃賞之百金〔三五〕，遂服而不離身。

六月，欲用兵，會楚之白喜《史記》作「伯嚭」，披美切。來奔〔三六〕。吴王問子胥曰：「白喜何如人也？」子胥曰：「白喜者，楚白《左傳》、《史記》「白」俱作「伯」。州犂之孫〔三七〕。平王誅州犂，喜因出奔，聞臣在吴而來也。」闔閭曰：「州犂何罪？」子胥曰：「白州犂，楚之左尹，號曰郄宛，郄，當作「郤」。詳此書似以伯州犁、郤宛爲一人。按《左傳・昭公元年》，楚公子圍「殺太宰伯州犁于郟」。《春秋・昭公二十七年》，「楚殺其大夫郤宛」。自是二人。又按徐廣曰：州犁之子曰郤宛，郤宛之子曰伯嚭。宛亦姓伯，又別氏郤。《吳世家》曰：楚誅伯州犁，其孫伯嚭奔吳。此云伯州犁號郤宛，非也。

事平王。平王幸之，常與盡日而語，襲朝陟遥切，旦也。而食。費無忌望而妬之，因謂平王曰：『王愛幸宛，一國所知。何不爲酒，一至宛家，以示群臣於宛之厚。』平王曰：『善。』乃具酒於郄宛之舍。無忌教宛曰：『平王甚毅猛而好兵，子必前陳兵堂下門庭〔三八〕。』宛信其言，因而爲之。及平王往而大驚，曰：『宛何等也？』無忌曰：『殆且有篡殺之憂，王急去之，事未可知。』平王大怒，遂誅郄宛〔三九〕。諸侯聞之，莫不歎息。喜聞臣在吳，故來請見之。」闔閭見白喜而問曰：「寡人國僻遠，東濱海側，聞子前人爲楚荆之暴怒〔四〇〕，費無忌之讒口，不遠吾國，而來於斯，將何以教寡人？」喜曰：「楚國之失虜，前人無罪，横被暴誅。臣聞大王收伍子胥之窮厄，不遠千里，故來歸命，惟大王賜其死〔四一〕。」闔閭傷之，以爲大夫，與謀國事。吳大夫被離承宴問子胥曰：「何見而信喜？」子胥曰：「吾之怨，與喜同。子不聞《河上歌》乎〔四二〕？『同病相憐，同憂相救。驚翔之鳥，相隨而集。瀨下之水，因復俱流〔四三〕。』胡馬望北風而立，越鷰向日而熙，誰不愛其所近，悲其所思者乎？」被離曰：「君之言外也，豈有内意，以決疑乎？」子胥曰：「吾不見也。」被離曰：「吾觀喜之爲人，鷹視虎步，專功擅殺之性，不可親也。」子胥不然其言〔四四〕，與之俱事吳王。

二年，吳王前既殺王僚，又憂慶忌之在鄰國，恐合諸侯來伐。問子胥曰：「昔專諸之事於寡人厚矣。今聞公子慶忌有計於諸侯，吾食不甘味，卧不安席，以付於子〔四五〕。」子胥曰：「臣不忠無行，而與大王圖王僚於私室之中。今復欲討其子，恐非皇天之意。」闔閭曰：「昔武王討紂，而後殺武庚，周人無怨色。今若斯議，何乃天乎〔四六〕？」子胥曰：「臣事君王，將遂吳統，又何懼焉？臣之所厚其人者，細人也，願從於謀。」吳王曰：「吾之憂也，其敵有萬人之力，豈細人之所能謀乎？」子胥曰：「其細人之謀事，而有萬人之力也。」王曰：「其爲何誰？子以言之。」子胥曰：「姓要，平聲。名離。臣昔嘗見曾折辱壯士椒丘訢也。」王曰：「辱之奈何？」子胥曰：「椒丘訢者，東海上人也。爲齊王使於吳，過淮津，欲飲馬於津。津吏曰：『水中有神，見馬即出，以害其馬。君勿飲也。』訢曰：『壯士所當，何神敢干？』乃使從者飲馬於津。水神果取其馬，馬没。椒丘訢大怒，袒裼持劍，入水求神決戰，連日乃出，眇其一目。遂之吳，會於友人之喪。訢恃其與水「水」字下當有「神」字。戰之勇也，於友人之喪席而輕傲於士大夫，言辭不遜，有陵人之氣。要離與之對坐，合坐不忍其溢於力也。時要離乃挫訢曰：『吾聞勇士之鬬也，與日戰不移表，與神鬼戰者不旋踵，與人戰者不違聲，生往死還，不受其辱。今子與神鬬於水，亡馬失御，又受眇目之病，形殘名勇，勇士所耻。不即喪命於敵，而戀其生，猶傲色於我哉〔四七〕！』於是椒丘訢卒於卒，音猝。「於」字疑當作「被」。詰責，恨怒並發，暝即往攻要離。於是要離席闌至舍，誡其妻曰：『我辱勇士椒丘訢於大家之喪〔四八〕，餘恨蔚蔚，當作「鬱」〔四九〕。恚，暝必來也，慎無閉吾門。』至夜，椒丘訢果往，見其門不閉。登其堂，不關。入其室，不守。放髮僵臥，無所懼。訢乃手劍而捽要離曰：『子有當死之過者三，子知之乎？』離曰：『不知。』訢曰：『子辱我於大家之衆，一死也。歸不關閉，二死也。臥不守御，三死也。子有三死之過，欲無得怨！』要離曰：『吾無三死之過，子有三不肖之愧，子知之乎？』訢曰：『不知。』要離曰：『吾辱子於千人之衆，子無敢報，一不肖也。入門不咳，登堂無聲，二不肖也。前拔子劍，手挫捽吾頭，乃敢大言，三不肖也。子有三不肖，而威於我，豈不鄙哉？』於是椒丘訢投劍而嘆曰：『吾之勇也，人莫敢眥占者，占，疑當作「覘」。離乃加吾之上，此天下壯士也。』臣聞要離若斯，誠以聞矣。」吴王曰：「願承宴而待焉。」

子胥乃見要離，曰：「吴王聞子高義，惟一臨之。」乃與子胥見吴王。王曰：「子何爲者？」要離曰：「臣國東千里之人〔五〇〕。臣細小無力，迎風則僵，負風則伏〔五一〕。大王有命，臣敢不盡力〔五二〕？」吴王心非子胥進此人，良久默然不言。要離即進曰：「大王患慶忌乎？臣能殺之。」王曰：「慶忌之勇，世所聞也。筋骨果勁，萬人莫當〔五三〕，走追奔獸〔五四〕，手接飛鳥，骨騰肉飛，拊膝數百里。吾嘗追之於江，駟馬馳不及，射之闇接，矢不可中。今子之力不如也。」要離曰：「王有意焉，臣能殺之。」王曰：「慶忌明智之人，歸窮於諸侯，不下諸侯之士。」要離曰：「臣聞：『安其妻子之樂，不盡事君之義，非忠也。懷家室之愛，而不除君之患者，非義也。』臣詐以負罪出奔，願王戮臣妻子，斷臣右手〔五五〕，慶忌必信臣矣。」王曰：「諾。」要離乃詐得罪，出奔。吳王乃取其妻子〔五六〕，焚棄於市〔五七〕。要離乃奔諸侯而行怨言，以無罪聞於天下。遂如衛，求見慶忌。見曰：「闔閭無道，王子所知。今戮吾妻子，焚之於市，無罪見誅。吳國之事，吾知其情，願因王子之勇，闔閭可得也。何不與我東之於吳？」慶忌信其謀。後三月，揀練士卒，遂之吳。將渡江於中流，要離力微，坐與（與，當作「於」）。上風〔五八〕，因風勢以矛鉤其冠，順風而刺慶忌。慶忌顧而揮之，三捽其頭於水中，乃加於膝上〔五九〕：「嘻〔六〇〕！天下之勇士也，乃敢加兵刃於我。」左右欲殺之，慶忌止之曰：「此是天下勇士，豈可一日而殺天下勇士二人哉！」乃誡左右曰：「可令還吳，以旌其忠。」於是慶忌死。要離渡至江陵，愍然不行。從者曰：「君何不行？」要離曰：「殺吾妻子以事吾君〔六一〕，非仁也。爲新君而殺故君之子，非義也。重其死，不貴無義；今吾貪生棄行，非義也。夫人有三惡，以立於世，吾何面目以視天下之士？」言訖，遂投身於江。未絕，從者出之。要離曰：「吾寧能不死乎？」從者曰：「君且勿死，以俟爵祿。」要離乃自斷手足，伏劍而死。

三年，吳將欲伐楚，未行。伍子胥、白喜相謂曰：「吾等爲王養士，畫其策謀，有利於國，而王故伐楚，出其令，託而無興師之意，奈何？」有頃，吳王問子胥、白喜曰：「寡人欲出兵，於二子何如？」子胥、白喜對曰：「臣願用命。」吳王內計二子皆怨楚深，恐以兵往，破滅而已，登臺向南風而嘯，有頃而嘆。群臣莫有曉王意者。子胥深知王之不定，乃薦孫子於王。孫子者，名武，吳人也。善爲兵法，辟隱深居，世人莫知其能。胥乃明於鑒辯〔六二〕，知孫子可以折衝銷敵。乃一旦與吳王論兵，七薦孫子。吳王曰：「子胥託言進士，欲以自納。」而召孫子，問以兵法。每陳一篇，王不知口之稱善〔六三〕，其意大悅。問曰：「兵法寧可以小試耶？」孫子曰：「可。可以小試於後宮之女。」王曰：「諾。」孫子曰：「得大王寵姬二人，以爲軍隊長，各將一隊。」令三百人皆被甲兜鍪，操劍盾竪尹切，兵器，所以蔽身。而立〔六四〕。告以軍法，隨鼓進退，左右迴旋，使知其禁。乃令曰：「一鼓皆振，二鼓操進〔六五〕，三鼓爲戰形。」於是宮女皆掩口而笑。孫子乃親自操枹擊鼓，三令五申，其笑如故。孫子顧視，諸女連笑不止。孫子大怒，兩目忽張，聲如駭虎，髮上衝冠，項旁絶纓，顧謂執法曰：「取鈇鑕。」鈇，斧也。鑕，鐵椹。孫子曰：「約束不明，申令不信，將之罪也。既以約束，三令五申，卒不卻行，士之過也。軍法如何？」執法曰：「斬！」武乃令斬隊長二人，即吳王之寵姬也。吳王登臺觀望，正見斬二愛姬，馳使去聲。下之令曰：「寡人已知將軍用兵矣。寡人非此二姬，食不甘味，宜勿斬之。」孫子曰：「臣既已受命爲將，將法：在軍，君雖有令，臣不受之。」孫子復撝鼓之，當左右進退，迴旋規矩，不敢瞬目。二隊寂然，無敢顧者。於是乃報吳王曰：「兵已整齊，願王觀之。惟所欲用，使赴水火，猶無難矣，而可以定天下。」吳王忽然不悦曰：「寡人知子善用兵，雖可以霸，然而無所施也。將軍罷兵就舍，寡人不願。」孫子曰：「王徒好其言，而不用其實。」子胥諫曰：「臣聞兵者凶事，不可空試。故爲兵者，誅伐不行，兵道不明。今大王虔心思士，欲興兵戈，以誅暴楚，以霸天下，而威諸侯。非孫武之將，而誰能涉淮踰泗，越千里而戰者乎？」於是吳王大悦，因鳴鼓會軍，集而攻楚。孫子爲將，拔舒，殺吳亡將二公子蓋餘、燭傭。謀欲入郢，楚都。楚文王始自丹陽徙都郢，即江陵之紀南城也。孫武曰：「民勞，未可恃也。」楚聞吳使孫子、伍子胥、白喜爲將，楚國苦之。群臣皆怨，咸言費無忌讒殺伍奢、白州犁，而吳侵境不絶於寇，楚國群臣有一朝之患。於是，司馬成乃謂子常曰〔六六〕：「太傅伍奢、左尹白州犁，邦人莫知其罪，君與王謀誅之，流謗於國，至于今日，其言不絶，誠惑之。蓋聞仁者殺人以掩謗者，猶弗爲也。今子殺人以興謗於國，不亦異乎！夫費無忌，楚之讒口，民莫知其過。今無辜殺三賢士，伍奢、伯州犁與郤宛而三〔六七〕。以結怨於吳，內傷忠臣之心，外爲鄰國所笑。且郄郤、伍之家出奔於吳，吳新有伍員，白喜，秉威鋭志，結讎於楚，故彊敵之兵日駭。楚國有事，子即危矣。夫智者除讒以自安，愚者受佞以自亡。今子受讒，國以危矣。」子常曰：「是曩之罪也〔六八〕，敢不圖之！」九月，子常與昭王共誅費無忌，遂滅其族，國人乃謗止。

吳王有女滕玉〔六九〕，因謀伐楚，與夫人及女會，食蒸魚〔七〇〕。王前嘗半而與女，女怒曰：「王食我殘魚〔七一〕，辱我，不忍久生〔七二〕。」乃自殺。闔閭痛之，葬於國西閶門外〔七三〕。鑿池積土〔七四〕，文石爲椁〔七五〕，題湊爲中，題湊，棺木内向也。金鼎、玉杯、銀樽、珠襦之寶皆以送女。乃舞白鶴於吳市中〔七六〕，令萬民隨而觀之，還使男女與鶴俱入羨門〔七七〕，因發機以掩之。殺生以送死，國人非之。

湛盧之劍惡闔閭之無道也，乃去而出，水行如楚。楚昭王卧而寤，得吳王湛盧之劍於牀。昭王不知其故，乃召風湖子《越絶》「湖」皆作「胡」。而問曰：「寡人卧，覺而得寶劍，不知其名，是何劍也？」風湖子曰：「此謂湛盧之劍。」昭王曰：「何以言之？」風湖子曰：「臣聞吳王得越所獻寶劍三枚：一曰魚腸，二曰磐郢，三曰湛盧。魚腸之劍已用殺吳王僚也，磐郢以送其死女，今湛盧入楚也。」昭王曰：「湛盧所以去者，何也？」風湖子曰：「臣聞越王元常《左傳》、《史記》俱作「允常」。使歐冶子造劍五枚，以示薛燭。燭對曰：『魚腸劍逆理不順，不可服也。臣以殺君，子以殺父〔七八〕。』故闔閭以殺王僚。『一名磐郢，亦曰豪曹，不法之物，無益於人。』故以送死。『一名湛盧，五金之英〔七九〕，太陽之精〔八〇〕，寄氣託靈，出之有神〔八一〕，服之有威，可以折衝拒敵〔八二〕。然人君有逆理之謀，其劍即出。』故去無道，以就有道。今吴王無道，殺君謀楚，故湛盧入楚〔八三〕。」昭王曰：「其直幾何？」風湖子曰：「臣聞此劍在越之時，客有酬其直者，有市之鄉三十、駿馬千匹、萬户之都二〔八四〕，是其一也〔八五〕。薛燭對曰：『赤堇之山已令「令」字當作「合」。無雲〔八六〕，若耶之溪深而莫測，若耶溪在會稽縣南二十五里〔八七〕，溪傍即赤堇山，一名鑄浦山，歐冶子鑄劍之所。《戰國策》曰：「涸若耶而取銅，破堇山而取錫。」張景陽《七命》曰：「邪溪之鋌，赤山之精。」皆謂此也。群神上天〔八八〕，歐冶死矣，雖傾城量金，珠玉盈河，猶不能得此寶〔八九〕。而況有市之鄉、駿馬千匹、萬户之都，何足言也〔九〇〕！』」昭王大悦，遂以爲寶。闔閭聞楚得湛盧之劍，因斯發怒，遂使孫武、伍胥、白喜伐楚。子胥陰令宣言於楚曰：「楚用子期爲將，吾即得而殺之。子常用兵，吾即去之。」楚聞之，因用子常，退子期。吴拔六與潛二邑。《左傳·昭公三十一年》：「吴人侵楚，伐夷，侵潛、六」，「始用子胥之謀」。是爲闔盧四年。《子胥傳》亦合。今此書以爲三年，何也？六，古國，皋陶之後所封，今安豐六安縣是其地。潛，在六西南，今屬安慶，有潛山、潛水。《史記》「潛」作「灊」。

五年，吴王以越不從伐楚，南伐越。越王允常曰：「吴不信前日之盟，棄貢賜之國，而滅其交親。」闔閭不然其言，遂伐破檇里。《左傳·昭公三十二年》：「吴伐越，始用師於越也。」是爲闔盧五年。杜預解：「自此之前，雖彊事小争〔九一〕，未嘗用大兵。」檇里，《左傳》、《史記》俱作「攜李」。攜，音醉。杜預曰：「吴郡嘉興縣南有醉李城。」〔九二〕

六年，楚昭王使公子囊瓦按《左傳》，楚公子貞字子囊，其孫名瓦，字子常。此當言公孫，不得云公子也。伐吴，報潛、六之役。吴使伍胥、孫武擊之，圍於豫章。豫章，地名也，在江夏之間。杜預曰：「豫章，漢東，江北地名。」孔穎達曰：「《漢書・地理志》：豫章，郡名，在江南。此則在北者，土地之名〔九三〕。」按宋武帝討劉毅，遣王鎮惡先襲，至豫章口。豫章口去江陵城二十里。乃知春秋之豫章，非今隆興郡名之豫章也。吴王曰：「吾欲乘危入楚都，而破其郢。不得入郢，二子何功？」於是圍楚師於豫章，大破之。遂圍巢，克之，獲楚公子繁守巢大夫。以歸，爲質。見《左傳・定公二年》。《索隱》曰：「當爲闔廬七年。」《史・年表》、《世家》皆書之六年，此書似亦因以爲據。

九年，吴王謂子胥、孫武曰：「始子言郢不可入，今果何如？」二將曰：「夫戰，借勝以成其威，非常勝之道。」吴王曰：「何謂也？」二將曰：「楚之爲兵，天下彊敵也。今臣與之争鋒，十亡一存，而王入郢者，天也。臣不敢必。」吴王曰：「吾欲復擊楚，奈何而有功？」伍胥、孫武曰：「囊瓦者，貪而多過於諸侯，而唐、蔡怨之。王必伐，得唐、蔡何怨？」〔九四〕二將曰：「昔蔡昭公朝於楚，有美裘二枚、善珮二枚〔九五〕，各以一枚獻之昭王。王服之以臨朝，昭公自服一枚〔九六〕。子常欲之，昭公不與。子常三年留之不使歸國。唐成公朝楚，有二文馬，二馬名肅爽，駿馬也。爽音霜，亦曰驌驦。子常欲之，公不與，亦三年止之〔九七〕。唐成成，當作「人」。相與謀，從成公從者請馬，以贖成公〔九八〕。飲從者酒，醉之，竊馬而獻子常。常乃遣成公歸國。群臣誹謗曰：『君以一馬之故，三年自囚，願賞竊馬之功。』於是成公常思報楚君臣，未嘗絶口。蔡人聞之，固請獻裘、珮於子常。蔡侯得歸，如晉告訴，以子元與太子質，《左傳》云「以其子元與大夫之子爲質」者是。而請伐楚。故曰得唐、蔡而可伐楚。」吴王於是使使謂唐、蔡曰：「楚爲無道，虐殺忠良，侵食諸侯，困辱二君。寡人欲舉兵伐楚，願二君有謀。」唐侯《左傳》作「蔡侯」。使其子乾爲質於吴。三國合謀伐楚，舍兵兵，當作「舟」。吴乘舟從淮來，過蔡而舍之。於淮汭，自豫章與楚夾漢水爲陣。漢水，源出武都沮縣，經襄陽至江夏陽安縣入江。今漢陽，古江夏也。子常遂濟漢而陣，自小別山至於大別山。杜預曰：「二別在江夏界。」《元和郡縣志》：「小別山在漢陽縣。」《禹貢》：「至于大別。」今漢陽縣北有大別山，《地志》、《水經》云在安豐者非。三不利〔九九〕，自知不可進，欲奔亡。史皇曰：「今子常無故與王共殺忠臣三人，天禍來下，王之所致。」子常不應。十月，楚二師陣於柏舉。柏舉，楚地。闔閭之弟夫槩，晨起請於闔閭曰：「子常不仁，貪而少恩，其臣下莫有死志，追之，必破矣。」闔閭不許。夫槩曰：「所謂臣行其志，不待命者，其謂此也。」遂以其部五千人擊，子常大敗，走奔鄭。楚師大亂，吴師乘之，遂破楚衆。楚人未濟漢，會楚人食，吴因奔而擊破之雍滯，《左傳》作「雍澨」。五戰徑至於郢。王追追，當作「迫」。於吴寇，出固〔一〇〇〕，將亡，與妹季芈綿婢切，楚姓，平王女也。出河、濉河水出崑崙，「濉」與「睢」同。杜預曰：「睢水出新城昌魏縣，東南至枝江縣入江，是楚王西走也。」按《水經》：「睢水出梁郡鄢縣。」酈道元注：「睢水出陳留縣西蒗蕩渠。」三説各不同。之間〔一〇一〕，楚大夫尹固與王同舟而去。吴師遂入郢，求昭王。王涉濉濟江，入于雲中。楚有雲夢澤。《左傳》載：「令尹子文之生，邧夫人棄諸夢中〔一〇二〕。」言夢而不及雲。今此「雲中」，言雲而不及夢，是二澤明矣。《漢陽圖經》：「雲在江之北，夢在江之南。」暮宿，群盗攻之，以戈擊王頭。大夫尹固《左傳》作「王孫由于」。隱王〔一〇三〕，以背受之，中肩。王懼，奔鄖。音云。江陵有鄖城，楚昭王時鄖公所築，今松滋也。大夫鍾建負季芈以從。鄖公辛得昭王，大喜，欲還之。其弟懷怒曰：「昭王是我讎也。」欲殺之，謂其兄辛曰：「昔平王殺我父，吾殺其子，不亦可乎！」辛曰：「君討其臣，敢讎之者？夫乘人之禍，非仁也；滅宗廢祀，非孝也；動無令名，非智也。」懷怒不解。辛陰與其季弟巢以王奔隨。吴兵逐之，謂隨君曰：「周之子孫在漢水上者，楚滅之。謂天報其禍，加罰於楚，君何寶之？寶，當作「保」。周室何罪？而隱其賊。能出昭王，即重惠也。」隨君卜昭王與吴王不吉，乃辭吴王曰：「今隨之僻小，密近於楚，楚實存我，有盟至今未改。若今有難去聲。而棄之〔一〇四〕。今且安静楚，敢不聽命？」吴師多其辭，乃退。是時大夫子期雖與昭王俱亡，陰與吴師爲市，欲出昭王。王聞之，得免，即割子期心，以與隨君盟而去。

吴王入郢，止留。伍胥以不得昭王，乃掘平王之墓，出其屍，鞭之三百。左足踐腹〔一〇五〕，右手抉其目，誚之曰：「誰使汝用讒諛之口，殺我父兄，豈不冤哉！」即令闔閭妻昭王夫人，伍胥、孫武、白喜亦妻子常、司馬成之妻，以辱楚之君臣也。遂引軍擊鄭〔一〇六〕。鄭定公前殺太子建〔一〇七〕，而困迫子胥，自此怨鄭〔一〇八〕。兵將入境〔一〇九〕，定公大懼，按太子建之死，乃定公時。吳師入郢，則獻公時。此亦云定公，誤。乃令國中，曰：「有能還吳軍者，吾與分國而治。」漁者之子應募曰：「臣能還之。不用尺兵斗糧，得一橈音饒，小楫。而行歌道中，即還矣。」公乃與漁者之子橈〔一一〇〕。子胥軍將至〔一一一〕，當道扣橈而歌，曰：「蘆中人！」如是再。子胥聞之愕然，大驚曰：「何等謂？」〔一一二〕與語：「公爲何誰矣？」曰：「漁父者子〔一一三〕。吾國君懼怖〔一一四〕，令於國〔一一五〕：有能還吳軍者，與之分國而治。臣念前人與君相逢於途，今從君乞鄭之國〔一一六〕。」子胥歎曰：「悲哉！吾蒙子前人之恩，自致於此。上天蒼蒼，豈敢忘也。」於是乃釋鄭國，還軍守楚，求昭王所在日急。

申包胥亡在山中，聞之，乃使人謂子胥曰：「子之報讎，其以甚乎！子故平王之臣，北面事之，今於僇屍之辱，豈道之極乎！」子胥曰：「爲我謝申包胥曰：『日暮路遠，吾故倒行而逆施之於道也〔一一七〕。』」申包胥知不可，乃之於秦，求救楚。晝馳夜趨，足踵蹠踵，足後。蹠，之石切，足下也。劈，裂裳裹膝，鶴倚哭於秦庭，七日七夜，口不絶聲。秦桓公按申包胥求救乃秦哀公時，此云桓公，誤。素沉湎，不恤國事。申包胥哭已，歌曰：「吳爲無道，封大也。豕長蛇，以食上國。欲有天下，政從楚起。寡君出在草澤，使來告急。」如此七日。桓公桓，當作「哀」。大驚：「楚有賢臣如是，吳猶欲滅之。寡人無臣若斯者，其亡無日矣。」爲賦《無衣》之詩曰：「豈曰無衣，與子同袍。王于興師，……與子同仇。」包胥曰：「臣聞戾德《左傳》、《國語》皆作「夷德」。無厭，王不憂鄰國疆埸之患，逮吳之未定，王其取分扶問切。焉。若楚遂亡，於秦何利？則亦亡君之土也。願王以神靈存之，世以事王。」秦伯使辭焉，曰：「寡人聞命矣，子且就館，將圖而告。」包胥曰：「寡君今在草野，未獲所伏，臣何敢即安？」復立於庭，倚牆而哭，日夜不絶聲，水不入口。秦伯爲之垂涕，即出師而送之。

十年，秦師未出，越王允常恨闔閭破之檇里，興兵伐吳。吳在楚，越盜掩襲之。《左傳·定公五年》：「越入吳，吳在楚也。」六月，申包胥以秦師至，秦使公子子蒲、子虎率車五百乘救楚擊吳〔二八〕。二子曰：「吾未知吳道。」使楚師前，與吳戰，而即會之，大敗夫槩。即會之，《左傳》作「自稷會之」。稷，楚地也。《史記》亦云：「敗吳於稷。」七月，楚司馬子成、秦公子子蒲與吳王相守，私以間兵伐唐，滅之。唐從吳伐楚故。子胥久留楚，求昭王，不去。夫槩師敗，卻退。九月，潛歸，自立爲吳王。闔閭聞之，乃釋楚師，欲殺夫槩。奔楚〔二九〕，昭王封夫槩於棠溪。《左傳》、《史記》「棠」俱作「堂」。司馬彪曰：「汝南有堂谿亭。」應劭曰：「堂谿，本房子國。」闔閭遂歸。子胥、孫武、白喜留，與楚師於淮澨〔三〇〕，秦師又敗吳師。楚子期將焚吳軍，子西曰：「吾國父兄身戰暴骨草野焉，不收，又焚之，其可乎？」子期曰：「亡國失衆，存没所在，又何殺生以愛死？死如有知，必將乘煙起而助我。如其無知，何惜草中之骨，而亡吳國？」遂焚而戰，吳師大敗。

子胥等相謂曰：「彼楚雖敗我餘兵，未有所損我者。」孫武曰：「吾以吴干戈西破楚，逐昭王而屠荆平王墓，割戮其屍，亦已足矣。」子胥曰：「自霸王已來，未有人臣報讎如此者也。行去矣！」吴軍去後，昭王反國。徐天祜曰：「楚何其多亡臣也？析公、雍子、子靈、賁皇奔晉，迭爲謀主，楚是以有繞角、靡角、巢、鄢陵之敗。伍舉之奔鄭也，將遂奔晉，賴聲子有言，益其爵禄而反之〔一二一〕，子孫復仕於楚，由是世爲忠臣。其後伍奢、伍尚卒困讒口，無罪而父子就戮。此子胥之出亡，所以報楚入郢，讎其舊君而甘心焉。是舉也，隨與鄭亦與有憂，而唐卒受禍。微申包胥以秦師至，楚何以能國？《詩》云：『讒人罔極，交亂四國。』其是之謂歟！聽言者可以監矣。」

樂師扈子非荆王信讒佞，殺伍奢、白州犂，而寇不絶於境，至乃掘平王墓，戮屍奸喜〔一二二〕，以辱楚君臣。又傷昭王困迫，幾爲天下大鄙，然已愧矣。乃援琴爲楚作《窮劫》劫，疑當作「衂」。之曲，以暢暢，當作「傷」。君之迫厄之暢達之暢達，當作「而暢達之」。也。其詞曰：「王耶王耶何乖烈〔一二三〕烈，疑當作「劣」。不顧宗廟聽讒孽！任用無忌多所殺，誅夷白氏族幾滅。二子東奔適吴越，吴王哀痛助忉怛。垂涕舉兵將西伐，伍胥白喜孫武決。三戰破郢王奔發，留兵縱騎虜荆闕。楚荆骸骨遭發掘，鞭辱腐屍恥難雪。幾危宗廟社稷滅，嚴王何罪國幾絶。卿士淒愴民惻悷，音戾。懔悷，悲貌。吴軍雖去怖不歇。願王更隱撫忠節，勿爲讒口能謗褻。」〔一二四〕昭王垂涕，深知琴曲之情，扈子遂不復鼓矣。

子胥等過溧陽瀨水之上，乃長太息曰：「吾嘗飢於此，乞食於一女子。女子飼我，遂投水而亡。」將欲報以百金，而不知其家，乃投金水中而去。有頃，一老嫗行哭而來。人問曰：「何哭之悲？」嫗曰：「吾有女子，守居三十不嫁。往年擊綿於此〔二五〕，遇一窮途君子而輒飯之，而恐事泄，自投於瀨水。今聞伍君來，不得其償，自傷虛死，是故悲耳。」人曰：「子胥欲報百金，不知其家，投金水中而去矣。」嫗遂取金而歸。子胥歸吳，吳王聞三師將至，治魚爲鱠。將到之日，過時不至，魚臭。須臾，子胥至〔二六〕，闔閭出鱠而食，不知其臭。王復重爲之〔二七〕，其味如故。吳人作鱠者，自闔閭之造也。諸將既從還楚，因更名閶門曰破楚門。復謀伐齊。齊子使女爲質於吳〔二八〕。吳王因爲太子波聘齊女。齊景公女。孟子所謂「涕出而女於吳」，即此也。女少，思齊，日夜號泣，因乃爲病〔二九〕。闔閭乃起北門，名曰望齊門〔三〇〕，令女往遊其上。女思不止，病日益甚，乃至殂落。女曰：「令死者有知，必葬我於虞山之巔，《寰宇記》：「常熟虞山有齊女冢。」以望齊國。」闔閭傷之，正如其言〔三一〕，乃葬虞山之巔。是時，太子亦病而死。闔閭謀擇諸公子可立者，未有定計。波太子詳下文，則夫差爲太子波之子。此「太子」下當又有「子」字〔三二〕。夫差日夜告於伍胥曰：「王欲立太子，非我而誰當立？此計在君耳。」伍子胥曰：「太子未有定，我入，則決矣。」闔閭有頃召子胥，謀立太子。子胥曰：「臣聞祀廢於絶後，興於有嗣。今太子不祿，早失侍御，今王欲立太子者，莫大乎波秦「秦」字疑衍。之子夫差。」闔閭曰：「夫「夫」下當有「差」字。愚而不仁，恐不能奉統於吳國。」子胥曰：「夫差信以愛人，端於守節，敦於禮義，父死子代，經之明文。」闔閭曰：「寡人從子。」立夫差爲太子，使太子屯兵守楚留止〔一三三〕。自治宮室，立射臺於安里〔一三四〕，華池在平昌，南城宮在長樂〔一三五〕。《越絶》曰：「射臺二，一在華池昌里，一在安陽里。」南宮在長樂里〔一三六〕。按華池、南城宮舊傳皆在長洲縣境。闔閭出入游臥，秋冬治於城中，春夏治於城外，治姑蘇之臺〔一三七〕。在吳縣西南三十里，有姑蘇山，亦名姑胥。旦食䱙山《越絶》作「組山」〔一三八〕。晝游蘇臺〔一三九〕，射於鷗陂〔一四〇〕，馳於游臺，興樂石城，在吳縣東北，吳之離宮，越王獻西子於此。走犬長洲。有走狗塘，田獵之地也。斯止闔閭之霸時。於是，太子定，因伐楚，破師拔番。音婆。秦爲鄱陽縣，屬九江郡，今饒州也。徐天祜曰：「吳、楚世爲仇敵。吳自伐巢以至取番，大小二十餘戰，楚子重、子反一歲七奔命，而昭王即位，無歲不有吳師，則亡臣伍員、伯嚭爲之也。其間鼇、虺、棘、櫟、麻五邑之役，與庸浦、皐舟、鵲岸、房鍾、州來、雞父之戰〔一四一〕，此書皆略而不載云。」楚懼吳兵復往，乃去郢，徙于蔿若〔一四二〕。蔿若，字誤，當作「鄀」。按《左傳·定公六年》，「吳太子終纍敗楚舟師」，楚「子期又以陵師敗於繁陽」，「於是乎遷郢於鄀」。《史·世家》：闔廬十一年，吳「太子夫差伐楚，取番。楚恐，而去郢徙鄀」。十一年即定公六年。杜預曰：「終纍，闔廬子，夫差兄。」《史》以爲夫差。《索隱》謂：「名異而一人耳。」此書又以爲太子定伐楚〔一四三〕，拔番，而不著其年。未詳孰是。鄀，音若。服虔曰：「楚邑。」今襄陽也。當此之時，吳以子胥、白喜、孫武之謀，西破彊楚，北威齊、晉，南伐於越。《左傳·定公十四年》：「吳伐越，勾踐大敗之。闔廬傷將指，還，卒於陘。」

《史·世家》、《年表》皆記之闔廬十九年，與《傳》合。此書但云「南伐於越」，而略其事，何也？

校釋

〔一〕君，《（元豐）吴郡圖經續記》卷上《城邑》作「内」。

〔二〕民，《（元豐）吴郡圖經續記》卷上《城邑》作「外」。

〔三〕君，《初學記》卷二十四所引《吴越春秋》作「國」。

〔四〕之，大德本、弘治本、《古今逸史》本均無此字，此據《太平御覽》卷一百八十三、卷一百九十三所引《吴越春秋》補。《太平御覽》卷一百八十三所引「象」前無「以」字。

〔五〕之，大德本、弘治本、《古今逸史》本均無此字，此據《太平御覽》卷一百八十三、卷一百九十三所引《吴越春秋》補。聰，按《釋名》卷五《釋宫室第十七》所説，「囱」即「聰」。《太平御覽》卷一百八十三所引「法」前無「以」字。

〔六〕《太平御覽》卷一百九十三所引《吴越春秋》「破」字下有「弢强」二字。

〔七〕反羽，《釋名》卷五《釋宫室第十七》云：「宇，羽也，如鳥羽翼自覆蔽也。」《論衡》卷三《骨相篇》云「孔子反羽」，卷十六《講瑞篇》則作「反宇」，即「圩頂」。孫詒讓《札迻》云：「此謂吴小城南門臺甍宇反起爲美觀也。」鯢鐃，孫詒讓《札迻》云：「當作『蟉繞』，下又挩『棟』字。《太平御覽》卷一百七十六引《句踐歸國外傳》，説越王作飛翼之樓，云『爲兩蟉繞棟，以千象龍角』（《御覽》無

「千」字）。制正與此同，可據以校此文之誤。」孫説近是。又此句《太平御覽》一百八十三所引《吴越春秋》作「故小城南門作龍，以厭虵氣也」。

〔八〕上卷卷末云蓋餘、燭傭以兵降楚，楚封之於舒，此卷闔閭三年又曰孫子拔舒，殺吴亡將二公子蓋餘、燭傭，均與此處所載不同。按《左傳・昭公二十七年》、《三十年》所載，誠如俞樾所言，當以此處所云爲非。

〔九〕能爲，《文選》卷六十賈誼《吊屈原文》注、《初學記》卷二十二、《太平御覽》卷三百四十三所引《吴越春秋》作「作」。蔣光煦所見宋本「劍」下有一「也」字。

〔一〇〕劍匠，《世説新語》卷中之上《賞譽第八上》注、《文選》卷六十賈誼《吊屈原文》注、《初學記》卷二十二、《史記》卷八十四《屈原賈生列傳》索隱、《太平御覽》卷三百四十三所引《吴越春秋》作「干將」。

〔一一〕此句《後漢書》卷八十二《崔駰傳》注、《文選》卷三十五《七命》注、《初學記》卷二十二、《太平御覽》卷三百四十三所引《吴越春秋》作「莫耶者，干將之妻名（也）」。

〔一二〕《初學記》卷二十二、《後漢書》卷八十二《崔駰傳》注、《太平御覽》卷三百四十三、《事類賦》卷十三注所引《吴越春秋》「六」字前有一「合」字。

〔一三〕不銷淪流，《世説新語》卷中之上《賞譽第八上》注、《太平御覽》卷三百四十三所引《吴越春秋》作「未流」，《初學記》卷二十二所引作「未肯流」。

〔一四〕王，大德本、弘治本、《古今逸史》本脱，此據蔣光煦所見宋本及《太平御覽》卷三百四十三、《(紹定)吴郡志》卷二十九《土物》所引《吴越春秋》補。

〔一五〕月，《(紹定)吴郡志》卷二十九《土物》所引同，《太平御覽》卷三百四十三所引《吴越春秋》作「年」。

〔一六〕莫，蔣光煦所見宋本無此字。

〔一七〕之，大德本、弘治本、《古今逸史》本脱，此據蔣光煦所見宋本補。

〔一八〕得其，《(紹定)吴郡志》卷二十九《土物》所引《吴越春秋》同，《太平御覽》卷三百四十三所引作「當得」。

〔一九〕此句《初學記》卷二十二、《太平御覽》卷三百四十三所引《吴越春秋》作「昔吾師之作冶也」，《文選》卷三十五《七命》注所引作「吾師之作冶也」。

〔二〇〕類，弘治本作「類」，《太平御覽》卷三百四十三所引《吴越春秋》作「穎」。此據大德本、《古今逸史》本及《文選》卷三十五《七命》注、《(紹定)吴郡志》卷二十九《土物》所引改。

〔二一〕此句《文選》卷三十五《七命》注、《太平御覽》卷三百四十三所引《吴越春秋》作：「先師親爍(《事類賦》卷十三注所引作「鑠」)身以成物，妾何難也？」

〔二二〕干將妻，《世説新語》卷中之上《賞譽第八上》注、《文選》卷三十五《七命》注、《太平御覽》卷三百四十三、《事類賦》卷十三注所引《吴越春秋》「妻」字前有一「夫」字。爪，《初學記》卷二十二、《太平御覽》卷三百四十三、《事類賦》卷十三注所引作「指」。

〔二三〕陽，《世説新語》卷中之上《賞譽第八上》注、《文選》卷三十五《七命》注、《太平御覽》卷三百四十三、《事類賦》卷十三注所引《吴越春秋》作「而」，且將此句繫於「陽曰干將」句後。

〔二四〕陰，《世説新語》卷中之上《賞譽第八上》注、《文選》卷三十五《七命》注、《太平御覽》卷三百四十三、《事類賦》卷十三注所引《吴越春秋》作「而」，且將此句繫於「陰曰莫耶」句後。

〔二五〕之，大德本、弘治本、《古今逸史》本均脱，此據《世説新語》卷中之上《賞譽第八上》注、《文選》卷三十五《七命》注、《北堂書鈔》卷一百二十二注、《（紹定）吴郡志》卷二十九《土物》所引《吴越春秋》補。

〔二六〕按《北堂書鈔》卷一百二十二注所引《吴越春秋》，「劍」字後疑脱一「視」字。

〔二七〕此句《（紹定）吴郡志》卷二十九《土物》所引《吴越春秋》同。《太平御覽》卷三百五十四所引作：「吾之作鈎者，貪王之賞，殺吾二子，以成兩鈎。」

〔二八〕乃，蔣光煦所見宋本作「以」。曰，大德本、弘治本、《古今逸史》本均脱，此據《太平御覽》卷三百五十四、《（紹定）吴郡志》卷二十九《土物》所引《吴越春秋》補。

〔二九〕類，弘治本作「類」，此據大德本、《古今逸史》本。

〔三〇〕《北堂書鈔》卷一百二十四注、《太平御覽》卷三百五十四所引《吴越春秋》「而」字下有一「哭」字。

〔三一〕曰，大德本、弘治本、《古今逸史》本均脱，此據《北堂書鈔》卷一百二十四注、《太平御覽》卷三百

五十四、《(紹定)吴郡志》卷二十九《土物》所引《吴越春秋》補。

〔三二〕 扈,《太平御覽》卷三百五十四所引《吴越春秋》作「泥」。

〔三三〕 未,大德本、弘治本、《古今逸史》本均脱,此據《北堂書鈔》卷一百二十四注、《太平御覽》卷三百五十四所引《吴越春秋》補。

〔三四〕 之,《(紹定)吴郡志》卷二十九《土物》所引《吴越春秋》無此字。《北堂書鈔》卷一百二十四、《太平御覽》卷三百五十四所引《吴越春秋》「着」字後有一「於」字。

〔三五〕 之,大德本、弘治本、《古今逸史》本均脱,兹據《北堂書鈔》卷一百二十四注、《太平御覽》卷三百五十四所引《吴越春秋》補。

〔三六〕 白喜來奔,蔣光煦曰:「白喜」下「宋本有注,云:『上音伯,下音嚭。』下文同」。《文選》卷五十五《廣絶交論》所引《吴越春秋》作「帛否」,又作「伯嚭」,「奔」字後有一「於」字。

〔三七〕 犂,蔣光煦曰宋本作「黎,下同」。

〔三八〕 前,《古今逸史》本作「故」,此據大德本、弘治本。

〔三九〕 誅,《古今逸史》本作「殺」,此據大德本、弘治本。

〔四〇〕 蔣光煦曰:「宋本『人』下有『君』字。」

〔四一〕 大,《古今逸史》本作「太」,此據大德本、弘治本。

〔四二〕 不聞河上歌,《文選》卷五十五《廣絶交論》注所引作「聞河上之歌者」。

〔四三〕因，《文選》卷五十五《廣絶交論》注所引《吴越春秋》作「回」。

〔四四〕子胥不然其言，蔣光煦曰：「宋本『胥』下有一『曰』字」。

〔四五〕以付於子，蔣光煦曰：「宋本『子』下有『胥』字。」

〔四六〕何乃天乎，此句《古今逸史》本作「何乃天子」，盧文弨曰：「《逸史》本『何乃天子』似當作『何乃夫子』，倒句文法。」孫詒讓《札迻》云：「此當作『何反天乎』。此因上子胥對曰『恐非皇天之意』而詰之也。」孫説近是。此據大德本、弘治本。

〔四七〕傲，《古今逸史》本作「徽」，此據大德本、弘治本。

〔四八〕勇，《古今逸史》本作「壯」，此據大德本、弘治本。

〔四九〕鬱，《古今逸史》本作「覘」，此據大德本、弘治本。

〔五〇〕千里，《太平御覽》卷三百八十六所引作「阡陌」。

〔五一〕僵，《太平御覽》卷三百八十六所引作「偃」。負、伏，《太平御覽》卷三百八十六所引作「背」、「仆」。

〔五二〕敢不盡力，《太平御覽》卷三百八十六所引作「不敢盡死」。

〔五三〕莫當，《太平御覽》卷二百七十九所引作「之敵」。

〔五四〕走追奔獸，《太平御覽》卷三百九十四所引作「走及奔馬」。

〔五五〕斷臣右手，《太平御覽》卷四百九十四所引作「焚之吴市，飛揚其灰，購臣千金與百里之邑，詐往」。

〔五六〕取，《太平御覽》卷四百九十四所引作「殺」，《太平御覽》卷八百七十一所引作「執」。子，《太平御覽》卷四百九十四所引《吴越春秋》同，《（紹定）吴郡志》及《太平御覽》卷八百七十一所引無此字。

〔五七〕焚棄於市，《太平御覽》卷四百九十四所引作「焚之吴市，飛揚其灰，購之千金與百里之邑」。《太平御覽》卷八百七十一所引作「焚而煬其灰」。

〔五八〕與，在也。《（紹定）吴郡志》卷二十《人物》作「慶忌」。

〔五九〕「上」字下，《（紹定）吴郡志》卷二十《人物》有一「曰」字。

〔六〇〕嘻，大德本、弘治本作「嘻嘻哉」，此據《（紹定）吴郡志》卷二十《人物》所引《吴越春秋》删。

〔六一〕吾，《古今逸史》本作「其」，此據大德本、弘治本。

〔六二〕於，弘治本、《古今逸史》本作「知」，此據此大德本改。辯，大德本作「辨」。

〔六三〕知，《藝文類聚》卷五十三所引《吴越春秋》作「覺」。覺通作梏，相交曰知。

〔六四〕盾，蔣光煦所見宋本作「楯」，下同。「盾」同「楯」，此據大德本、弘治本、《古今逸史》本。

〔六五〕孫詒讓《札迻》云：「『操』當爲『譟』。《詩·大雅·大明》孔疏引今文《書·太誓》云：『師乃鼓譟。』《周禮·大司馬》鄭注云：『譟，讙也。』『譟』、『操』形聲相近而誤。」孫説近是。

〔六六〕成，《左傳·昭公二十七年》作「沈尹戌」，即左司馬戌。

〔六七〕盧文弨云，徐天祜「上以白州犂、郤宛爲一人，此當以伍尚當其一」。盧說近是，徐說乃前後矛盾。

〔六八〕曩，《左傳·昭公二十七年》作「瓦」。子常即囊瓦，故徐乃昌云：「『曩』或當作『囊』。」作「曩」亦通。

〔六九〕「滕」，蔣光煦所見宋本作「縢」。

〔七〇〕食，大德本、弘治本、《古今逸史》本脱，此據《文選》卷十四《舞鶴賦》注、《太平御覽》卷九百一十六所引《吴越春秋》補。

〔七一〕我殘，大德本、弘治本、《古今逸史》本脱，此據《藝文類聚》卷九十、《太平御覽》卷九百一十六、《事類賦》卷十八注所引《吴越春秋》補。

〔七二〕忍，大德本、弘治本均作「忘」，誤。此據《文選》卷十四《舞鶴賦》注、《藝文類聚》卷九十、《太平御覽》卷九百一十六、《事類賦》卷十八注、《（元豐）吴郡圖經續記》卷下《冢墓》所引《吴越春秋》改。

〔七三〕闔閭痛之葬於國西閶門外，《初學記》卷十四、《太平御覽》卷五百五十六所引《吴越春秋》「之」字下有一「甚」字。國，《藝文類聚》卷七十三所引作「郭」，卷九十所作「郡」，《文選》卷十四《舞鶴賦》注、《初學記》卷二十四、《太平御覽》卷九百一十六、《事類賦》卷十八注所引作「邦」。

〔七四〕鑿池積土，《藝文類聚》卷七十三、《初學記》卷十四、《太平御覽》卷五百五十六所引《吴越春秋》作「鑿地爲池，積土爲山」。《文選》卷十四《舞鶴賦》注所引作「鑿池積土爲山」。《藝文類聚》卷

九十、《太平御覽》卷九百一十六所引作「鑿地爲女墳，積土爲山」。

〔七五〕「椁」前《初學記》卷十四有一「棺」字。

〔七六〕乃舞白鶴於吴市中，《吴地記》所引《吴越春秋》作「其女化爲白鶴，舞於吴市」。

〔七七〕還，《文選》卷十四《舞鶴賦》注、《太平御覽》卷九百一十六、《事類賦》卷十八注所引《吴越春秋》作「遂」。

〔七八〕殺，《北堂書鈔》卷一百二十二注、《太平御覽》卷三百四十三所引《吴越春秋》作「弑」。

〔七九〕五金，《（紹定）吴郡志》卷四十七《異聞》所引《吴越春秋》同，《北堂書鈔》卷一百二十二注、《藝文類聚》卷六十、《初學記》卷二十二、《太平御覽》卷三百四十三作「御金鐵」，《事類賦》卷十三注所引《吴越春秋》作「銜金鐵」。

〔八〇〕太陽，《（紹定）吴郡志》卷四十七《異聞》所引《吴越春秋》同，《北堂書鈔》卷一百二十二注、《初學記》卷二十二、《太平御覽》卷三百四十三所引《吴越春秋》作「吐銀錫」。

〔八一〕出之有神，《北堂書鈔》卷一百二十二注、《初學記》卷二十二、《太平御覽》卷三百四十三所引《吴越春秋》作「有遊出之神」。

〔八二〕拒，《北堂書鈔》卷一百二十二注、《藝文類聚》卷六十、《初學記》卷二十二、《太平御覽》卷三百四十三、《事類賦》卷十三注所引《吴越春秋》作「伐」。

〔八三〕此句《太平御覽》卷三百四十三所引《吴越春秋》作「吴公子光殺吴王僚，湛盧去如楚」。《初學記》卷二十二、《事類賦》卷十三注所引與上略同。《藝文類聚》卷六十所引《吴越春秋》作「後闔閭爲一女殺生以送死，湛盧之劍惡其無道，乃去如楚」。

〔八四〕三十，《越絶外傳記寶劍第十三》作「二」。

〔八五〕按《藝文類聚》卷六十、《事類賦》卷十三注、《太平御覽》卷三百四十三所引《吴越春秋》及《越絶外傳記寶劍第十三》，此句「客」至「二」一段原是越王允常告薛燭之言，所云係指純鈎之價。

〔八六〕令，大德本、弘治本、《古今逸史》本均同，《藝文類聚》卷六十、《太平御覽》卷三百四十三、《事類賦》卷十三注、《（嘉泰）會稽志》卷十《水》所引《吴越春秋》作「合」，徐天祜注亦言「當作合」，是。

〔八七〕耶，大德本、《（嘉泰）會稽志》卷十《水》作「邪」，下句同。

〔八八〕神，大德本、弘治本、《古今逸史》本均作「臣」，誤。此據《藝文類聚》卷六十、《太平御覽》卷三百四十三、《事類賦》卷十三注所引《吴越春秋》改。《越絶外傳記寶劍第十三》亦作「神」。

〔八九〕此句《太平御覽》卷三百四十三所引《吴越春秋》作「不可與」，《藝文類聚》卷六十所引作「猶不可與」，《事類賦》卷十三注所引作「不借一觀」。

〔九〇〕按上下文意及《越絶外傳記寶劍第十三》，上述諸句係薛燭答覆越王之語。但按《藝文類聚》卷六十、《太平御覽》卷三百四十三、《事類賦》卷十三注所引《吴越春秋》所載，以上應爲風胡子回楚王之語。

〔九一〕彊，《左傳·昭公三十二年》杜預解作「疆」，大德本、弘治本、《古今逸史》本均誤。

〔九二〕醉，《史記》卷四十一《越王勾踐世家》作「檇」。

〔九三〕土，《古今逸史》本作「上」，此據大德本、弘治本。

〔九四〕徐乃昌云，此「當作『王必伐楚，得唐、蔡而後可。』吴王曰：『唐、蔡何怨？』觀下文，可知此文有闕」。按《史記》卷三十一《吴太伯世家》、卷六十六《伍子胥列傳》及《左傳·定公三年》所載，徐説近是。

〔九五〕二，蔣光煦所見宋本作「一」，《左傳·定公三年》作「兩」。

〔九六〕蔣光煦所見宋本「枚」字下有「其」字。

〔九七〕三，蔣光煦所見宋本作「二」。

〔九八〕蔣光煦所見宋本「公」字下有「從者許之乃」五字，與《左傳·定公三年》所載及下文文意不合。

〔九九〕按《左傳·定公四年》，「三」下疑脱一「戰」字。

〔一〇〇〕固，此處應指城廓。盧文弨曰：「固」疑作「國」。可備一説。

〔一〇一〕芈，大德本作「芊」，弘治本、《古今逸史》本作「芊」，《左傳·定公四年》作「芈」，據改。下同。

〔一〇二〕郈，《古今逸史》本作「郤」，此據大德本、弘治本及《左傳·宣公四年》所載。

〔一〇三〕徐乃昌云：「《左傳》有『箴尹固』，不當作『尹固』。受戈亦王孫由于事。」徐説近是。

〔一〇四〕徐乃昌云：「按《左傳》，下有『何以事君』四字，語言方完。」徐説近是。

〔一〇五〕左足踐腹，《太平御覽》卷三百七十一所引《吴越春秋》作「左手踐其腹」。

〔一〇六〕擊，《太平御覽》卷七百七十一所引《吴越春秋》作「襲」。

〔一〇七〕太子建，《太平御覽》卷四百七十九所引《吴越春秋》作「楚太子建」。

〔一〇八〕自此怨鄭，大德本、弘治本、《古今逸史》本作「自此鄭」，不通。此據《太平御覽》卷四百七十九所引《吴越春秋》補。「自」字前疑脱「子胥」二字。

〔一〇九〕兵將入境，大德本、弘治本、《古今逸史》本均脱此四字，此據《太平御覽》卷四百七十九所引《吴越春秋》補。

〔一一〇〕此句蔣光煦所見宋本「公」字前有一「定」字，「與」字下有一「之」字。《太平御覽》卷四百七十九所引《吴越春秋》作「定公大悦，乃與一橈」。

〔一一一〕蔣光煦所見宋本「胥」字下有一「見」字。

〔一一二〕何等謂，《太平御覽》卷四百七十九所引《吴越春秋》作「何等人者？即請」。

〔一一三〕《太平御覽》卷四百七十九所引《吴越春秋》「漁」字前有「吾是」二字，「漁」字下無「父」字。

〔一一四〕懼怖，《古今逸史》本作「懼懼」，此據大德本、弘治本。

〔一一五〕《太平御覽》卷四百七十九所引《吴越春秋》「國」字前有一「中」字。

〔一一六〕國，《太平御覽》卷四百七十九所引《吴越春秋》作「罪」。

〔一一七〕吾故，大德本、弘治本、《古今逸史》本脱，此據《能改齋漫録》卷三《辯誤·倒行逆旅》所引《吴越春秋》及《史記》卷六十六《伍子胥列傳》補。施，《史記》卷六十六《伍子胥列傳》同，《能改齋漫録》卷三《辯誤・倒行逆旅》所引作「旅」。

〔二八〕蒲，《左傳・定公五年》同，蔣光煦所見宋本作「蒱」。

〔二九〕徐乃昌云：「奔」字前當重「夫槩」二字。徐説近是。

〔三〇〕與楚師於淮澨，徐乃昌云：「當作『戰於淮澨』。」按《左傳・定公五年》，「淮」作「雍」，「與」作「敗」。

〔三一〕反之，《古今逸史》本作「及于」，此據大德本、弘治本。

〔三二〕喜，盧文弨云：當作「妻」。其説近是。

〔三三〕烈，孫詒讓《札迻》云：「『烈』當讀爲『刺』，『烈』、『刺』聲近字通，古金文『烈』字竝作『刺』。『乖烈』猶言『乖刺』也。」孫説近是。

〔三四〕俞樾云：此曲「可爲七言詩之祖矣。……然詞意均淺薄，不似春秋人語」。此應出自後人之手。

〔三五〕綿，《太平御覽》卷五十九、《太平寰宇記》卷九十所引《吴越春秋》作「縹」，《太平御覽》卷四百七十九所引作「漂」。

〔三六〕須臾子胥至，《太平御覽》卷八百六十二所引《吴越春秋》作「猶須子胥之至也。三師到」。

〔三七〕此句《太平御覽》卷八百六十二所引《吴越春秋》作「後王重作之」。

〔三八〕齊子使女，《（寶祐）琴川志》卷十《冢墓》所引《吴越春秋》同，《太平御覽》卷五百五十六所引《吴越春秋》作「齊景公使子女」。

〔二九〕因乃爲病，《太平御覽》卷一百八十三所引《吴越春秋》作「因而爲疾」，卷五百五十六所引作「發病」。

〔三〇〕望，《太平御覽》卷一百八十三、《太平寰宇記》卷九十一、《（寶祐）琴川志》卷十《冢墓》所引《吴越春秋》同，《太平御覽》卷五百五十六所引《吴越春秋》無此字，此據大德本、弘治本、《古今逸史》本。又《太平御覽》卷一百八十三所引「令」字上有「作樓」二字。

〔三一〕傷之正如其言，《（寶祐）琴川志》卷十《冢墓》所引《吴越春秋》同，《太平御覽》卷五百五十六所引《吴越春秋》作「傷之甚，用其言」。《太平寰宇記》卷九十一、《（紹定）吴郡志》卷三十九《塚墓》所引作「傷之，如其言」。

〔三二〕俞樾云：「徐氏以夫差爲太子波之子，則闔閭之孫也。而《左傳》載夫差使人謂己曰：『夫差，而忘越王之殺而父乎？』《史記·世家》作闔廬之言曰：『爾而忘句踐殺汝父乎？』兩文不同，然皆足徵夫差是闔閭子，非孫也。徐注非是。此云『波太子夫差』，下云『波泰之子夫差』，蓋衍『之』字。『波泰子』即『波太子』也。惟是時聘齊女之太子波已卒，而此復言波太子，殊不可曉。疑『波』字乃『次』字之誤。蓋夫差是太子波之弟，故謂之次太子，實即次子耳。曰『次太子』，乃吴俗尊之之稱也。」俞氏所言，可備一説。然諸本「泰」均作「秦」，不與「太」相通。

〔三三〕使太子屯兵守楚留止，《（紹定）吴郡志》卷八《古蹟》所引《吴越春秋》作「使將兵屯守」。

〔三四〕安里，《太平御覽》卷一百七十七所引《吴越春秋》同，《（紹定）吴郡志》卷八《古蹟》所引《吴越春秋》作「安平里」，《越絶外傳記吳地傳第三》所引作「安陽里」。

〔三五〕平昌、城，《越絶外傳記吳地傳第三》作「昌里」、「越」。同書及《（紹定）吳郡志》卷八《古蹟》所引《吳越春秋》在「樂」字後均有一「里」字。

〔三六〕南宮，今本《越絶外傳記吳地傳第三》均作「南越宮」。

〔三七〕治，《（紹定）吳郡志》卷八《古蹟》所引《吳越春秋》無此字。蘇，《（紹定）吳郡志》卷八《古蹟》所引《吳越春秋》同，《太平御覽》卷一百七十七所引及《越絶外傳記吳地傳第三》均作「胥」。

〔三八〕旦，《太平御覽》卷一百七十七所引作「且」。組，《越絶外傳記吳地傳第三》作「紐」。

〔三九〕臺，《越絶外傳記吳地傳第三》作「母」。

〔四〇〕鷗，《越絶外傳記吳地傳第三》作「軀」。

〔四一〕父，大德本、弘治本、《古今逸史》本作「艾」，此據《左傳·昭公二十三年》改。

〔四二〕蔿，蔣光煦所見宋本作「爲」。「爲若」當作「鄀」或「若」。

〔四三〕徐天祐以「定」爲太子名，誤。此「定」當指太子之位定。

夫差内傳第五

十一年，夫差《檀弓》注：夫，音「扶」；差，初皆切。《穀梁》注同。北伐齊。齊使大夫高氏當是高無平〔一〕，時將上軍。謝吴師曰：「齊孤立於國〔二〕，倉庫空虚，民人離散。齊以吴爲彊輔，今未往告急，而吴見伐。請伏國人於郊，不敢陳戰争之辭。惟吴哀齊之不濫也。」吴師即還。《左傳・哀公九年》：「吴子使來儆師伐齊。」十年，「吴子使來復儆師」〔三〕。是爲夫差十年、十一年也。此二年方謀伐齊，而此書於十一年云：「夫差北伐齊。」〔四〕十二年云：「夫差復北伐齊。」是二年間吴再伐齊也，與《傳》不合。豈十一年吴嘗伐齊，齊謝吴師，不敢戰，至明年復伐，乃有艾陵之戰耶？

十二年，夫差復北伐齊。《左傳・哀公十一年》：「公會吴子伐齊。」是爲夫差十二年，與此書合。《史・世家》乃書之夫差十一年，誤也。越王聞之，率衆以朝於吴，而以重寶厚獻太宰嚭。嚭喜，受越之賂，愛信越殊甚，日夜爲言於吴王。王信用嚭之計，伍胥大懼，曰：「是棄吾也。」乃進諫曰：「越在，心腹之病，不前除其疾，今信浮辭僞詐而貪齊。破齊，譬由磐石之田，無立其苗也。願王釋齊而前越。不然，悔之無及。」吴王不聽，使子胥使於齊，通期戰之會。子胥謂其子曰：「我數諫王，王不我用。今見吴之亡矣。汝與吾俱亡，亡無爲也。」乃屬其子於齊鮑氏而還。鮑氏，鮑牧也。屬其子改姓爲王孫氏，欲以避吴禍。太宰嚭既與子胥有隙，因讒之曰：「子胥爲强暴力諫，願王少厚焉。」王曰：「寡人知之。」未興師，會魯使子貢聘於吴。

十三年，齊大夫陳成恒欲弑簡公，陰憚高、國、鮑、晏，鮑叔牙，晏嬰。故前興兵伐魯。魯君憂之。孔子患之，召門人而謂之曰：「諸侯有相伐者，丘常耻之。夫魯，父母之國也，丘墓在焉。今齊將伐之，子無意一出耶？」子路辭出，孔子止之。子張、子石請行，孔子弗許。子貢辭出，孔子遣之。子貢北之齊，見成恒，《史記・子貢傳》作「田常」。因謂曰：「夫魯者，難伐之國，而君伐〔五〕，過矣。」成恒曰：「魯何難伐也？」子貢曰：「其城薄以卑，其池狹以淺，其君愚而不仁，大臣無用，士惡甲兵，不可與戰。君不若伐吴。夫吴，城厚而崇，池廣以深，甲堅士選，器飽弩勁〔六〕，又使明大夫守之，此易邦也。」成恒忿然作色曰：「子之所難，人之所易。子之所易，人之所難。而以教恒，何也？」子貢曰：「臣聞君三封而三不成者，大臣有所不聽者也。今君又欲破魯以廣齊，隳魯以自尊，而君功不與焉。是君上驕，《越絶》「驕」字下有「主心」二字爲是。《子貢傳》同。下恣群臣，而求以成大事，難矣！且夫上驕則犯，《子貢傳》「犯」作「恣」者是。臣驕則争，此君上於王有遽，《越絶》及《子貢傳》皆「王」作「主」，「遽」作「郤」。「郤」與「隙」同。而下與大臣交争。如此，則君立於齊，危於累卵。故曰不如伐吴。且吴王剛猛而毅，能行其令，百姓習於戰守，明於法禁，齊遇，爲擒必矣。今君悉四境之中〔七〕，出大臣以環之〔八〕，人民外死，大臣內空，是君上無彊敵之臣，下無黔首之士，孤主制齊者，君也。」陳恒曰：「善。雖然，吾兵已在魯之城下矣，吾去之吴，大臣將有疑我之心，爲之奈何？」子貢曰：「君按兵無伐〔九〕，請爲君南見吴王，請之救魯而伐齊，君因以兵迎之。」陳恒許諾。

子貢南見吴王，謂吴王曰：「臣聞之，王者不絶世，而霸者無彊敵。千鈞之重，加銖而移。今萬乘之齊，而私千乘之魯，而與吴爭彊，臣竊爲君恐焉。且夫救魯，顯名也。伐齊，大利也。義存亡魯〔一〇〕《越絶》「義」字下有「在」字，「害」字上有「勇在」二字爲是。害暴齊而威强晉，則王不疑也〔一一〕。」吴王曰：「善。雖然，吾嘗與越戰，棲之會稽，入臣於吴，不即誅之，三年使歸。夫越君，賢主，苦身勞力，夜以接日，內飾兵政〔一二〕，外事諸侯，必將有報我之心。子待我伐越而聽子。」子貢曰：「不可。夫越之彊，不過於魯。吴之彊，不過於齊。王以伐越而不聽臣〔一三〕，齊亦已私魯矣。且畏小越而惡彊齊，不勇也。見小利而忘大害，不智也。臣聞仁人不因居《越絶》「因居」作「困厄」。以廣其德，智者不棄時以舉其功，王者不絶世以立其義。且夫畏越如此，臣誠東見越王，使出師以從下吏。」吴王大悦。

子貢東見越王，王聞之，除道郊迎，身御至舍，問曰：「此僻狹之國，蠻夷之民，大夫何索然若不辱，乃至於此？」子貢曰：「君處，故來。」「處」字不通〔一四〕。《越絶》作：「吊君，故來。」與下文

「吊」字相應。越王勾踐再拜稽首，曰：「孤聞禍與福爲鄰，今大夫之吊，孤之福矣。孤敢不問其說？」子貢曰：「臣今者見吳王，告以救魯而伐齊，其心畏越〔一五〕。且夫無報人之志，而使人疑之，拙也。有報人之意，而使人知之，殆也。事未發而聞之《子貢傳》「聞之」作「先聞」者是。者，危也。三者舉事之大忌也。」越王再拜，曰：「孤少失前人，內不自量，與吳人戰，軍敗身辱遁逃，上棲會稽，下守海濱，唯魚鼈見矣。《國語》作「是見」。今大夫辱吊而身見之〔一六〕，又發玉聲以教孤，孤賴天之賜也〔一七〕，敢不承教？」子貢曰：「臣聞明主任人不失其能，直士舉賢不容於世〔一八〕。故臨財分利，則使仁；涉患犯難，則使勇；用智圖國，則使賢；正天下，定諸侯，則使聖。兵强而不能行其威勢，在上位而不能施其政令於下者，其君幾乎？難矣！臣竊自擇，可與成功而至王者，惟幾乎？惟幾乎，《越絕》作「其惟臣幾乎」。今吳王有伐齊、晉之志，君無愛重器以喜其心，無惡卑辭以盡其禮。而伐齊，齊必戰。不勝，君之福也。彼戰而勝，必以其兵臨晉。騎士鋭兵弊乎齊，重寶車騎羽毛盡乎晉，則君制其餘矣。」越王再拜曰：「昔者，吳王分其民之衆以殘吾國，殺敗吾民，鄙吾百姓，夷吾宗廟，國爲墟棘，身爲魚鼈〔一九〕。《國語》「鼈」下有「餌」字。孤之怨吳，深於骨髓。而孤之事吳，如子之畏父，弟之敬兄。此孤之死言也。今大夫有賜，故孤敢以報情。《越絕》作「以疑請」者是〔二〇〕。孤身不安重席，口不嘗厚味，目不視美色，耳不聽雅音，既已三年矣。焦脣乾舌，苦身勞力，上事群臣，下養百姓，願一與吳交戰於天下平原之野。正身臂《越絕》作「整襟交臂」。而奮吳、越之士，繼踵連死，肝腦塗地者，孤之願也。思之三年，不可得也。今内量吾國，不足以傷吳；外事諸侯，而不能也。願空國，棄群臣，變容貌，易姓名，執箕帚，養牛馬以事之。孤雖知要領不屬，手足異處，四支布陳，爲鄉邑笑，孤之意出焉。今大夫有賜，存亡國，舉《國語》「舉」作「興」。死人，孤賴天賜，敢不待令乎？」子貢曰：「夫吳王爲人，貪功名而不知利害。」越王慥然避位。子貢曰：「臣觀吳王爲數戰伐，士卒不恩〔二一〕，《國語》「恩」作「息」。大臣内引，讒人益衆。夫子胥爲人精誠，中廉外明而知時，不以身死隱君之過，正言以忠君，直行以爲國，其身死而不聽。太宰嚭爲人智而愚，彊而弱，巧言利辭以内其身，善爲詭詐以事其君，知其前而不知其後，順君之過以安其私，是殘國傷君之佞臣也。」越王大悦。子貢去，越王送之金百鎰、寶劍一、良馬《子貢傳》「馬」作「矛」。二，子貢不受。至吳，謂吳王曰：「臣以下吏之言告於越王，越王大恐，曰：『昔者，孤身不幸，少失前人，内不自量，抵罪於吳，軍敗身辱，逋逃出走，棲于會稽，國爲墟莽，身爲魚鼈。《越絕》「鼈」下有「餌」字。賴大王之賜，使得奉俎豆，修祭祀。大王賜，死且不敢忘〔二二〕，何謀之敢？』其志甚恐，將使使者來謝於王。」

子貢館五日，越使果來，曰：「東海役臣勾踐之使者臣種，敢修下吏，少聞於左右：『昔孤不幸，少失前人，内不自量，抵罪上國，軍敗身辱，逋逃會稽。賴王賜，得奉祭祀，死且不忘。今竊聞大王興大義，誅彊救弱，困暴齊而撫周室，故使賤臣種以奉前王所藏甲二十領、屈盧之矛、步光之劍〔二三〕，以賀軍吏〔二四〕。若將遂大義，弊邑雖小，請悉四方之内士卒三千人以從下吏，請躬被堅執鋭以前受矢石，君臣死無所恨矣。』」吴王大悦，乃召子貢，曰：「越使果來，請出士卒三千，其君從之，與寡人伐齊，可乎？」子貢曰：「不可。夫空人之國，悉人之衆，又從其君，不仁也。受幣，許其師，辭其君，即可。」吴王許諾。

子貢去晉〔二五〕，見定公，曰：「臣聞慮不預定，不可以應卒；兵不預辦，不可以勝敵。今吴、齊將戰，戰而不勝，越亂之必矣〔二六〕；與戰而勝〔二七〕，必以其兵臨晉。君爲之奈何〔二八〕？」定公曰：「何以待之？」子貢曰：「修兵伏卒《子貢傳》「伏」作「休」。以待之。」晉君許之，子貢返魯。

吴王果興九郡之兵，將與齊戰。道出胥門，因過姑胥之臺，忽晝假寐於姑胥之臺，而得夢。及寤而起，其心恬然悵焉。乃命太宰嚭，告曰：「寡人晝卧有夢，覺而恬然悵焉。請占之，得無所憂哉？夢入章明宫，見兩鑩音歷，鬲屬。蒸而不炊，兩黑犬嘷以南、嘷以北，兩鋘音吴，刀名。錕鋘山出金，作刀，可切玉〔二九〕。殖吾宫牆，流水湯湯，音商，流貌。越吾宫堂，後房鼓震篋篋，有鍛工，前園横生梧桐。子爲寡人占之。」太宰嚭曰：「美哉！王之興師伐齊也。臣聞章者，德鏘鏘也。明者，破敵聲聞，功朗明也。兩鑩蒸而不炊者，大王聖德，氣有餘也。兩黑犬嘷以南，嘷以北者，四夷已服，朝諸侯也。兩鋘殖宮牆者，農夫就成，田夫耕也。湯湯越宮堂者，鄰國貢獻，財有餘也。後房篋篋鼓震，有鍛工者，宮女悦樂，琴瑟和也。前園橫生梧桐者，樂府鼓聲也。」吳王大悦，而其心不已，召王孫駱問曰〔三〇〕：「寡人忽晝夢，爲予陳之。」王孫駱曰：「臣鄙淺，於道不能博大。今王所夢，臣不能占。其有所知者，東掖門亭長長城公弟《越絶》「長城公弟」作「越公弟子」。公孫聖。聖爲人少而好游，長而好學，多見博觀，知鬼神之情狀。願王問之。」王乃遣王孫駱往，請公孫聖曰：「吳王晝臥姑胥之臺，忽然感夢，覺而悵然，使子占之，急詣姑胥之臺。」公孫聖伏地而泣，有頃而起。其妻從旁謂聖曰：「子何性鄙！希睹人主，卒得急召，涕泣如雨。」公孫聖仰天歎曰：「悲哉！非子所知也。今日壬午，時加南方，命屬上天，不得逃亡，非但自哀，誠傷吳王。」妻曰：「子以道自達於主，有道當行，上以諫王，下以約身。今聞急召，憂惑潰亂〔三一〕，非賢人所宜。」公孫聖曰：「愚哉！女子之言也。吾受道十年，隱身避害，欲紹壽命。不意卒得急召，中世自棄，故悲與子相離耳。」遂去，詣姑胥臺。吳王曰：「寡人將北伐齊、魯，道出胥門，過姑胥之臺，忽然晝夢。子爲占之，其言吉凶。」公孫聖曰：「臣不言，身名全。言之，必死百段於王前。然忠臣不顧其軀。」乃仰天歎曰：「臣聞好船者必溺，好戰者必亡。臣好直言，不顧於命，願王圖之。臣聞章者，戰不勝，敗走偉偟也。明者，去昭昭，就冥冥也。入門見鏗蒸而不炊者，大王不得火食也。兩黑犬嗥以南、嗥以北者，黑者，陰也，北者，匿也。兩鋘殖宮牆者，越軍入吴國，伐宗廟，掘社稷也。流水湯湯、越宫堂者，宫空虚也。後房鼓震篋篋者，坐太息也。前園横生梧桐者，梧桐心空，不爲用器，但爲盲僮，《越絶》「盲」作「甬」，「僮」作「當」者是。與死人俱葬也。願大王按兵修德，無伐於齊，則可銷也。遣下吏太宰嚭、王孫駱解冠幘〔三二〕，肉袒徒跣，稽首謝於勾踐，國可安存也，身可不死矣。」吴王聞之，索然作怒，乃曰：「吾天之所生，神之所使〔三三〕。」顧力士石番〔三四〕，以鐵鎚擊殺之〔三五〕。聖乃仰頭向天而言，曰：「吁嗟！天知吾之冤乎？忠而獲罪，身死無辜。以葬我以爲直者，不如相隨爲柱，提我至深山，後世相屬爲聲響。」於是吴王乃使門人提之蒸丘〔三六〕：一名蒸山，又名陽山，在吴縣西北三十里。「豺狼食汝肉〔三七〕，野火燒汝骨，東風數至，飛揚汝骸，骨肉糜爛，何能爲聲響哉？」太宰嚭趨進曰：「賀大王喜，災已滅矣。因舉行觴，兵可以行。」吴王乃使太宰嚭爲右校司馬，王孫駱爲左校，及從勾踐之師伐齊〔三八〕。

伍子胥聞之，諫曰：「臣聞興十萬之衆，奉師千里，百姓之費，國家之出，日數千金。不念士民之死，而爭一日之勝，臣以爲危國亡身之甚。且與賊居，不知其禍，外復求怨，徼幸他國，猶治救瘑古禾切，疽瘡也。疥，而棄心腹之疾，發當死矣。瘑疥，皮膚之疾，不足患也。今齊陵遲千里之外，更歷楚、趙之界，齊爲疾，其疥耳；越之爲病，乃心腹也。不發則傷，動則有死。願大王定越而後圖齊。臣之言決矣，敢不盡忠？臣今年老，耳目不聰，以狂惑之心，無能益國。竊觀《金匱》第八，其可傷也。」吴王曰：「何謂也？」子胥曰：「今年七月，辛亥平旦，大王以首事。辛，歲位也。亥，陰前之辰也。合壬子歲，前合也，利以行武，武決勝矣。然德在合，斗擊丑。丑，辛之本也，大吉，爲白虎而臨；辛，功曹爲太常所臨。亥，大吉，得辛爲九醜，又與白虎并重。有人若以此首事，前雖小勝，後必大敗。天地行殃，禍不久矣。」吴王不聽，遂九月使太宰嚭伐齊。軍臨北郊，吴王謂嚭曰：「行矣！無忘有功，無赦有罪。愛民養士，視如赤子。與智者謀，與仁者友。」太宰嚭受命，遂行。吴王召大夫被離，問曰：「汝常與子胥同心合志，并慮一謀。寡人興師伐齊，子胥獨何言焉？」被離曰：「子胥欲盡誠於前王，自謂老狂，耳目不聰，不知當世之所行，無益吴國。」王遂伐齊，齊與吴戰於艾陵齊地。之上。齊師敗績。吴王既勝，乃使行人成好於齊，曰：「吴王聞齊有没水之慮，帥軍來觀。而齊興師蒲草，吴不知所安集，設陣爲備，不意頗傷齊師。願結和親而去。」齊王曰：「寡人處此北邊，無出境之謀。今吴乃濟江、淮，踰千里而來我壤土，戮我衆庶。賴上帝哀存，國猶不至顛隕。王今讓以和親，敢不如命？」吴、齊遂盟而去。吴王還，乃讓子胥曰：「吾前王履德，明達於上帝，垂功用力，爲子西結彊讎於楚。今前王譬若農夫之艾，與刈同。《漢書·項羽傳》：「斬將艾旗。」賈誼《策》：「若艾草菅。」〔三九〕並音刈。殺四方蓬蒿，以立名于荆蠻，斯亦大夫之力。今大夫昏耄而不自安，生變起詐，怨惡而出。出則罪吾士衆，亂吾法度，欲以妖孽挫衂吾師。賴天降哀，齊師受服。寡人豈敢自歸其功？乃前王之遺德，神靈之祐福也。若子於吳，則何力焉？」伍子胥攘臂大怒，釋劍而對曰：「昔吾前王有不庭之臣，以能遂疑計，不陷於大難。今王播棄所患外不憂，此孤僮之謀，非霸王之事。天所未棄，必趨其小喜，而近其大憂。王若覺寤〔四〇〕，吳國世世存焉。若不覺寤，吳國之命斯促矣〔四一〕。員不忍稱疾辟易，乃見王之爲擒。員誠前死，掛《子胥傳》作「抉」。吾目於門，以觀吳國之喪。」吳王不聽，坐於殿上，獨見四人向庭，相背而倚。王怪而視之，群臣問曰：「王何所見？」王曰：「吾見四人，相背而倚，聞人言，則四分走矣。」子胥曰：「如王言，將失衆矣。」吳王怒，曰：「子言不祥。」子胥曰：「非惟不祥，王亦亡矣。」後五日，吳王復坐殿上，望見兩人相對，北向人殺南向人。王問群臣：「見乎？」曰：「無所見。」子胥曰：「王何見？」王曰：「前日所見四人，今日又見二人相對，北向人殺南向人。」子胥曰：「臣聞四人走，叛也。北向殺南向，臣殺君也。」王不應。吳王置酒文臺之上，群臣悉在，太宰嚭執政，越王侍坐，子胥在焉。王曰：「寡人聞之，君不賤有功之臣，父不憎有力之子。今太宰嚭爲寡人有功，吾將爵之上賞。越王慈仁忠信，以孝事於寡人，吾將復增其國，以還助伐之功。於衆大夫如何？」群臣賀曰：「大王躬行至德，虛心養士，群臣並進，見難爭死，名號顯著，威震四海，有功蒙賞，亡國復存，霸功王事，咸被群臣。」於是子胥據地垂涕，曰：「於乎哀哉！遭此默默。忠臣掩口，讒夫在側。政敗道壞，諂諛無極。邪説僞辭，以曲爲直。舍讒攻忠，將滅吴國。宗廟既夷，社稷不食。城郭丘墟，殿生荆棘。」吴王大怒，曰：「老臣多詐，爲吴妖孽。乃欲專權擅威，獨傾吾國。寡人以前王之故，未忍行法。今退自計，無沮吴謀。」子胥曰：「今臣不忠不信，不得爲前王之臣。臣不敢愛身，恐吴國之亡矣〔四二〕。昔者桀殺關龍逢，紂殺王子比干，今大王誅臣，參於桀、紂。大王勉之，臣請辭矣。」子胥歸，謂被離曰：「吾貫弓接矢於鄭、楚之界〔四三〕，越渡江、淮，自致於斯。前王聽從吾計，破楚見凌之讎。欲報前王之恩，而至於此。吾非自惜，禍將及汝。」被離曰：「未諫不聽〔四四〕，自殺何益？何如亡乎？」子胥曰：「亡臣安往？」

吴王聞子胥之怨恨也，乃使人賜屬鏤之劍〔四五〕。屬鏤，劍名。鏤，力俱切，又力侯切。子胥受劍，徒跣褰裳下堂，中庭仰天呼怨，曰：「吾始爲汝父忠臣，立吴，設謀破楚，南服勁越，威加諸侯，有霸王之功。今汝不用吾言，反賜我劍。吾今日死，吴宫爲墟，庭生蔓草，越人掘汝社稷，安忘我乎？昔前王不欲立汝，我以死爭之，卒得汝之願，公子多怨於我。我徒有功於吴，今乃忘我定國之恩，反賜我死，豈不謬哉！」吴王聞之，大怒，曰：「汝不忠信，爲寡人使齊，託汝子於齊鮑氏，有我外之心〔四六〕。急令自裁，孤不使汝得有所見。」子胥把劍，仰天歎曰：「自我死後，後世必以我爲忠。上配夏、殷之世，亦得與龍逄〔四七〕、比干爲友。」遂伏劍而死。《左傳·哀公十一年》：「吳王賜子胥屬鏤以死。」是爲夫差十二年，此書載其事於十三年。或者子胥十二年使齊，十三年反役，左氏連書之耳？吳王乃取子胥屍，盛以鴟夷之器，《子胥傳》：「盛以鴟夷革。」應劭曰：「取馬革爲鴟夷。鴟夷，榼形。」投之於江中，言曰：「胥，汝一死之後，何能有知？」即斷其頭，置高樓上，謂之曰：「日月炙汝肉，飄風飄汝眼，炎光燒汝骨〔四八〕，魚鼈食汝肉。汝骨變形灰，有何所見〔四九〕！」乃棄其軀，投之江中。子胥因隨流揚波〔五〇〕，依潮來往，蕩激崩岸。於是吳王謂被離曰：「汝嘗與子胥論寡人之短。」乃髡被離而刑之。王孫駱聞之，不朝。王召而問曰：「子何非寡人而不朝乎？」駱曰：「臣恐耳。」曰：「子以我殺子胥爲重乎？」駱曰：「大王氣高，子胥位下，王誅之。臣命何異於子胥？臣以是恐也。」王曰：「非聽宰嚭以殺子胥，胥圖寡人也。」駱曰：「臣聞人君者〔五一〕，必有敢諫之臣。在上位者，必有敢言之交。夫子胥，先王之老臣也。不忠不信，不得爲前王臣。」吳王中心悷然，悔殺子胥。豈非宰嚭之讒子胥？而欲殺之。駱曰：「不可。王若殺嚭，此爲二子胥也。」於是不誅。

十四年，夫差既殺子胥，連年不熟，民多怨恨。吳王復伐齊。闕闕，義與「掘」同。《左傳》「闕地及泉」是也。《國語》解：「闕，穿也。」爲深溝〔五二〕，通於商、魯之間〔五三〕，北屬蘄〔五四〕，《國語》作「沂」者是。西屬濟，欲與魯、晉合攻於黃池之上〔五五〕。恐群臣復諫，乃令國中，曰：「寡人伐齊，有敢諫者死〔五六〕。」太子友知子胥忠而不用，太宰嚭佞而專政，欲切言之，恐罹尤也，乃以諷諫激於王〔五七〕。清旦懷丸持彈〔五八〕，從後園而來，衣袷袷，當作「洽」，沾也。履濡〔五九〕。王怪而問之，曰：「子何爲袷衣濡履，體如斯也？」太子友曰：「適游後園〔六〇〕，聞秋蜩之聲〔六一〕，往而觀之。夫秋蟬登高樹，飲清露，隨風撝撓，長吟悲鳴，自以爲安，不知螳蜋超枝緣條，曳腰聳距〔六二〕，而稷其形〔六三〕。夫螳蜋翕心而進〔六四〕，志在有利〔六五〕，不知黄雀緣緑林〔六六〕，徘徊枝陰〔六七〕，踙蹴微進〔六八〕，欲啄螳蜋。夫黄雀但知伺螳蜋之有味〔六九〕，不知臣挾彈危擲〔七〇〕，蹭蹬飛丸而集其背〔七一〕。今臣但虚心志在黄雀〔七二〕，不知空埳其旁〔七三〕，闇忽埳中，陷於深井〔七四〕。臣故袷體濡履，幾爲大王取笑。」王曰：「天下之愚，莫過於斯。但貪前利〔七五〕，不覩後患。」太子曰：「天下之愚，復有甚者〔七六〕。魯承周公之末，有孔子之教，守仁抱德〔七七〕，無欲於鄰國，而齊舉兵伐之，不愛民命，惟有所獲。夫齊徒知舉兵而伐魯〔七八〕，不知吴悉境内之士，盡府庫之財，暴師千里而攻之。夫吴徒知踰境征伐非吾之國〔七九〕，不知越王將選死士，出三江之口，三江，一説松江、錢塘、浦陽江也。《吴都賦》注〔八〇〕：「松江下七十里分流，東北入海者爲婁江，東南流者爲東江，併松江爲三江。」今其地亦名三江口，即范蠡乘舟所出之地。入五湖之中，五湖，一説貢湖、遊湖、胥湖、梅梁湖、金鼎湖也。韋昭曰：「胥湖、蠡湖、洮湖、滆湖，就太湖而五。」虞翻云：「太湖之水通五道，謂之五湖。」屠我吴國，滅我吴宫〔八一〕。天下之危〔八二〕，莫過於斯也。」吴王不聽太子之諫，遂北伐齊〔八三〕。越王聞吴王伐齊〔八四〕，使范蠡、洩庸率師屯海通江，以絶吴路。敗太子友於始熊夷，始，當作「姑」。《國語》：「敗王子友於姑熊夷。」韋昭解：「姑熊夷，吴郊也。」通江、淮轉襲吴，遂入吴國，燒姑胥臺，徙其大舟〔八五〕。即餘皇舟也。

吴敗齊師於艾陵之上。還師，臨晉，與定公争長。未合，邊候〔八六〕。吴王夫差大懼，合諸侯謀曰〔八七〕：「吾道遼遠，無會、前進，孰利？」王孫駱曰：「不如前進，則執諸侯之柄，以求其志。請王屬士，以明其令，勸之以高位，辱之以不從，令各盡其死。」夫差昏秣馬食音飼。士，服兵被甲，勒馬銜枚，出火於造，闇行而進。吴師皆文犀、長盾、扁諸之劍，闔廬既鑄成干將、莫耶二劍，餘鑄得三千，並號扁諸之劍。方陣而行。中校之軍皆白裳、白髦、素甲、素羽之矰，短矢。韋昭曰：「矢名。」望之若荼。《周禮》「望而眡之，欲其荼白也」注：「韋革遠眡之，當如茅莠之色。」《詩》：「有女如荼。」箋：「荼，英荼也。」孔氏曰：「荼是茅草秀出之穗；英是白貌。」王親秉鉞，戴旗以陣而立。左軍皆赤裳、赤髦、丹甲、朱羽之矰，望之若火。右軍皆玄裳、玄輿、黑甲、烏羽之矰，望之如墨〔八八〕。帶甲三萬六千，鷄鳴而定陣，去晉軍一里。天尚未明，王乃親鳴金鼓，三軍譁吟以振其旅，其聲動天徙地。晉大驚，不出，反距堅壘。乃令童褐請軍，《國語》作「董褐請事」。董褐，晉大夫司馬演也。請，問也。曰：「兩軍邊《國語》作「偃」。兵接好，日中無期〔八九〕。今大國越次而造弊邑之軍壘，敢請辭故。」《國語》「辭」作「亂」，謂先期亂次之故。吴王親對曰：「天子有命，周室卑弱，約諸侯貢獻，莫入王府，上帝鬼神而不可以告，無姬姓之所振，懼，遣使來告，冠蓋不絶於道。始周依負於晉〔九〇〕，故忽於夷、狄。會晉今反叛如斯，吾是以蒲服就君。《史記・范雎傳》：「膝行蒲服。」《詩》：「匍匐救之。」《檀弓》作「扶服」。其義皆同，言盡力也。不肯長弟〔九一〕，徒以爭彊。孤進，不敢去。君不命長，爲諸侯笑。孤之事君，決「決」字疑衍。在今日。不得事君，命「命」字當作「亦」。在今日矣。敢煩使者往來，孤躬親聽命於藩籬之外〔九二〕。」童褐將還，吳王躡左足，與褐決矣。及報，與諸侯、大夫列坐於晉定公前。既以通命，乃告趙鞅曰：「臣觀吳王之色，類有大憂〔九三〕。小則嬖妾、嫡子死，否則吳國有難；大則越人入，不得還也。其意有愁毒之憂，進退輕難，不可與戰。主君宜許之以前期，無以爭行而危國也。然不可徒許，必明其信。」趙鞅許諾，入謁定公，曰：「姬姓於周，吳爲先，老可長，以盡國禮。」定公許諾，命童褐復命。於是吳王愧晉之義，乃退幕而會。二國君臣並在，吳王稱公，前，《國語》「前」字下有「歃」字。晉侯次之〔九四〕，群臣畢盟。吳既長晉而還，未踰於黃池，越聞吳王久留未歸，乃悉士衆，將踰章山，章山，即《禹貢》所謂「内方」〔九五〕，在江夏郡竟陵縣東北，今荆門長林縣。濟三江而欲伐之。吳又恐齊、宋之爲害，乃命王孫駱告勞于周，曰：「昔楚不承供貢，辟遠兄弟之國。吾前君闔閭不忍其惡，帶劍挺鈹，與楚昭王相逐於中原。天舍其忠，《國語》作「衷」〔九六〕。楚師敗績。今齊不賢《國語》作「鑒」。於楚，又不恭王命，以遠辟兄弟之國。夫差不忍其惡，被甲帶劍，徑至艾陵。天福於吳，齊師還鋒而退。夫差豈敢自多其功？是文、武之德所祐助。時歸，吳不熟於歲，遂緣江泝淮(九七)，緣，當作「沿」，順流而下。泝，逆流而上。開溝深水，出於商、魯之間，而歸告於天子執事。」周王答曰：「伯父令子來乎！盟國一，人則依矣，余實嘉之。伯父若能輔余一人，則兼受永福，周室何憂焉？」乃賜弓弩王阼，以增號謚。已上所記與《國語》大同小異，惟太子友之諫，《國語》不載。吳王還，歸自池，「池」字上當有「黄」字。息民散兵。

二十年，越王興師伐吳。吳與越戰於檇李。吳師大敗，軍散，死者不可勝計。越追破吳，吳王困急，使王孫駱稽首請成，如越之來也。越王對曰：「昔天以越賜吳，吳不受也。今天以吳賜越，其可逆乎？吾請獻勾、甬東之地，勾，句章。甬，甬江。東，東境也。杜預曰：「甬東，會稽句章縣東海中洲也。」今鄞縣境。句，音勾，又九具切。吾與君爲二君乎！」吳王曰：「吾之在周，禮前王一飯。如越王不忘周室之義，而使爲附邑，亦寡人之願也。行人請成列國之義，惟君王有意焉。」大夫種曰：「吳爲無道，今幸擒之，願王制其命。」越王曰：「吾將殘汝社稷，夷汝宗廟。」吳王默然。請成，七反，越王不聽。

二十三年十月，越王復伐吳。魯哀公十三年、十七年(九八)，越一再伐吳。二十年，越圍吳。皆夫差十四年、十八年、二十一年事。此書皆不載。《史》於夫差二十年書「越復伐吳」，乃哀公十九年也。《傳》止云「侵楚，誤吳」。杜預解：「誤吳，使不爲備。」初無伐吳事。此云「越復伐吳」，即哀公二十二年《傳》書「越滅吳」之歲也。吳國困，不戰，士卒分散，城門不守，遂屠吳。吳王率群臣遁去，晝馳夜走，三日三夕，達於秦餘杭山。

即陽山別名。胷中愁憂，目視茫茫，行步猖狂，腹餒口飢，顧得生稻而食之〔九九〕，伏地而飲水。顧左右曰：「此何名也？」對曰：「是生稻也。」吳王曰：「是公孫聖所言『不得火食，走傽偟也』。」王孫駱曰：「飽食而去，前有胥山，在吳縣西四十里。《子胥傳》云：吳王取子胥屍，浮之江中，「吳人憐之，爲立祠於江上〔一〇〇〕，因命曰胥山」。《寰宇記》亦同。西坂中可以匿止。」王行。有頃，因得自生之瓜〔一〇一〕，已熟〔一〇二〕，吳王掇而食之。謂左右曰：「何冬而生瓜，近道人不食〔一〇三〕，何也？」左右曰：「謂糞種之物，人不食也。」吳王曰：「何謂糞種？」左右曰：「盛夏之時，人食生瓜，起居道傍，子復生，秋霜惡之，故不食〔一〇四〕。」吳王歎曰：「子胥所謂且食者也。」〔一〇五〕謂太宰嚭曰：「吾戮公孫聖，投胥山之巔。吾以畏責天下之慙，吾足不能進，心不能往。」太宰嚭曰：「死與生，敗與成，故有避乎？」王曰：「然。曾無所知乎？子試前呼之，聖在，當即有應。」吳王止秦餘杭山，呼曰：「公孫聖！」三反呼，聖從山中應曰：「公孫聖！」三呼三應。吳王仰天呼曰〔一〇六〕：「寡人豈可返乎！寡人世世得聖也。」「得」字下當有「事」字。《越絕》云：「令寡人得邦，誠世世相事。」須臾，越兵至，三圍吳〔一〇七〕。范蠡在中行，左手提鼓，右手操枹而鼓之〔一〇八〕。吳王書其矢而射種、蠡之軍，辭曰：「吾聞狡兔以死，良犬就烹。敵國如滅，謀臣必亡。今吳病矣，大夫何慮乎？」大夫種、相國蠡急而攻。大夫種書矢射之，曰：「上天蒼蒼，若存若亡。越君勾踐下臣種敢言之：昔天以越賜吳，吳不肯受〔一〇九〕，是天所反。勾踐敬天而功，既得返國，今上天報越之功，敬而受之，不敢忘也。且吳有大過六，以至于亡，王知之乎？有忠臣伍子胥，忠諫而身死，大過一也。公孫聖直説而無功，大過二也。太宰嚭愚而佞，言輕而讒諛，妄語恣口，聽而用之，大過三也。夫齊、晉無返逆行，無僭侈之過，而吳伐二國，辱君臣，毁社稷，大過四也。且吳與越同音共律，上合星宿，下共一理，而吳侵伐，大過五也。昔越親戕吳之前王，罪莫大焉，而幸伐之，不從天命，而棄其仇，後爲大患，大過六也。徐天祜曰：「夫差惑於宰嚭之言，忘父之讎，釋越不誅，爲不孝。然在越則幸矣。越欲責吳，若曰囚辱吾君與君夫人，使坐芻養馬，給水除糞，猶爲有辭。今而曰越之罪莫大焉，而以吳赦越爲大過，種也無乃失辭乎！」越王謹上刻青天，敢不如命？」大夫種謂越君曰〔二〇〕：「中冬氣定，天將殺戮。不行天殺，反受其殃。」越王敬拜，曰：「諾。今圖吳王，將爲何如？」大夫種曰：「君被五勝之衣，帶步光之劍，仗屈盧之矛，瞋目大言以執之。」越王曰：「諾。」乃如大夫種辭。吳王曰：「誠以今日聞命。」言有頃，吳王不自殺。越王復使謂曰：「何王之忍辱厚耻也〔二一〕！世無萬歲之君，死生一也。今子尚有遺榮，何必使吾師衆加刃於王！」吳王仍未肯自殺。勾踐謂種、蠡曰：「二子何不誅之？」種、蠡曰：「臣人臣之位，不敢加誅於人主。願主急而命之。天誅當行，不可久留。」越王復瞋目怒曰：「死者，人之所惡。惡者，無罪於天，不負於人。今君抱六過之罪，不知愧辱，而欲求生，豈不鄙哉！」吳王乃太息，四顧而望，言曰：「諾！」乃引劍而伏之死。越王謂太宰嚭曰：「子爲臣不忠無信，亡國滅君。」乃誅嚭并妻子。《吴世家》曰：「越王滅吴，誅太宰嚭。」《越世家》亦曰：「越王乃葬吴王，而誅太宰嚭。」此書又云并誅其妻子。則吴王之自殺也，嚭亦同時就誅矣。徐天祜曰：「愚按越滅吴之後二年，是爲哀公二十四年。『公如越』，『將妻公，而多與之地』。『季孫懼，使因太宰嚭而納賂焉，乃止』。然則吴之亡也，嚭遂臣越，夫固無恙也。《史・世家》及此書所載，何其與《左氏》相戾也？且嚭貪而佞，至於亡國喪君，死有餘戮。越人既生之，又從而信任之，豈以其實嘗私越，而不以其不忠爲罪耶？漢丁公之戮，可以教天下之爲人臣者。越於是乎失刑矣。」吴王臨欲伏劍，顧謂左右曰：「吾生既慙，死亦愧矣。使死者有知，吾羞前君地下，不忍覩忠臣伍子胥及公孫聖〔一二〕。使其無知，吾負於生。死必連繄《國語》「組」字上有「結」字。組以罩吾目〔一三〕。恐其不蔽，願復重羅繡三幅〔一四〕，以爲掩明。生不昭我，死勿見我形。吾何言哉〔一五〕！」越王乃葬吴王以禮於秦餘杭山卑猶。《越絶》曰：「夫差冢在猶亭西卑猶位，近太湖，去縣十七里。」《索隱》曰：「猶亭，亭名。『卑猶位』三字，共爲地名。《吴地記》曰『餘杭山〔一六〕，一名卑猶山』是也。」越王使軍士集于我戎之功，人一隰《越絶》「隰」作「累」。土以葬之。宰嚭亦葬卑猶之旁。《越絶》言宰嚭之死者五。曰：「擒夫差，殺太宰嚭。」曰：「殺太宰嚭、逢同與其妻子。」曰：「殺夫差，而戮其相。」曰：「殺太宰嚭，戮其妻子。」曰：「禽夫差，而戮太宰嚭與其妻子。」又曰：「三臺者，嚭妻子死所也。」常疑《越絶書》非子貢作，特後人托名耳。何以知其非子貢作？《越絶内傳》於説陳成恒之事終之曰：「子貢一出，存魯，亂齊，破吴，彊晉，霸越是也〔一七〕。」斯言也，乃後之人多其功，是非子貢之言也。且他文亦不類，或者所載未必盡實。宰嚭得保首領以没，蓋幸而免，前既備論之矣。此書謂亦葬卑猶之旁，豈其後嚭死於越，而返葬於吴耶？然吴時諸冢墓〔一八〕，如巫臣、要離、干將之類，皆具載圖志，獨不及宰嚭冢，何也？

校釋

〔一〕平，《左傳·哀公十一年》作「乎」。
〔二〕於，《古今逸史》本作「寡」，此據大德本、弘治本。
〔三〕使、徵，《古今逸史》本作「傳」、「微」，此據大德本、弘治本及《左傳》。
〔四〕北，弘治本作「比」，北據大德本、《古今逸史》本及《左傳》。
〔五〕按《越絶内傳陳成恒第九》，「伐」字下當有一「之」字。
〔六〕飽，孫詒讓《札迻》云：「器不可以言『飽』，『飽』當爲『飭』，形近而誤。」
〔七〕中，徐乃昌云：他本作「甲」。
〔八〕環，孫詒讓《札迻》云：「『環』當爲『擐』之借字。成二年《左傳》云：『擐甲執兵。』杜注云：『擐，貫也。』」孫説爲是。
〔九〕按，蔣光煦所見宋本作「案」。
〔一〇〕蔣光煦曰「魯」字下宋本有一「也」字。
〔一一〕按《越絶内傳陳成恒第九》，「王」字下當有一「者」字。
〔一二〕兵，弘治本、《古今逸史》本、《越絶内傳陳成恒第九》均作「其」，此據大德本。
〔一三〕王，大德本、弘治本、《古今逸史》本均作「主」，此據蔣光煦所見宋本。
〔一四〕處，作止或居解，亦通。

〔一五〕蔣光煦云「越」字下宋本有一「曰」字。

〔一六〕辱吊，蔣光煦所見宋本作「吊辱」。

〔一七〕孤，蔣光煦所見宋本無此字。

〔一八〕舉，蔣光煦所見宋本作「與」。

〔一九〕「黿」下《越絶内傳陳成恒第九》有一「餌」字。

〔二〇〕盧文弨云：「報情」，告以情也，此書是。當以盧説爲是。

〔二一〕恩，蔣光煦所見宋本作「息」。

〔二二〕大王賜，大德本、弘治本、《古今逸史》本均無此三字。《越絶内傳陳成恒第九》作「大王之賜」，此據蔣光煦所見宋本補。

〔二三〕種以奉前王所藏，大德本、弘治本、《古今逸史》本脱「種」字，《初學記》卷二十二、《太平御覽》卷三百五十六所引《吴越春秋》作「種以先人藏器及」，《越絶内傳陳成恒第九》作「種以先人之藏器」，《史記》卷六十七《仲尼弟子列傳》作「種奉先人藏器」，據以補一「種」字。

〔二四〕軍吏，《古今逸史》本作「君吏」，《初學記》卷二十二、《太平御覽》卷三百五十六所引《吴越春秋》作「君」，蔣光煦所見宋本作「軍士」，此據大德本、弘治本、《越絶内傳陳成恒第九》、《史記》卷六十七《仲尼弟子列傳》。

〔二五〕按《越絶内傳陳成恒第九》、《史記》卷六十七《仲尼弟子列傳》，「去」字下當有一「之」字。

〔二六〕越，蔣光煦云：宋本無「越」字。

〔二七〕戰，蔣光煦云：宋本作「勝」。

〔二八〕奈，蔣光煦云：宋本無「奈」字。

〔二九〕盧文弨云：觀下太宰嚭、公孫聖兩解，則「鋘」非刀也，乃臿耳，可以起土者。《方言》：「殖」，立也。盧説爲是，徐注誤。《後漢書》卷八十一《戴就傳》李賢注引何承天《纂文》云：「臿，今之鋘也。」《方言》卷五曰：「臿」，「宋、魏之間謂之鏵」。《淮南子》卷七《精神訓》高誘注亦云：「臿，鏵也。青州謂之鏵。」由此可知，「鋘」即臿，亦即鏵，故《越絶外傳記吴王占夢第十二》「鋘」均作「鏵」。

〔三〇〕召，蔣光煦所見宋本、《（紹定）吴郡志》卷四十三《方技》所引《吴越春秋》均作「復召」。

〔三一〕惑，蔣光煦所見宋本作「或」。

〔三二〕冠幘，蔣光煦所見宋本作「冠幘結」，《（紹定）吴郡志》卷四十三《方技》所引《吴越春秋》作「冠」。

〔三三〕使，《太平御覽》卷四百八十三所引《吴越春秋》作「助」。

〔三四〕顧，《太平御覽》卷四百八十三、七百六十三、《文選》卷三十五《七命》注所引《吴越春秋》作「使」。徐乃昌云：「『使顧』或『顧使』之倒。」當係句讀有誤所致。

〔三五〕以鐵鎚擊殺之，《太平御覽》卷四百八十三所引《吴越春秋》作「擊以鐵槌，身絶爲五」，同書卷七百六十三所引作「以鐵椎椎殺王孫聖」，《文選》卷三十五《七命》注所引作「以鐵椎椎殺聖」。

〔三六〕王，弘治本作「三」，此據大德本、《古今逸史》本。

〔三七〕犲，即豺，大德本、《古今逸史》本作「豺」，此據弘治本。

〔三八〕及，《古今逸史》本作「乃」，此據大德本、弘治本。

〔三九〕草，《古今逸史》本作「葷」，此據大德本、弘治本及《漢書》卷四十八《賈誼傳》。

〔四〇〕寤，弘治本作「寤」，誤。此據大德本、《古今逸史》本改。

〔四一〕之命，蔣光煦云：宋本作「命之」。

〔四二〕吴，弘治本、《古今逸史》本作「吾」，此據大德本改。

〔四三〕貫，蔣光煦所見宋本作「慣」，通。

〔四四〕未，徐乃昌曰：「『未』字疑誤。」按「未」似可作昧解。

〔四五〕《太平御覽》卷四百八十三所引《吴越春秋》「賜」下有一「以」字。

〔四六〕我外，似應作「外我」。

〔四七〕逢，大德本作「逄」。

〔四八〕高樓上、第一個「飄」、光，《太平御覽》卷四百九十二所引《吴越春秋》作「百尺之上」、「熛」、「火」。

〔四九〕汝骨變形灰有何所見，《太平御覽》卷四百九十二所引《吴越春秋》作：「盡成灰土，何有所見？」

〔五〇〕波，《藝文類聚》卷九所引《吴越春秋》下多「成濤激岸」四字。

〔五一〕人君，《越絶請羅内傳第六》作「君人」。盧文弨云：「人君」疑倒。

〔五二〕闕，《群書治要》卷十二所引《吴越春秋》作「堀」，《初學記》卷六所引作「掘」，《國語》卷十九《吴語》作「闕」。深，大德本、弘治本、《古今逸史》本作「闌」，《群書治要》卷十二所引《吴越春秋》作「漁」，此據《初學記》卷六所引《吴越春秋》及《國語》卷十九《吴語》改。

〔五三〕通，大德本、弘治本、《古今逸史》本均脱，此據《初學記》卷六、《群書治要》卷十二所引《吴越春秋》及《國語》卷十九《吴語》補。

〔五四〕蘄，《初學記》卷六所引《吴越春秋》作「濟」。《群書治要》卷十二所引《吴越春秋》、《國語》卷十九《吴語》作「沂」，是。可參此下徐注。

〔五五〕欲與魯晉合攻於黄池之上，《群書治要》卷十二所引《吴越春秋》作「欲以會晉」，《國語》卷十九《吴語》作「以會晉公午於黄池」。

〔五六〕有敢，《群書治要》卷十二、《太平御覽》卷三百五、卷九百四十六所引《吴越春秋》作「敢有」。

〔五七〕諷諫，蔣光煦所見宋本、《太平御覽》卷九百四十六、《群書治要》卷十二所引《吴越春秋》下有一「以」字。

〔五八〕旦，《群書治要》卷十二、《太平御覽》卷三百五所引《吴越春秋》作「朝時」。持，《群書治要》卷十二、《太平御覽》卷三百五所引作「挾」。

〔五九〕袷，大德本、弘治本、《古今逸史》本均作「袷」，誤。《太平御覽》卷三百五所引《吴越春秋》作「沾」，卷九百四十六所引作「浹」。《群書治要》卷十二所引作「洽」，是。

〔六〇〕適，《(紹定)吴郡志》卷二十《人物》所引同，《太平御覽》卷三百五、卷九百四十六所引《吴越春秋》作「臣」。

〔六一〕秋蜩之聲，《(紹定)吴郡志》卷二十《人物》所引同，《群書治要》卷十二、《太平御覽》卷三百五、卷九百四十六所引《吴越春秋》作「秋蟬之鳴」。

〔六二〕曳腰聳距，《(紹定)吴郡志》卷二十《人物》所引同，《群書治要》卷十二所引《吴越春秋》作「申要舉刃」，《太平御覽》卷三百五作「曳腰舉刃」，卷九百四十六所引作「曳要舉刃」。

〔六三〕稷，《群書治要》卷十二所引《吴越春秋》作「纆」，《太平御覽》卷三百五所引作「援」，卷九百四十六所引作「哺」。蔣光煦所見宋本及《(紹定)吴郡志》卷二十《人物》所引作「禝」。按「稷」通作「禝」，「稷」又與「昃」通。昃音側，日西斜，側也。孫詒讓《札迻》云：「『稷』當讀爲『側』。『側』、『稷』聲近，假借字。」其説近是。

〔六四〕翕心而進，《(紹定)吴郡志》卷二十《人物》所引同，《太平御覽》卷三百五所引《吴越春秋》作「貪心時進」，卷九百四十六所引作「貪心務進」，《群書治要》卷十二所引作「愈心財進」。

〔六五〕有利，《太平御覽》卷三百五、卷九百四十六、《(紹定)吴郡志》卷二十《人物》所引同，《群書治要》卷十二所引《吴越春秋》作「利蟬」。

〔六六〕緣，大德本、弘治本、《古今逸史》本均作「盈」，不通。此據《太平御覽》卷三百五、卷九百四十六所引《吴越春秋》改。緑，《太平御覽》所引又作「茂」。

〔六七〕陰，《（紹定）吴郡志》卷二十《人物》所引同，《太平御覽》卷九百四十六、三百五、《群書治要》卷十二所引《吴越春秋》作「葉」。

〔六八〕⿰⻊瓜，盧文弨云：「⿰⻊瓜」無考，似從「脈」，亦不見字書。其説近是。此四字《群書治要》卷十二、《太平御覽》卷三百五、卷九百四十六所引《吴越春秋》無，大德本、弘治本、《古今逸史》本、《（紹定）吴郡志》卷二十《人物》所引則有。

〔六九〕之有味，《（紹定）吴郡志》卷二十《人物》所引同，《群書治要》卷十二所引《吴越春秋》無此三字。

〔七〇〕挾彈危躑，《太平御覽》卷三百五所引《吴越春秋》作「躊躇引彈」，《（紹定）吴郡志》卷二十《人物》所引作「挾彈」，大德本、弘治本、《古今逸史》本均作「挾彈危擲」，此據蔣光煦所見宋本改。《群書治要》卷十二所引《吴越春秋》無此四字。

〔七一〕蹭蹬飛丸而，《（紹定）吴郡志》卷二十《人物》所引作「飛而」，《群書治要》卷十二所引《吴越春秋》作「飛丸之」，《太平御覽》卷三百五所引作「蜚丸之」。

〔七二〕此句《群書治要》卷十二所引《吴越春秋》作「但臣知虚心念在黄雀」，《（紹定）吴郡志》卷二十《人物》所引作「臣但志黄雀」。

〔七三〕空埳其旁，《（紹定）吴郡志》卷二十《人物》所引同，《群書治要》卷十二所引《吴越春秋》作「穽埳在於前」。

〔七四〕闇忽埳中陷於深井，《群書治要》卷十二所引《吴越春秋》作「掩忽陷墜於深井也」。《（紹定）吴郡志》卷二十《人物》所引作「陷於深井」。「忽」字下疑脱「墜」字。

〔七五〕但貪前利，《（紹定）吴郡志》卷二十《人物》所引同，《群書治要》卷十二所引《吴越春秋》作「知貪前之利」。

〔七六〕復有甚者，《群書治要》卷十二所引《吴越春秋》「復」字前有「非但直於是也」六字，「者」字下有「王曰：『豈復有甚於是者乎？』友曰：『夫』」十三字。

〔七七〕仁，《群書治要》卷十二所引《吴越春秋》作「文」。

〔七八〕知舉兵，大德本、弘治本、《古今逸史》本均作「舉」，此據《群書治要》卷十二所引《吴越春秋》補。

〔七九〕征伐非吾之國，《群書治要》卷十二所引《吴越春秋》作「貪敵往伐齊」。

〔八〇〕都，弘治本作「郡」，誤。此據大德本。

〔八一〕宫，《古今逸史》本作「官」，此據大德本、弘治本。

〔八二〕「天」前《群書治要》卷十二所引《吴越春秋》有「臣竊觀禍之端」六字。

〔八三〕此句《群書治要》卷十二所引《吴越春秋》作「王喟然而歎，默無所言。遂往伐齊，不用太子之諫」。

〔八四〕此句《群書治要》卷十二所引《吴越春秋》作「越王勾踐聞吴王北伐」。

〔八五〕此句《群書治要》卷十二所引《吴越春秋》作「乃帥軍泝江以襲吴，遂入吴國，焚其姑蘇之臺」。

〔八六〕按《國語》卷十九《吴語》所載，「候」字下當有脱漏。盧文弨云：「候」下脱「遽至」二字。

〔八七〕諸侯，盧文弨云當作「群臣」，其説近是。《國語》卷十九《吴語》作「大夫」。

〔八八〕墨，蔣光煦所見宋本作「黑」。

〔八九〕無，《國語》卷十九《吴語》作「爲」，盧文弨云：「無」疑作「爲」。其説近是。

〔九〇〕依，《古今逸史》本作「攸」，蔣光煦所見宋本作「衣」。《釋名》卷五《釋衣服第十六》曰：衣，依也。此據大德本、弘治本。

〔九一〕按《國語》卷十九《吴語》所載，「不」字前疑有一「君」字。

〔九二〕藩，蔣光煦所見宋本作「蕃」，通。

〔九三〕類，弘治本作「纇」，此據大德本、《古今逸史》本改。

〔九四〕侯，《春秋·哀公十三年》、《左傳·哀公十三年》及《國語》卷十九《吴語》同，蔣光煦云：宋本作「公」。

〔九五〕章山，徐乃昌云：「按注，章山在江夏郡，與吴、越輿地不合。」徐説是，注誤。

〔九六〕衷，各本均作「哀」，《國語》卷十九《吴語》作「衷」，是，據改。

〔九七〕江，《國語》卷十九《吴語》所載同，蔣光煦云：宋本無此字。

〔九八〕三，弘治本、《古今逸史》本均作「二」，誤。此據大德本及《左傳·哀公十三年》所載改。

〔九九〕得生稻而食，《太平御覽》卷八百三十九所引《吴越春秋》作「見生稻而取食」。

〔一〇〇〕立，弘治本作「世」，誤。此據大德本、《古今逸史》本及《史記》卷六十六《伍子胥傳》改。

〔一〇一〕自生之瓜，大德本、弘治本、《古今逸史》本均作「生瓜」，此據下文及《藝文類聚》卷八十七、《太平御覽》卷九百七十八、《事類賦》卷二十七注所引《吴越春秋》補。

〔一〇二〕已熟，《太平御覽》卷九百七十八所引《吴越春秋》前有「其實」二字。

〔一〇三〕近道人不食，《太平御覽》卷九百七十八、《事類賦》卷二十七注所引《吴越春秋》「道」後有一「而」字。

〔一〇四〕秋霜惡之故不食，《事類賦》卷二十七注所引《吴越春秋》作「故人惡食之」。《太平御覽》卷九百七十八所引作「故人惡食」。顧觀光曰：「『秋霜』上下亦似有脱文。」

〔一〇五〕且，大德本、弘治本均作「旦」，此據蔣光煦所見宋本及《古今逸史》本改。

〔一〇六〕曰，蔣光煦所見宋本無。

〔一〇七〕越兵至三圍吴，《太平御覽》卷四百八十六所引《吴越春秋》作「越兵大至，圍吴三重」。

〔一〇八〕枹，弘治本作「袍」，誤。此據大德本、《古今逸史》本改。

〔一〇九〕受，蔣光煦所見宋本下有「絶滅而聽其成」六字。

〔一一〇〕夫，弘治本作「天」，此據大德本、《古今逸史》本。

〔一一一〕厚，蔣光煦所見宋本無此字。

〔一一二〕覩，《太平御覽》卷八百一十五所引《吴越春秋》作「見」。

〔一一三〕連繄組以罩，《太平御覽》卷八百一十五所引《吴越春秋》作「結璧連組以幕」。

〔二四〕願，《太平御覽》卷八百一十五所引《吴越春秋》作「即」。

〔二五〕言，大德本、弘治本、《古今逸史》本均作「可」，此據《太平御覽》卷八百一十五所引《吴越春秋》改。又吴王自殺一節，《太平御覽》卷八百一十九所引《吴越春秋》作：「吴王將死，曰：『吾以不用子胥言，以至於此。死者無知，則已。死者有知，何面目見子胥也！』遂蒙絮覆面而自刎。」與此異。

〔二六〕餘，大德本、弘治本作「徐」，此據《古今逸史》本。

〔二七〕是，《古今逸史》本作「楚」，此據大德本、弘治本及《越絶内傳陳成恒第九》。

〔二八〕冢，《古今逸史》本作「家」，此據大德本、弘治本。下同。

越王無余外傳第六

越之前君無余者，「無余」，禹之六世孫少康之庶子也，初受封於越。《越舊經》作「無餘」。夏禹之末封也。禹父鯀者，帝顓頊之後。《帝王世紀》曰：「鯀，帝顓頊之子，字熙。」《連山易》曰：「鯀，封於崇。」故《國語》謂之「崇伯鯀」。《史記》曰：「鯀之父，帝顓頊。」《世本》亦以鯀爲顓頊子。《漢·律歷志》則曰：「顓頊五世而生鯀。」《通鑒外紀》從之。《古史》曰：「太史公以鯀爲顓頊之子，其世太迫。班固以爲五世孫〔一〕，近得之。」此書以爲顓頊之後。曰後者，可以通子孫言之也。鯀娶於有莘氏之女，名曰女嬉。年壯未孳，嬉於砥山，得薏苡而吞之，意若爲人所感，因而妊孕〔二〕，剖脅而産高密。《世本》曰：「鯀娶有辛氏女，謂之女志，是生高密。」宋忠曰：「高密，禹所封國。」《世紀》曰：「鯀妻脩己，見流星貫昴，夢接意感，又吞神珠薏苡，而生禹，名文命，字密。」《史記》以「文命」爲禹之名，孔安國謂「禹」爲名，張晏謂「禹」爲字，今並存之。家于西羌，地曰石紐。石紐在蜀西川也。在茂州石泉縣，其地有禹廟。郡人相傳，禹以六月六日生。《元和郡縣志》：「禹，汶山廣柔人，生於石紐村。」《水經注》：「縣有石紐鄉，禹所生也。」廣柔即今石泉軍。帝堯之時，遭洪水滔滔，天下沉漬，九州閼塞，四瀆壅閉。帝乃憂中國之不康，悼黎元之罹咎，乃命四嶽，乃舉賢良，將任治水。自中國至于條方，莫薦人，帝靡所任，四嶽乃舉鯀，而薦之於堯。帝曰：「鯀負命毀族，不可。」《尚書・堯典》作「方命圮族」。《史記・堯本紀》作「負命毁族」。《正義》曰：「負音佩，違也。鯀性狠戾，違負教命，毁敗善類，不可用也。」四嶽曰：「等之群臣，未有如鯀者。」堯用治水，受命九載，功不成。帝怒曰：「朕知不能也。」乃更求之，得舜。使攝行天子之政，巡狩。觀鯀之治水無有形狀，乃殛鯀于羽山。《地志》：在東海郡祝其縣南，今海州朐山縣。鯀投于水，化爲黄能〔三〕，或作「熊」。因爲羽淵之神。《左傳・昭公七年》：「晉侯有疾，夢黄熊入於寢門〔四〕。子産曰：『昔堯殛鯀於羽山，其神化爲黄熊，以入于羽淵。』」杜預解：「熊，音雄，獸名，亦作『能』，如字，一音奴來切，三足鼈也。」按《説文》及《字林》皆云：「能，熊屬，足似鹿。」然則「能」既熊屬，又爲鼈類，作「能」者勝也。東海人祭禹廟，不用熊白及鼈爲膳〔五〕，豈鯀化爲二物乎？舜與四嶽舉鯀之子高密。四嶽謂禹曰：「舜以治水無功，舉爾嗣考之勳。」禹曰：「俞！小子敢悉考績，以統天意，惟委「委」字下當有「任」字。而已。」禹傷父功不成，循江泝河，盡濟甄「甄」字不通，疑「暨」字之誤。淮，乃勞身焦思以行。七年聞樂不聽，過門不入，冠挂不顧，履遺不躡，功未及成，愁然沉思。乃案《黄帝中經曆》，蓋聖人所記〔六〕，曰：「在于九山東南天柱〔七〕，號曰宛委，在會稽縣東南十五里，一名玉笥山。赤帝左闕〔八〕，其巖之巔，承以文玉，覆以磐石〔九〕。其書金簡，青玉爲字，編以白銀，皆瑑其文〔一〇〕。」禹乃東巡，登衡嶽〔一一〕，血白馬以祭，不幸所求。禹乃登山，仰天而嘯〔一二〕，忽然而卧〔一三〕。因夢見赤繡衣男子〔一四〕，自稱玄夷蒼水使者，聞帝使文命於斯，故來候之。非厥歲月，將告以期，無爲戲吟。故倚歌覆釜之山〔一五〕，《輿地志》：「會稽山有石，狀如覆鬴，謂之覆鬴山，一名釜山。」「鬴」亦作「釜」。《史·黃帝本紀》曰：「合符釜山。」《索隱》以爲「合諸侯符契圭璋，而朝之於釜山」，在嬀州懷戎縣北三里，非此之釜山也。東顧謂禹曰：「欲得我山神書者，齋於黃帝嶽巖之下〔一六〕。三月庚子〔一七〕，登山發石，金簡之書存矣。」禹退，又齋。三月庚子，登宛委山，發金簡之書，案金簡玉字，得通水之理〔一八〕。徐天祜曰〔一九〕：「禹未嘗兩至越，其至越，在會計之時，非治水時也。孟子曰：『禹八年于外。』而《禹貢》云：『作十有三載乃同。』《禹貢》記南方山川，多與今不合，禹治水時未嘗親至南方故也。馬融曰：『禹治水三年，而八州平。』是十二年而八州平，十三年而兗州平。』兗州平在舜受終之年。然則禹之成功，不過三四年間耳。此書謂勞身焦思七年，功未及成，乃東巡，登宛委，發金簡之書，得通水之理。使禹之治水七年，而後得神書，始知通水之理，不已晚乎〔二〇〕！諸若此類，蓋傳疑尚矣。」

復返歸嶽，從三子〔二一〕，乘四載陸行乘車，水行乘船，泥行乘橇，山行乘檋〔二二〕。橇，音蕝。檋，丘遥切。以行川。始於霍山，南嶽衡山又名霍山。泰與岱，衡與霍，皆一山二名。徊集五嶽。《詩》云：「信彼南山，惟禹甸之。」遂巡行四瀆，與益、夔共謀。行到名山大澤，召其神而問之山川脉理，金玉所有，鳥獸昆蟲之類，及八方之民俗，殊國異域土地里數，使益疏而記之，故名之曰《山海經》。禹三十未娶〔二三〕，行到塗山，《會稽志》：塗山在山陰縣西北四十五里。蘇鶚《演義》：塗山有四，一會稽，二渝州巴南舊江州，三濠州，四當塗縣。按左氏《昭公四年傳》：「穆有塗山之會。」《哀公七年傳》：「禹合諸侯于塗山。」杜預解並云：「在壽春東北。」說者曰：「今濠州也。」柳宗元《塗山銘序》曰：「周穆遐追遺法，復會于是山。」然則禹與穆王皆嘗會諸侯於塗山矣。然非必皆壽春也。若禹之所娶，則未詳何地。《水經注》：江州縣水「北岸有塗山，南有夏禹廟、塗君祠，廟銘存焉」。常璩、庾仲雍並言禹娶於此。《越絶》等書乃云禹娶於會稽塗山〔二四〕。應劭曰：「在永興北。」永興，今蕭山縣也。又與郡志所載不同。蓋會稽實禹會侯計功之地，非所娶之國。下文兼載白狐九尾之異，尤爲可疑。恐時之暮，失其度制〔二五〕，乃辭云：「吾娶也，必有應矣。」乃有白狐九尾，造於禹。禹曰：「白者，吾之服也。其九尾者，王之證也。」於是〔二六〕，塗山之歌曰〔二七〕：「綏綏白狐，九尾痝痝。我家嘉夷，來賓爲王。成家成室〔二八〕，我造彼昌〔二九〕。」天人之際，於茲則行，明矣哉！禹因娶塗山女〔三〇〕，謂之女嬌，取辛壬癸甲。《呂氏春秋》曰〔三一〕：「禹娶塗山氏女，不以私害公，自辛至甲四日，復往治水。」禹行十月，女嬌生子啟。啟生，不見父，晝夕呱呱啼泣。禹行，使大章步東西〔三二〕，竪亥度南北，《淮南子》：「禹使太章步自東極，至于西垂；竪亥步自南極，盡於北垂。」許慎曰：「太章、竪亥，善行人，皆禹臣。」暢八極之廣，旋天地之數。禹濟江，南省水理，黄龍負舟，舟中人怖駭。禹乃啞烏格切，笑聲。《易·震卦》：「笑言啞啞。」音同。然而笑，曰：「我受命於天，竭力以勞萬民。生，性也；死，命也。爾何爲者？」顔色不變，謂舟人曰：「此天所以爲我用。」龍曳尾舍舟而去。南到計於蒼梧，《檀弓》：「舜葬于蒼梧之野。」《史記》：「舜死於蒼梧之野，葬於九疑。」今九疑山在道州寧遠縣南六十里，亦名蒼梧山。而見縛人，禹捬其背而哭。益曰：「斯人犯法，自合如此，哭之何也？」禹曰：「天下有道，民不罹辜。天下無道，罪及善人。吾聞一男不耕，有受其飢。一女不桑，有受其寒。吾爲帝統治水土，調民安居，使得其所。今乃罹法如斯，此吾得薄〔三三〕，不能化民證也。故哭之悲耳。」於是周行寓内，東造絶迹，西延積石，《地志》：「在金城郡河關縣西南。」今鄯州龍支縣界。南踰赤岸，《水經》：「新安縣南白石山名廣陽山，水曰赤岸水。」北過寒谷，劉向《别録》：「燕有黍谷，地美而寒，不生五穀。鄒子居之，吹律而温氣至。」左思《賦》：「寒谷豐黍，吹律以煖之。」徊崑崙，《崑崙説》曰：「崑崙之山三級：下曰樊桐，一名板松；中曰玄圃，一名閬風；上曰層城，一名天庭。」《地理志》：「在臨羌西，即河源所出。」察六扈〔三四〕，脉地理，名金石。寫流沙於西隅，《地理志》：「流沙在居延西北。」杜佑曰：「在沙州西八十里。其沙隨風流行，故曰流沙。」決弱水於北漢。《地理志》：「弱水在張掖郡删丹縣。」柳宗元曰：「水散涣無力，不能負芥，投之則委靡墊没，及底而後止，故曰弱。」青泉、赤淵分入洞穴，通江東流，至於碣石。《地志》：「在北平郡驪戎縣西南。」今平州之南。疏九河於涽淵〔三五〕，開五水於東北。鑿龍門，《地志》：「在馮翊夏陽縣。」今河中府龍門縣。闢伊闕。在洛陽西南五十里。禹疏以通水，兩山相對，望之若闕，伊水歷其間北流，故曰伊闕。平易相土，觀地分州。殊方各進，有所納貢。民去崎嶇，歸於中國。堯曰：「俞！以固冀於此。」乃號禹曰伯禹，官曰司空，賜姓姒氏，領統州伯，以巡十二部。堯崩，禹服三年之喪，如喪考妣，晝哭夜泣，氣不屬聲。堯禪位于舜，舜薦大禹，改官司徒，内輔虞位，外行九伯。舜崩，禪位命禹。禹服喪三年〔三六〕，形體枯槁〔三七〕，面目黎黑。讓位商均，退處陽山之南，《史記》注：「劉熙曰：『今潁川陽城是也〔三八〕。』」陰阿之北。萬民不附商均，追就禹之所，狀若驚鳥揚天，駭魚入淵。晝歌夜吟，登高號呼，曰：「禹棄我，如何所戴！」禹三年服畢，哀民不得已，即天子之位。三載考功，五年政定。周行天下，歸還大越〔三九〕。登茅山，《史記》注：「禹到大越，上苗山。」《十道志》：「會稽山本名茅山，一名苗山。」以朝四方群臣，觀示中州諸侯。防風後至，斬以示衆〔四〇〕，示天下悉屬禹也〔四一〕。乃大會計治國之道，内美釜山州慎慎，當作「鎮」。之功〔四二〕，外演聖德，以應天心。遂更名茅山曰會稽之山。因傳國政，休養萬民，國號曰夏后。封有功，爵有德，惡無細而不誅，功無微而不賞；天下喁喁，若兒思母，子歸父；而留越。恐群臣不從，言曰：「吾聞食其實者，不傷其枝。飲其水者〔四三〕，不濁其流。吾獲覆釜之書，得以除天下之災，令民歸於里閭，其德彰彰若斯，豈可忘乎！」乃納言聽諫，安民治室。居靡山，伐木爲邑，畫作印，横木爲門，調權衡，平斗斛，造井示民，以爲法度。鳳凰棲於樹，鸞鳥巢於側，麒麟步於庭，百鳥佃於澤。遂已耆艾將老，歎曰：「吾晏歲年暮，壽將盡矣，止絶斯矣。」〔四四〕命群臣曰：「吾百世之後，葬我會稽之山。葦椁，桐棺；《墨子》曰：「禹葬會稽，衣衾三領，桐棺三寸。」穿壙七尺，下無及泉；墳高三尺，土階三等。葬之後，田無改畝〔四五〕，以爲居之者樂，爲之者苦。」禹崩之後，衆瑞並去。天美禹德，而勞其功，使百鳥還爲民田，大小有差，進退有行，一盛一衰，往來有常。禹崩，傳位與益。益服三年，思禹，未嘗不言。喪畢，益避禹之子啟於箕山之陽，《史記》注：「劉熙曰：『嵩高之北。』」諸侯去益而朝啟，曰：「吾君帝禹子也。」啟遂即天子之位，治國於夏，遵禹貢之美，悉九州之土，以種五穀，累歲不絶。啟使使以歲時春秋而祭禹於越，立宗廟於南山之上〔四六〕。禹以下六世，而得帝少康。少康恐禹祭之絶祀〔四七〕，乃封其庶子於越，號曰無余。余始受封，人民山居，雖有鳥田之利，《地理志》：「山上有禹井、禹祠，相傳下有群鳥耘田也。」《水經注》：「鳥爲之耘，春拔草根，秋啄其穢。」租貢纔給宗廟祭祀之費。乃復隨陵陸而耕種，或逐禽鹿而給食。無余質樸，不設宮室之飾，從民所居。春秋祠禹墓於會稽。《皇覽》曰：「禹冢在會稽山上。」無余傳世十餘，末君微劣，不能自立，轉從衆庶爲編户之民。禹祀斷絶十有餘歲。有人生而言語，其語曰「鳥禽呼」，嚥喋嚥喋，指天向禹墓曰：「我是無余君之苗末。我方修前君祭祀，復我禹墓之祀，爲民請福於天，以通鬼神之道。」衆民悦喜，皆助奉禹祭，四時致貢。因共封立，以承越君之後，復夏王之祭，安集鳥田之瑞，以爲百姓請命。自後稍有君臣之義，號曰無壬。壬生無曎。曎專心守國，不失上天之命。無曎卒，或爲夫譚。夫譚生元常。元，當作「允」。常立，當吴王壽夢、諸樊、闔閭之時。越之興霸，自允常矣。《越世家》：「二十餘世，至於允常。」高氏《越史》曰：「夏自少康至桀，凡十二世。」按少康元年壬午，至周敬王元年壬午，凡一千五百六十一年。吴之伐越，見《春秋·昭公三十二年》，敬王十年也。至是一千五百七十年矣。越之傳國，至於允常，何止二十餘世耶？

校 釋

〔一〕固，弘治本作「同」，此據大德本、《古今逸史》本改。

〔二〕姙，蔣光煦所見宋本作「妊」。

〔三〕蔣光煦曰：「能」字下宋本有注云：「囊來切，鼈三足。」

〔四〕寢，弘治本作「寖」，此據大德本、《古今逸史》本改。

〔五〕不，弘治本作「下」，此據大德本、《古今逸史》本及《左傳·昭公七年》杜預解改。

〔六〕《北堂書鈔》卷一百六十、《初學記》卷五、《藝文類聚》卷十一、《太平御覽》卷五十一、卷八十二、《事類賦》卷七注所引《吴越春秋》「聖」字前有一「見」字，又《北堂書鈔》卷一百六十、《藝文類聚》、《太平御覽》、《事類賦》所引均無「曆」字。

〔七〕《北堂書鈔》卷一百六十、《初學記》卷五、《藝文類聚》卷十一、《太平御覽》卷五十一、卷八十二所引《吴越春秋》「九」字下有一「疑」字，此據大德本、弘治本、《古今逸史》本及《史記》卷一百三十《太史公自序》正義所引《吴越春秋》。《淮南子》卷四《墬形訓》云：「何謂九山？會稽、泰山、王屋、首山、太華、岐山、太行、羊腸、孟門。」

〔八〕左，大德本、弘治本、《古今逸史》本作「在」，此據《史記》卷一百三十《太史公自序》正義、《初學記》卷五所引《吴越春秋》改。

〔九〕磐，《古今逸史》本、《北堂書鈔》卷一百六十所引作「盤」，通。

〔一〇〕 瑑，大德本、《初學記》卷五所引《吴越春秋》作「琢」，《太平寰宇記》卷九十六所引作「篆」，通「瑑」。此據弘治本、《古今逸史》本及《北堂書鈔》卷一百六十、《藝文類聚》卷十一、《史記》卷一百三十《太史公自序》正義所引。

〔一一〕 嶽，《太平寰宇記》卷九十六所引《吴越春秋》同，《藝文類聚》卷十一、《初學記》卷五、《史記》卷一百三十《太史公自序》正義、《太平御覽》卷三十九、《事類賦》卷七注所引《吴越春秋》作「山」。

〔一二〕 嘯，《史記》卷一百三十《太史公自序》正義所引《吴越春秋》作「笑」。

〔一三〕 忽然而卧，大德本、弘治本、《古今逸史》本均無此四字，此據《初學記》卷五、《史記》卷一百三十《太史公自序》正義所引《吴越春秋》補。

〔一四〕 繡衣，《史記》卷一百三十《太史公自序》正義、《太平御覽》卷三十九、卷八十二、《太平寰宇記》卷九十六所引《吴越春秋》同，《藝文類聚》卷十一、《初學記》卷五、《事類賦》卷七注所引《吴越春秋》「衣」字前有一「文」字。

〔一五〕 故倚歌，《史記》卷一百三十《太史公自序》正義所引《吴越春秋》作「卻倚」。

〔一六〕 齋，《初學記》卷五所引《吴越春秋》「齋」字上有一「清」字；嶽巖，大德本、弘治本、《古今逸史》本均作「巖嶽」，此據蔣光煦所見宋本改。

〔一七〕 庚子，《史記》卷一百三十《太史公自序》正義所引《吴越春秋》作「季庚」。

〔一八〕 得通水之理，《北堂書鈔》卷一百六十所引《吴越春秋》同，《太平御覽》卷三十九所引作「得治水之要」，《史記》卷一百三十《太史公自序》正義所引作「以水泉之脈」，《太平御覽》卷八十二所引作「通水經」，《事類賦》卷七注所引作「言治水之要」。又此句後《藝文類聚》卷十一、《太平御覽》卷八十二所引多「遂周行天下」五字。

〔一九〕祐，弘治本、《古今逸史》本作「祐」，誤。此據大德本改。

〔二〇〕晚，弘治本作「晲」，此據大德本、《古今逸史》本改。

〔二一〕從三子，大德本、弘治本、《古今逸史》本均脱，此據蔣光煦所見宋本補。

〔二二〕權，弘治本作「權」。按《史記》卷二《夏本紀》，此字當作「權」，據改。

〔二三〕禹，《初學記》卷二十九、《太平御覽》卷九百九所引《吴越春秋》下有一「年」字。

〔二四〕越絶等書乃云禹娶於會稽塗山，此句原作「越絶等書乃公禹娶一會稽塗山」，《（嘉泰）會稽志》卷九《山》曰：「自《越絶》等書皆云，禹娶於會稽塗山。」按此，可知「公」當作「云」，「一」當作「於」。故盧文弨改「公」爲「云」，改「一」爲「於」。盧説是，據改。

〔二五〕其度制，《初學記》卷二十九所引《吴越春秋》作「嗣」，《太平御覽》卷九百九所引作「辭」。

〔二六〕於是，大德本、弘治本、《古今逸史》本俱脱，此據《初學記》卷二十九、《太平御覽》卷九百九所引《吴越春秋》補。

〔二七〕之，《初學記》卷二十九、《太平御覽》卷九百九所引《吴越春秋》作「人」。

〔二八〕成家成室，《初學記》卷二十九、《太平御覽》卷九百九所引作「成于家室」。

〔二九〕我造彼昌，《初學記》卷二十九所引《吴越春秋》作「我都攸昌」，《太平御覽》卷九百九所引作「我都彼昌」。

〔三〇〕女，大德本、弘治本、《古今逸史》本俱脱，此據《初學記》卷二十九、《太平御覽》卷九百九所引《吴越春秋》補。

〔三一〕秋，弘治本作「利」，誤。此據大德本、《古今逸史》本改。

〔三二〕大，《古今逸史》本作「太」，此據大德本、弘治本。按注文中皆作「太章」。

〔三三〕得，即德。大德本、《古今逸史》本皆作「德」，此據弘治本。

〔三四〕六，孫詒讓《札迻》云：「『六』疑當作『玄』。《山海經·中山經》云：陽虚之山，臨于玄扈之水。郭注引《河圖》云：蒼頡爲帝，南巡狩，登楊虚之山，臨于玄扈洛汭，靈龜負書，丹甲青文以授之。『玄』，俗書或作『玄』，挩其半，遂成『六』字耳。」

〔三五〕湣，《古今逸史》本作「潛」，此據大德本、弘治本。

〔三六〕喪，大德本、弘治本、《古今逸史》本均無此字，此據《太平御覽》卷八十二所引《吴越春秋》補。

〔三七〕形，《太平御覽》卷八十二所引《吴越春秋》「形」字前有「朝夕號泣」四字。

〔三八〕潁，弘治本、《古今逸史》本皆作「穎」，誤。此據大德本、《史記》卷二《夏本紀》集解所引劉熙注改。

〔三九〕周行，《太平御覽》卷四十一、卷一百七十一、《太平寰宇記》卷九十六所引《吴越春秋》作「巡行」。歸還,《史記》卷四十一《越王勾踐世家》正義、《太平寰宇記》卷九十六所引皆作「還歸」。

〔四〇〕示,《太平御覽》卷四十一所引《吴越春秋》作「徇」。

〔四一〕屬禹,《太平御覽》卷四十一所引《吴越春秋》作「以臣屬」。

〔四二〕州慎,《(嘉泰)會稽志》卷九《山》所引《吴越春秋》作「别鎮」。

〔四三〕水,弘治本作「冰」,誤。此據大德本、《古今逸史》本。

〔四四〕此句《文選》卷五《吴都賦》注所引《吴越春秋》作「吾年壽將盡,止死斯乎?」

〔四五〕田,大德本、弘治本、《古今逸史》本均作「曰」,此據蔣光煦所見宋本改。

〔四六〕此句後《史記》卷一百三十《太史公自序》正義所引《吴越春秋》有「封少康庶子無餘於越,使祠禹。至句踐遷都山陰,立禹廟爲始祖廟,越亡遂廢也」。

〔四七〕祭之絶祀,《史記》卷四十一《越王勾踐世家》正義所引《吴越春秋》作「迹宗廟祭祀之絶」。

勾踐入臣外傳第七

越王勾踐五年五月，與大夫種、范蠡《呂氏春秋》高誘解：「范蠡，楚三户人也，字少伯。大夫種，姓文氏，字禽，楚之鄒人〔一〕。」按：鄒本邾子之國，此云楚之鄒人，蓋鄒爲楚所并爾。又太史公《素王妙論》曰：「范蠡本南陽人。」《列仙傳》云：「徐人。」《索隱》曰：「大夫，官。種，名也。一云：大夫，姓，猶司馬、司空之比。」今按：大夫，官名。如以爲姓也，則大夫逢同、大夫皋如等豈皆其姓耶？入臣於吴。群臣皆送至浙江之上，臨水祖道，祖，餞行也。軍陣固陵。范蠡教兵城也。《水經注》：「浙江又逕固陵城北，昔范蠡築城於浙江之濱，言可以固守，謂之固陵，今之西陵也。」即今西興。大夫文種前爲祝，其詞曰：「皇天祐助，前沉後揚。禍爲德根，憂爲福堂。威人者滅，服從者昌。王雖牽致，其後無殃。君臣生離，感動上皇。衆夫哀悲，莫不感傷。臣請薦脯〔二〕，行酒二觴〔三〕。」越王仰天太息，舉杯垂涕，默無所言。種復前祝，曰：「大王德壽〔四〕，無疆無極。乾坤受靈，神祇輔翼。我王厚之，祉祐在側。德銷百殃，利受其福。去彼吴庭，來歸越國。觴酒既升，請稱萬歲。」越王曰：「孤承前王餘德，守國於邊，幸蒙諸大夫之謀，遂保前王丘墓。今遭辱恥，爲天下笑，將孤之罪耶？諸大夫之責也？吾不知其咎，願二三子論其意。」大夫扶同《史記》作「逢同」。曰：「何言之鄙也！昔湯繫於夏臺，《史·夏紀》：「桀曰：『吾悔不遂殺湯於夏臺。』」《索隱》：「夏臺，獄名。夏曰均臺。皇甫謐云：『地在陽翟。』」伊尹不離其側。文王囚於石室，《地理志》：「河内湯陰有羑里城，西伯所拘處。」此云石室，疑即所囚之室也。羑，音酉。太公不棄其國。興衰在天，存亡繫於人。湯改儀而媚於桀，文王服從而幸於紂。夏、殷恃力，而虐二聖。兩君屈己，以得天道。故湯王不以窮自傷，周文不以困爲病。」越王曰：「昔堯任舜、禹而天下治，雖有洪水之害，不爲人災。變異不及於民，豈況於人君乎？」大夫苦成曰：「不如君王之言。天有曆數，德有薄厚。黄帝不讓，堯傳天子〔五〕。三王臣弑其君〔六〕，五霸子弑其父。德有廣狹，氣有高下。今之世，猶人之市，置貨以設詐，抱謀以待敵。不幸陷厄，求伸而已。大王不覽於斯，而懷喜怒。」越王曰：「任人者不辱身，自用者危其國。大夫皆前圖未然之端，傾敵破讎，坐招泰山之福。今寡人守窮若斯，而云湯、文困厄，後必霸，何言之違禮儀！夫君子争寸陰而棄珠玉，今寡人冀得免於軍旅之憂而復反。係獲獲，當作「於」。敵人之手，身爲傭隸，妻爲僕妾，往而不返，客死敵國；若魂魄有，此下當有「知」字。愧於前君；其無知，體骨棄捐。何大夫之言，不合於寡人之意！」於是大夫種、范蠡曰：「聞古人曰：居不幽，志不廣。形不愁，思不遠。聖王賢主，皆遇困厄之難，蒙不救之恥〔七〕，身拘而名尊〔八〕，軀辱而聲榮，處卑而不以爲惡，居危而不以爲薄。五帝德厚，而而，當作「無」。窮厄之恨，然尚有泛濫之憂。此下疑有闕文。三守暴因之辱〔九〕，不離三獄之囚〔一〇〕，泣涕而受冤，行哭而爲隸，演《易》作卦，司馬遷《書》：「西伯拘而演《周易》。」天道祐之。時過於期，否終則泰。諸侯並救王命，見符朱鬣、玄狐〔一一〕。太公《六韜》曰：「商王拘周伯昌於羑里。太公與散宜生以金十鎰，求天下珍物，以免君之罪。於是得犬戎氏文馬，豪毛朱鬣，目如黄金，名鷄斯之乘。」又《淮南子》曰：「散宜生以千金得騶虞之乘，玄玉百穀，大貝百朋，玄豹、黄熊、青豻、白虎文皮千合獻紂，以免西伯羑里之囚。」此云「玄狐」，當作「玄豹」。輔臣結髮，拆獄破械。反國修德，遂討其讎。擢假海内，若覆手背。天下宗之，功垂萬世。大王屈厄，臣誠盡謀。夫截骨之劍，無削剟之利。臽鐵之矛，無分髮之便。建策之士，無暴興之説。今臣遂天文，案墜籍，二氣共萌，存亡異處。彼興則我辱，我霸則彼亡。二國争道，未知所就。君王之危，天道之數。何必自傷哉！夫吉者，凶之門；福者，禍之根。今大王雖在危困之際，孰知其非暢達之兆哉！」大夫計硯《越絶》「硯」作「倪」。《史·貨殖傳》「越王勾踐困於會稽之上，乃用范蠡、計然」注：「徐廣曰：『計然者，范蠡之師也，名研，故諺曰研、桑心筭。』」裴駰案：《范子》曰：「計然者，葵丘濮上人，姓辛氏，字文子，其先晉國亡公子也。南游於越，范蠡師事之。」蔡謨曰：「蠡所著書名《計然》，蓋非也。」《漢書·古今人表》計然列在第四。「倪」與「研」，聲相近而相亂耳。曰：「今君王國於會稽，窮於入吴，言悲辭苦，群臣泣之，雖則恨悷之心，莫不感動。而君王何爲謾辭譁説，用而相欺？臣誠不取。」越王曰：「寡人將去入吴，以國累諸侯大夫〔一二〕。願各自述，吾將屬焉。」大夫臯如曰：「臣聞大夫種忠而善慮，民親其知，士樂爲用。

今委國一人，其道必守。何順心佛命群臣？」佛，符勿切，大也。《詩》：「佛時仔肩。」音弼，注亦作大。言一人足矣，何必從心所欲，大命群臣也。大夫曳庸《左傳》作「后庸」，《國語》作「舌庸」。曰：「大夫文種者，國之梁棟，君之爪牙。夫驥不可與匹馳，日月不可並照。君王委國於種，則萬綱千紀無不舉者。」越王曰：「夫國者，前王之國。孤力弱勢劣，不能遵守社稷，奉承宗廟。吾聞父死子代，君亡臣親。今事棄諸大夫，客官於吴，委國歸民，以付二三子，吾之由也，亦子之憂也。君臣同道，父子共氣，天性自然。豈得以在者盡忠，亡者爲不信乎？何諸大夫論事一合一離，令孤懷心不定也？夫推國任賢，度功績成者，君之命也。奉教順理，不失分去聲。者，臣之職也。吾顧諸大夫以其所能，而云委質而已。於乎，悲哉！」計硯曰：「君王所陳者，固其理也。昔湯入夏，付國於文祀〔一三〕。西伯之殷，委國於二老〔一四〕。今懷夏將遷〔一五〕，志在於還。夫適市之妻，教嗣糞除。出亡之君，勑臣守禦。子問以事，臣謀以能。今君王欲士之所志，各陳其情，舉其能者，議其宜也。」

越王曰：「大夫之論是也。吾將逝矣，願「願」下當有「聞」字。諸君之風。」大夫種曰：「夫内修封疆之役，外修耕戰之備；荒無遺土，百姓親附。臣之事也。」大夫范蠡曰：「輔危主，存亡國；不恥屈厄之難，安守被辱之地；往而必反，與君復讎者，臣之事也。」大夫苦成曰：「發君之令，明君之德；窮與俱厄，進與俱霸；統煩理亂，使民知分。去聲。臣之事也。」大夫曳庸曰：「奉令受使，結和諸侯；通命達旨，賂往遺來；解憂釋患，使無所疑；出不忘命，入不被尤。臣之事也。」大夫皓進曰：「一心齊志，上與等之；下不違令，動從君命；修德履義，守信溫故；臨非決疑，君誤臣諫；直心不撓，舉過列平；不阿親戚，不私於外；推身致君，終始一分。臣之事也。」大夫諸稽郢曰：「望敵設陳，飛矢揚兵；履腹涉屍，血流滂滂；貪進不退，二師相當；破敵攻衆，威凌百邦。臣之事也。」大夫皋如曰：「修德行惠，撫慰百姓；身臨憂勞，動輒躬親；弔死存疾，救活民命；蓄陳儲新，食不二味；國富民實，爲君養器。臣之事也。」大夫計硯曰：「候天察地，紀歷陰陽；觀變參災，分別妖祥；日月含色，五精錯行；福見知吉，妖出知凶。臣之事也。」越王曰：「孤雖入於北國，爲吴窮虜，有諸大夫懷德抱術，各守一分，以保社稷，孤何憂焉！」遂别於浙江之上，群臣垂泣，莫不咸哀。越王仰天歎曰：「死者，人之所畏。若孤之聞死，其於心胷中曾無怵惕。」遂登船徑去，終不返顧。

越王夫人乃據船哭〔一六〕，顧烏鵲啄江渚之蝦〔一七〕，飛去復來，因哭而歌之，曰：「仰飛鳥兮烏鳶〔一八〕，凌玄虚號號，當作「兮」。翩翩。集洲渚兮優恣，啄蝦矯翮兮雲間。任厥此闕一字。兮往還。妾無罪兮負地，有何辜兮譴天。颿颿凡、梵兩音，馬疾步。獨兮西往，孰知返兮何年。心惙惙憂也。《詩》：「憂心惙惙。」兮若割，淚泫泫胡犬切，淚流貌。兮雙懸。」又哀吟曰：「彼飛鳥兮鳶烏，已迴翔兮翕蘇〔一九〕。心在專兮素蝦，何居食兮江湖？徊復翔兮游颺〔二〇〕，去復返兮於乎！始事君兮去家，終我命兮君都。終來遇兮何幸〔二一〕？幸，當作「辜」。離我國兮去吴〔二二〕。妻衣褐兮爲婢，夫去冕兮爲奴。歲遥遥兮難極〔二三〕，冤悲痛兮心惻。腸千結兮服膺，於乎哀兮忘食〔二四〕。願我身兮如鳥，身翱翔兮矯翼。去我國兮心摇，情憤惋兮誰識。」越王聞夫人怨歌，心中内慟，乃曰：「孤何憂？吾之六翮備矣。」

於是入吴，見夫差，稽首再拜稱臣，曰：「東海賤臣勾踐，上愧皇天，下負后土，不裁功力，污辱王之軍士，抵罪邊境。大王赦其深辜，裁加役臣，使執箕箒。誠蒙厚恩，得保須臾之命，不勝仰感俯愧。臣勾踐叩頭頓首。」吴王夫差曰：「寡人於子，亦過矣。子不念先君之讎乎？」越王曰：「臣死則死矣，惟大王原之。」伍胥在旁，目若熛火，聲如雷霆，乃進曰：「夫飛鳥在青雲之上，尚欲繳音灼，生絲縷也。微矢以射之。豈況近卧於華池，集於庭廡乎？今越王放於南山之中，游於不可存之地，幸來涉我壤土，入吾梐梱，此乃厨宰之成事食也，豈可失之乎？」吴王曰：「吾聞誅降殺服，禍及三世。吾非愛越而不殺也，畏皇天之咎，教而赦之。」太宰嚭諫曰：「子胥明於一時之計，不通安國之道。願大王遂其所執，無拘群小之口。」夫差遂不誅越王，令駕車養馬，秘於宫室之中。三月，吴王召越王入見。越王伏於前，范蠡立於後。吴王謂范蠡曰：「寡人聞貞婦不嫁破亡之家，仁賢不官絶滅之國。今越王無道，國已將亡，社稷壞崩，身死世絶，爲天下笑。而子及主俱爲奴僕，來歸於吴，豈不鄙乎！吾欲赦子之罪，子能改心自新，棄越歸吴乎？」范蠡對曰：「臣聞亡國之臣，不敢語政；敗軍之將，不敢語勇。臣在越，不忠不信。今越王不奉大王命號，用兵與大王相持，至今獲罪，君臣俱降。蒙大王鴻恩，得君臣相保，願得入備掃除，出給趨走，臣之願也。」此時越王伏地流涕，自謂遂失范蠡矣。吴王知范蠡不可得爲臣，謂曰：「子既不移其志，吾復置子於石室之中。」范蠡曰：「臣請如命。」吴王起，入宫中。越王、范蠡趨入石室。越王服犢鼻〔二五〕，着樵頭〔二六〕。夫人衣無緣之裳，施左關之襦〔二七〕。夫斫剉養馬，妻給水除糞灑掃。三年不愠怒，面無恨色。吴王登遠臺〔二八〕，望見越王及夫人、范蠡坐於馬糞之旁，君臣之禮存，夫婦之儀具。王顧謂太宰嚭曰：「彼越王者，一節之人。范蠡，一介之士。雖在窮厄之地，不失君臣之禮，寡人傷之。」太宰嚭曰：「願大王以聖人之心，哀窮孤之士。」吴王曰：「爲子赦之。」後三月，乃擇吉日而欲赦之。召太宰嚭謀曰：「越之與吴，同土連域。勾踐愚黠，親欲爲賊。寡人承天之神靈，前王之遺德，誅討越寇，囚之石室。寡人心不忍見，而欲赦之，於子奈何？」太宰嚭曰：「臣聞無德不復。大王垂仁恩加越，越豈敢不報哉？願大王卒意。」終其意也。越王聞之，召范蠡告之曰：「孤聞於外，心獨喜之，又恐其不卒也。」范蠡曰：「大王安心，事將有意，在《玉門》第一。今年十二月戊寅之日，時加日出。戊，囚日也；寅，陰後之辰也。合庚辰歲後會也。夫以戊寅日聞喜〔二九〕，不以其罪罰日也。時加卯而賊戊，功曹爲騰蛇而臨戊〔三〇〕，謀利事在青龍。青龍在，勝先。而臨酉，死氣也。而剋寅，是時剋其日，用又助之。所求之事，上下有憂。此豈非天網四張，萬物盡傷者乎！王何喜焉？」果子胥諫吳王曰：「昔桀囚湯而不誅，紂囚文王而不殺，天道還反，禍轉成福。故夏爲湯所誅，殷爲周所滅。今大王既囚越君，而不行誅，臣謂大王惑之深也。得無夏、殷之患乎？」

吳王遂召越王，久之不見。范蠡、文種憂而占之，曰：「吳王見擒也。」有頃，太宰嚭出，見大夫種、范蠡，而言越王復拘於石室。伍子胥復諫吳王曰：「臣聞王者攻敵國，克之則加以誅。故後無報復之憂，遂免子孫之患。今越王已入石室，宜早圖之。後必爲吳之患。」太宰嚭曰：「昔者，齊桓割燕所至之地以貺燕公，齊桓公救燕，北伐山戎而還，燕君送桓公出境，桓公因割燕所至地予燕。而齊君獲其美名；宋襄濟河而戰，宋襄公與楚成王戰于泓。目夷曰：「及其未濟，擊之。」公不聽。已濟，陣成，宋人擊之。宋師大敗。公曰：「君子不困人於阨，不鼓不成列。」《春秋》以多其義。功立而名稱，軍敗而德存。今大王誠赦越王，則功冠於五霸，名越於前古。」吳王曰：「待吾疾愈，方爲太宰赦之〔三一〕。」後一月，越王出出，當作「坐」。石室，召范蠡曰〔三二〕：「吳王疾〔三三〕，三月不愈。吾聞人臣之道〔三四〕：主疾臣憂。且吳王遇孤，恩甚厚矣〔三五〕。恐疾之無瘳也〔三六〕，惟公卜焉〔三七〕。」范蠡曰〔三八〕：「吴王不死，明矣。到己巳日當瘳，惟大王留意。」越王曰：「孤所以窮而不死者，賴公之策耳。中復猶豫〔三九〕，豈孤之志哉！可與不可，惟公圖之！」范蠡曰：「臣竊見吴王真非人也，數色角切。言成湯之義，而不行之。願大王請求問疾，得見，因求其糞而嘗之，觀其顔色，當拜賀焉，言其不死，以瘳起日期之。既言信後，則大王何憂！」越王明日謂太宰嚭曰：「囚臣欲一見問疾。」太宰嚭即入言於吴王。王召而見之。適遇吴王之便，平聲，下同。太宰嚭奉溲惡以出，溲，所九切。惡，遏各切。下同。溲，即便也。惡，大溲也。大小溲亦曰前後溲，見《史·倉公傳》。逢户中。越王因拜請嘗大王之溲，以決吉凶。即以手取其便與惡而嘗之，因入曰：「下囚臣勾踐，賀於大王。王之疾，至己巳日有瘳。至三月壬申，病愈。」吴王曰：「何以知之？」越王曰：「下臣嘗事師聞糞者，順穀味，逆時氣者死，順時氣者生。今者，臣竊嘗大王之糞，其惡味苦且楚酸。是味也，應春夏之氣。臣以是知之。」吴王大悦，曰：「仁人也。」乃赦越王，得離其石室，去就其宫室，執牧養之事如故。越王從嘗糞惡之後，遂病口臭。范蠡乃令左右皆食岑草，以亂其氣。《會稽賦》注：「岑草，蕺也，菜名，擷之小有臭氣，凶年民斸其根食之。」《會稽志》：「蕺山在府西北六里。」越王嘗採蕺于此。其後，吴王如越王期日疾愈，心念其忠，臨政之後，大縱酒於文臺。吴王出令曰：「今日爲越王陳北面之坐，群臣以客禮事之。」伍子胥趨出，到舍上，不御坐〔四〇〕。酒酣，太宰嚭曰：「異乎！今日坐者，各有其詞。不仁者逃，其仁者留。臣聞同聲相和，同心相求。今國相剛勇之人，意者内慙至仁之存也，而不御坐。其亦是乎？」吳王曰：「然。」於是范蠡與越王俱起，爲吳王壽。其辭曰：「下臣勾踐，從小臣范蠡，奉觴上千歲之壽。辭曰：皇在上令，昭下四時，并心察慈仁者。大王躬親鴻恩，立義行仁。九德四塞，威服群臣。於乎休哉！傳德無極。上感太陽，降瑞翼翼。大王延壽萬歲，長保吳國。四海咸承，諸侯賓服。觴酒既升，永受萬福。」於是吳王大悦。明日，伍子胥入諫，曰：「昨日大王何見乎？臣聞内懷虎狼之心，外執美詞之説。但爲外情，以存其身。豺不可謂廉，狼不可親。今大王好聽須臾之説，不慮萬歲之患。放棄忠直之言，聽用讒夫之語。不滅瀝血之仇，不絶懷毒之怨。猶縱毛爐炭之上，幸其其，當作「不」。焦；投卵千鈞之下，望必全。豈不殆哉！臣聞桀登高自知危，然不知所以自安也；前據白刃自知死，而不知所以自存也。惑者知返，迷道不遠，願大王察之。」吳王曰：「寡人有疾三月，曾不聞相國一言，是相國之不慈也；又不進口之所嗜，心不相思，是相國之不仁也。夫爲人臣不仁不慈，焉於虔切，何也。能知其忠信者乎？越王迷惑，棄守邊之事，親將其臣民來歸寡人，是其義也；躬親爲虜，妻親爲妾，不愠寡人。寡人有疾，親嘗寡人之溲，是其慈也；虚其府庫，盡其寶幣，不念舊故，是其忠信也。三者既立，以養寡人。寡人曾聽相國而誅之，是寡人之不智也，而爲相國快私意耶！豈不負皇天乎？」子胥曰：「何大王之言反也？夫虎之卑勢，將以有擊也。狸之卑身，將求所取也。雉以眩移拘於網，魚以有悦死於餌。且大王初臨政，負《玉門》之第九，誡事之敗〔四一〕，無咎矣。今年三月甲戌〔四二〕，時加雞鳴。甲戌，歲位之會將也。青龍在酉，德在土，刑在金，是日賊其德也。知父將有不順之子，君有逆節之臣。大王以越王歸吴爲義，以飲溲食惡爲慈，以虚府庫爲仁，是故爲無愛於人。其不可親，面聽貌觀，以存其身。今越王入臣於吴，是其謀深也；虚其府庫，不見恨色，是欺我王也；下飲王之溲者，是上食王之心也；下嘗王之惡者，是上食王之肝也。大哉！越王之崇吴，吴將爲所擒也。惟大王留意察之。臣不敢逃死以負前王。一旦社稷丘墟，宗廟荆棘，其悔可追乎！」吴王曰：「相國置之，勿復言矣。寡人不忍復聞。」於是遂赦越王歸國，送於蛇門之外〔四三〕，群臣祖道。吴王曰：「寡人赦君，使其返國，必念終始，王其勉之。」越王稽首曰：「今大王哀臣孤窮，使得生全還國，與種、蠡之徒，願死於轂下。上天蒼蒼，臣不敢負。」吴王曰：「於乎！吾聞君子一言不再，今已行矣，王勉之。」越王再拜跪伏。吴王乃引越王登車。范蠡執御，遂去。至三津之上，仰天歎曰〔四四〕：「嗟乎！孤之屯厄，誰念復生渡此津也〔四五〕？」謂范蠡曰：「今三月甲辰〔四六〕，時加日昳，徒結切，日昃也。梁元帝《纂要》：日在未曰昳。孤蒙上天之命，還歸故鄉，得無後患乎？」范蠡曰：「大王勿疑，直眂道行。越將有福，吴當有憂。」至浙江之上，望見大越山川重秀，天地再清，王與夫人歎曰：「吾已絶望宫闕〔四七〕，永辭萬民，豈料再還，重復鄉國！」言竟，掩面涕泣闌干。《文選注》：「闌干，多貌。」此時萬姓咸歡，群臣畢賀。

校釋

〔一〕禽，大德本、弘治本、《古今逸史》本作「會」，《文選》卷四十六《豪士賦序》注所引《吴越春秋》作「少禽」，《史記》卷四十一《越王勾踐世家》正義所引作「子禽」，此據《吕氏春秋》卷二《當染》注、卷四《尊師》注改。鄒，《吕氏春秋》卷二《當染》注同，《吕氏春秋》卷四《尊師》注作「郢」，《文選》卷四十六《豪士賦序》注所引作「南郢」。

〔二〕臣請薦脯，《太平御覽》卷七百三十六所引《吴越春秋》作「臣謹再拜，伏稱萬歲」。

〔三〕行，《太平御覽》卷七百三十六所引《吴越春秋》作「上」，二，《古今逸史》本、《太平御覽》卷七百三十六所引作「三」。此據大德本、弘治本。

〔四〕大，蔣光煦所見宋本作「天」。

〔五〕子，盧文弨云：「子」字疑作「下」。

〔六〕弑，蔣光煦所見宋本作「殺」。下同。

〔七〕救，弘治本、《古今逸史》本作「赦」，此據大德本。

〔八〕拘，《古今逸史》本作「居」，此據大德本、弘治本。

〔九〕因，弘治本、《古今逸史》本作「困」，此據大德本改。

〔一〇〕因，《古今逸史》本作「困」，此據大德本、弘治本。

〔一一〕狐，大德本作「孤」，此據弘治本、《古今逸史》本。下同。

〔一二〕俞樾云：「『侯』，衍文。」徐乃昌云：「『侯』字疑衍。」按下所述，其説近是。

〔一三〕祀，弘治本作「祀」，此據大德本、《古今逸史》本。

〔一四〕二，弘治本、《古今逸史》本作「一」，此據大德本。

〔一五〕遰，《説文·辵部》云：去也。《大戴禮記·夏小正·九月》傳云：往也。大德本、《古今逸史》本作「滯」，弘治本作「滯」，此據蔣光煦所見宋本改。盧文弨云：「夏」，疑作「憂」。孫詒讓《札迻》曰：「『懷夏』疑當作『還夏』。懷，古作『褱』，與『還』同，从眔，因而致誤。《説文·辵部》云：遝，迨也。《方言》云：迨、遝，及也。東齊曰迨，關之東、西曰遝，或曰及。《爾雅·釋言》云：逮，遝也。遝、逮字通。上文云越王句踐五年，與大夫種、范蠡入臣於吴，此云『還夏將遰』，謂句踐許吴以入臣，至夏將往也。故云：『志在於還。』」孫説近是。《詩·齊風·南山》云：「既曰歸止，曷又懷止？」《詩·周頌·清廟之什·時邁》云：「懷柔百神，及河喬嶽。」鄭玄云：懷，來也。「懷夏」即來夏。

〔一六〕據船，《北堂書鈔》卷一百六所引《吴越春秋》作「據舡」，《太平御覽》卷五百七十一所引作「授舡」。

〔一七〕烏鵲，《北堂書鈔》卷一百六注所引《吴越春秋》作「鳥巢」。渚，《太平御覽》卷五百七十一所引作「涯」。

〔一八〕因哭而歌之，《北堂書鈔》卷一百六所引《吴越春秋》作「即承之以歌，其辭」，《太平御覽》卷五百七十一所引作「哭訖，即承之以歌，其辭」。仰飛鳥，《北堂書鈔》卷一百六所引作「兩鳥飛」。

〔一九〕已迴翔兮翕蘇，《北堂書鈔》卷一百六所引《吴越春秋》作「哭迴鄉兮翕蘇」。《太平御覽》卷五百七十一所引無此六字，下句「心在專兮素蝦」同。

〔二〇〕徊復翔兮游颺，《北堂書鈔》卷一百六、《太平御覽》卷五百七十一所引《吴越春秋》作「水中蟲兮白（蟲子曰）蝦」。

〔二一〕此句《太平御覽》卷五百七十一所引《吴越春秋》作「中年過兮何辜」。幸，大德本、弘治本、《古今逸史》本皆同，徐注是，應爲「辜」。

〔二二〕去，《太平御覽》卷五百七十一所引《吴越春秋》作「入」。

〔二三〕遥遥，《太平御覽》卷五百七十一所引《吴越春秋》作「昭昭」。

〔二四〕忘，《太平御覽》卷五百七十一所引《吴越春秋》作「不」。

〔二五〕服犢鼻，《太平御覽》卷六百八十八所引《吴越春秋》作「衣獨鼻」。

〔二六〕着樵頭，《太平御覽》卷六百八十八所引《吴越春秋》作「幓頭」。孫詒讓《札迻》云：「『樵頭』即『幧頭』也。《釋名·釋首飾》云：『綃頭，綃紗也，鈔髮使上從也。』《方言》云：『絡頭，自河以北，趙、魏之閒曰幧頭。』《儀禮·士喪禮·喪服》鄭注竝云『著幓頭』。樵、幧、綃、幓，皆一聲之轉。」

孫説爲是。

〔二七〕闞，《太平御覽》卷六百八十八所引《吴越春秋》作「開」。 𥟖，弘治本作「𥟖」，此據大德本。

〔二八〕臺，《古今逸史》本作「高」，此據大德本、弘治本。

〔二九〕夫，蔣光煦所見宋本作「天」。

〔三〇〕俞樾云：「『戊』字誤，當作『巳』。功曹者，寅也。范蠡占此爲十二月戊寅日卯時，以日辰起貴神，則寅爲螣蛇，而臨地盤巳位。」俞説近是。

〔三一〕太，弘治本作「大」，此據大德本、《古今逸史》本。

〔三二〕《太平御覽》卷七百三十八所引《吴越春秋》「曰」字前有「謂之」二字。

〔三三〕《太平御覽》卷七百三十八所引《吴越春秋》「疾」字下有一「病」字。

〔三四〕吾，《太平御覽》卷七百三十八所引《吴越春秋》作「孤」。

〔三五〕恩甚厚矣，《太平御覽》卷七百三十八所引《吴越春秋》作「恩澤甚厚」。

〔三六〕恐、也，大德本、弘治本、《古今逸史》本均脱，此據《太平御覽》卷七百三十八所引《吴越春秋》補。

〔三七〕公，《太平御覽》卷七百三十八所引《吴越春秋》作「先生」。

〔三八〕《太平御覽》卷七百三十八所引《吴越春秋》「曰」字下有「今日日辰，陰陽上下和親，無相入者。法曰：天一救，且何憂」二十二字。

〔三九〕豫，弘治本作「豫」，誤。此據大德本、《古今逸史》本改。

〔四〇〕蔣光煦所見宋本「不」字上有一「勝」字。

〔四一〕誠，《古今逸史》本作「誠」，此據大德本、弘治本。

〔四二〕徐乃昌云：「王宇泰云『越王歸日是三月甲辰』，則此當是二月。」又云：「上有三月壬申，此不當作二月。」徐説爲是。戌，大德本、弘治本、《古今逸史》本均作「戍」，誤。據改。

〔四三〕於，《太平御覽》卷一百八十三所引《吴越春秋》作「之」，「外」字下有「大縱酒」三字。

〔四四〕歎，《太平御覽》卷七十一所引《吴越春秋》作「而歎，淚下沾襟」。

〔四五〕誰念，《太平御覽》卷七十一所引《吴越春秋》作「不意」。

〔四六〕按上文，三月壬申，夫差疾愈。三月甲戌，吴王赦越王歸國。三月如有壬申，則無甲戌日。越王至浙江疑在三月庚辰或三月甲申，或四月甲辰。

〔四七〕宮闕，大德本、弘治本、《古今逸史》本均無此二字，此據蔣光煦所見宋本補。

勾踐歸國外傳第八

越王勾踐臣吴至歸越，勾踐七年也。《國語》：勾踐「與范蠡入宦於吴三年〔一〕，而吴人遣之」。當魯哀公五年，是爲勾踐七年，正與此合。此書於勾踐五年書入吴事，至是歸國，首尾三年也。百姓拜之於道，曰：「君王獨無苦矣。今王受天之福，復於越國，霸王之迹，自斯而起。」王曰：「寡人不慎天教〔二〕，無德於民。今勞萬姓，擁於岐路，將何德化以報國人？」顧謂范蠡曰：「今十有二月己巳之日，時加禺中，禺，音隅。禺中，時加巳也。《淮南子》曰：「臻于衡陽，是謂禺中。對于昆吾，是謂正中。」孤欲以此到國，何如？」蠡曰：「大王且留，以臣卜日。」於是范蠡進曰：「異哉！大王之擇日也。王當疾趨，車馳人走。」越王策馬飛輿，遂復宫闕。吴封地百里於越，東至炭瀆，《越舊經》：「炭瀆在會稽縣東六十里。」《越絶》曰：勾踐「稱炭聚載，從炭瀆至錬塘」。《會稽志》作「炭浦」。西止周宗，南造於山，北薄於海。越王謂范蠡曰：「孤獲辱連年，勢足以死，得相國之策，再返南鄉。今欲定國立城，人民不足，其功不可以興，爲之奈何？」范蠡對曰：「唐虞卜地，夏、殷封國，古公營城，周雒威折萬里，德致八極。豈直欲破彊敵，收鄰國乎？」越王曰：「孤不能承前君之制，修德自守。亡衆棲於會稽之山〔三〕，請命乞恩，受辱被耻，囚結吴宫。幸來歸國，追以百里之封。將遵前君之意，復於會稽之上〔四〕，而宜釋吴之地。」范蠡曰：「昔公劉去邰，而德彰於夏。亶父讓地，而名發於岐。今大王欲「欲」字下當有「立」字。國樹都，并敵國之境，不處平易以豉切。之都，據四達之地，將焉於虔切。立霸王之業？」越王曰：「寡人之計，未有決定。欲築城立郭，分設里閭，欲委屬於相國。」於是范蠡乃觀天文，擬法於紫宫，築作小城，周千一百二十二步〔五〕，一圓三方。西北立龍飛翼之樓〔六〕，以象天門〔七〕。東南伏漏石竇，以象地户。陵門四達〔八〕，以象八風。外郭築城而缺西北，示服事吴也，不敢壅塞。内以取吴，故缺西北，而吴不知也。北向稱臣，委命吴國。左右易處，易，音亦。處，上聲。不得其位，明臣屬也。城既成，而怪山自生〔九〕。怪山者〔一〇〕，琅琊東武海中山也，一夕自來，百姓怪之〔一一〕，故名怪山〔一二〕。即龜山也，在府東南二里。一名飛來，一名寶林，一名怪山。《越絶》曰：「龜山，勾踐所起游臺也。」《寰宇記》：「龜山即琅琊東武山，一夕移於此。」范蠡曰：「臣之築城也，其應天矣，崑崙之象存焉。」越王曰：「寡人聞崑崙之山，乃天地之鎮柱〔一三〕，上承皇天，氣吐宇内，下處后土，稟受無外，滋聖生神，嘔養帝會。故「帝」字上當有「五」字。帝處其陽陸〔一四〕，三王居其正地。吾之國也，扁扁，疑當作「偏」。天地之壤〔一五〕，乘東南之維，斗去極北，非糞土之城〔一六〕，何能與王者比隆盛哉？」范蠡曰：「君徒見外，未見於内。臣乃承天門制城，合氣於后土，嶽象已設，崑崙故出，越之霸也。」越王曰：「苟如相國之言，孤之命也。」范蠡曰：「天地卒號，以著其實。」名東武〔二七〕，起游臺其上。東南爲司馬門，立增樓，「增」與「層」同。冠其山巔，以爲靈臺〔二八〕。《水經注》：「怪山者，越起靈臺於山上，又作三層樓，以望雲物。」起離宮於淮陽。《越絶》曰：「離臺，周五百六十步，在淮陽里丘。」《越舊經》：「淮陽宮在會稽縣東南三里。」〔二九〕中宿臺在於高平。《越絶》「宿」作「指」，云：「中指臺馬丘，周六百步，在高平里。」《越舊經》：「中宿在會稽縣東七里。」駕臺在於成丘。《越絶》：「駕臺，馳於離丘。」立苑於樂野。《越絶》曰：「越王弋獵之處，大樂，故謂樂野。其山上石室，越王所休謀也〔三〇〕。」《十道志》：「樂野，勾踐以此野爲苑，今有樂瀆村。」燕臺在於石室。《越舊經》：「宴臺在州東南十里。」齋臺在於襟山〔三一〕。按：越境無襟山。《越絶》曰：「稷山者，勾踐齋戒臺也。」既曰「齋臺」，則「襟」當作「稷」。稷山在會稽縣東五十三里。勾踐之出游也，休息石室，食於冰厨〔三二〕。一曰冰室，所以備膳羞也。

越王乃召相國范蠡、大夫種、大夫郢，問曰：「孤欲以今日上明堂〔三三〕，臨國政，布恩致令〔三四〕，以撫百姓，何日可矣？惟三聖謂聖臣也，指上三人而言。子胥曰：越有聖臣范蠡。紀綱維持。」范蠡曰：「今日丙午日也。丙，陽將也，是日吉矣。又因良時，臣愚以爲可。無始有終，得天下之中。」大夫種曰：「前車已覆，後車必戒，願王深察。」范蠡曰：「夫子故不一二見也。吾王今以丙午復初臨政，解救其本，是一宜。夫金制始，而火救其終，是二宜。蓄金之憂，轉而及水，是三宜。君臣有差，不失其理，是四宜。王相去聲。俱起，天下立矣，是五宜。臣願急升明堂臨政。」越王是日立政，翼翼小心，出不敢奢，入不敢侈。越王念復吴讎，非一旦也。苦身勞心〔二五〕，夜以接日。目卧則攻之以蓼，足寒則漬之以水〔二六〕。冬常抱冰〔二七〕，夏還握火〔二八〕。愁心苦志，懸膽於户，出入嘗之，不絶於口。中夜潛泣，泣而復嘯〔二九〕。越王曰：「吴王好服之離體，吾欲採葛，《詩》毛氏箋：「葛」，所以爲絺綌。使女工織細布，獻之以求吴王之心，於子何如？」群臣曰：「善。」乃使國中男女入山採葛，會稽縣東十里有葛山。《越絶》曰：「勾踐種葛，使越女治葛布獻吴王。」以作黄絲之布，欲獻之。未及遣使，吴王聞越王盡心自守，食不重味，衣不重綵，雖有五臺之游，未嘗一日登翫，吾欲因而賜之以書，增之以封：東至於勾甬，西至於檇李，南至於姑末，即《春秋》越姑蔑之地。姑蔑，地名，有二。魯國卞縣南有姑蔑城。越之姑蔑，至秦屬會稽，爲太末縣，今衢州。北至於平原，《越絶》作「武原」，今海鹽縣。縱横八百餘里。越王乃使大夫種賫葛布十萬〔三〇〕，甘蜜九党〔三一〕，《韻會》引《吴越春秋》，越以甘蜜丸欓報吴增封之禮，謂「欓」爲越椒。今此書無「丸欓」二字。詳下文文笥之類，皆以數計，則甘蜜當作「丸瓽」。《玉篇》：「瓽，丁盎切，盆也。」此「党」字誤。文笥七枚，狐皮五雙，晉竹十廋〔三二〕，廋，當作「搜」。《漢·溝洫志》：「漕船五百搜。」今文作艘，音騷，船緫名也。或作[木叟]。以復封禮〔三三〕。吴王得之，曰：「以越僻狄狄，當作「狹」〔三四〕。之國無珍，今舉其貢貨，而以復禮，此越小心念功，不忘吴之效也。夫越本興國千里，吾雖封之，未盡其國。」子胥聞之，退卧於舍，謂侍者曰：「吾君失其石室之囚，縱於南林之中。今但因虎豹之野，而與荒外之草。於吾之心，其無損也。」吴王得葛布之獻，乃復增越之封，賜羽毛之飾、機杖、諸侯之服。越國大悦。採葛之婦傷越王用心之苦，乃作《苦》之詩〔三五〕，《事類賦》引《吴越春秋》曰：「乃作《若何》之歌。」《會稽賦》注亦引此書，曰：「乃作《何苦》之詩。」曰：「葛不連蔓棻台〔三六〕，音貽。我君心苦命更之〔三七〕。嘗膽不苦甘如飴，《事類賦》及《越舊經》所引皆作「味若飴」〔三八〕。令我採葛以作絲。《文選注》引採葛婦詩，有「飢不遑食四體疲」一句〔三九〕。此書無之，闕文也。女工織兮不敢遲。弱於羅兮輕霏霏，號絺素兮將獻之。越王悦兮忘罪除，吴王歡兮飛尺書。增封益地賜羽奇，機杖茵褥諸侯儀。群臣拜舞天顔舒，我王何憂能不移！」於是越王内修其德，外布其道。君不名教，臣不名謀，民不名使，官不名事。國中蕩蕩，無有政令。越王内實府庫，墾其田疇。民富國彊，衆安道泰。越王遂師八臣，與其四友，時問政焉。大夫種曰：「愛民而已。」越王曰：「奈何？」種曰：「利之無害，成之無敗，生之無殺，與之無奪。」越王曰：「願聞。」種曰：「無奪民所好，則利之〔四〇〕；民不失其時，則成之；省刑去罰，則生之；薄其賦斂，則與之；無多臺游，則樂之；静而無苛，則喜之；民失所好，則害之；農失其時，則敗之；有罪不赦，則殺之；重賦厚斂，則奪之；多作臺游以罷民，音疲。則苦之；勞擾民力，則怒之。詳文意，上文「與之無奪」以下當有「樂之無苦，喜之無怒」二句。臣聞善爲國者，遇民如父母之愛其子，如兄之愛其弟。聞有飢寒〔四一〕，爲之哀；見其勞苦，爲之悲。」越王乃緩刑薄罰，省其賦斂，於是人民殷富，皆有帶甲之勇。

九年正月，越王召五大夫而告之曰：「昔者，越國遁棄宗廟，身爲窮虜，耻聞天下，辱流諸侯。今寡人念吴，猶躃者不忘走，盲者不忘視。孤未知策謀，惟大夫誨之。」扶同曰：「昔者亡國流民〔四二〕，天下莫不聞知。今欲有計，不宜前露其辭。臣聞擊鳥之動，故前俯伏。此上八字文衍。猛獸將擊，必餌餌，當作「弭」。毛帖伏。鷙鳥將搏，必卑飛戢翼。聖人將動，必順辭和衆。聖人之謀，不可見其象，不可知其情，臨事而伐，故前無剽過之兵〔四三〕，後無伏襲之患。今大王臨敵破吴，宜損少辭〔四四〕，無令泄也。臣聞吴王兵彊於齊、晉，而怨結於楚。大王宜親於齊，深結於晉，陰固於楚，而厚事於吴。夫吴之志，猛驕而自矜，必輕諸侯而凌鄰國。三國决權，還爲敵國，必角勢交爭。越承其弊，因而伐之，可克也。雖五帝之兵，無以過此。」范蠡曰：「臣聞謀國破敵，動觀其符。孟津之會，諸侯曰可，武王辭之。方今吴、楚結讎，構怨不解。齊雖不親，外爲其救。晉雖不附，猶效其義。夫内臣謀而决讎其策，鄰國通而不絕其援，斯正吴之興霸，諸侯之上尊。臣聞峻高者隤，亦作「頹」〔四五〕，下墜也。葉茂者摧〔四六〕，日中則移，月滿則虧。四時不並盛，五行不俱馳。陰陽更唱，唱，當作「倡」。氣有盛衰。故溢堤之水，不淹其量；熻乾之火，不復其熾。水静則無漚瀴之怒，火消則無熹毛之熱。今吴乘諸侯之威，以號令於天下，不知德薄而恩淺，道狹而怨廣，權懸而智衰，力竭而威折，兵挫而軍退，士散而衆解。臣請按師整兵，待其壞敗，隨而襲之。兵不血刃，士不旋踵，吴之君臣爲虜矣。臣願大王匿聲，無見其動，以觀其静。」大夫苦成曰：「夫水能浮草木，亦能沉之。地能生萬物，亦能殺之。江海能下谿谷，亦能朝之。聖人能從衆，亦能使之。今吴承闔閭之軍制，子胥之典教，政平未虧，戰勝未敗。大夫嚭者，狂佞之人，達於策慮，輕於朝事。子胥力於戰伐，死於諫議。二人權，必有壞敗。願王虚心自匿，無示謀計，則吴可滅矣。」大夫浩曰〔四七〕：「今吴君驕臣奢，民飽軍勇，外有侵境之敵，内有争臣之震，其可攻也。」大夫句如《左傳》、《國語》皆作「臯如」。曰：「天有四時，人有五勝。五德迭相勝也。《史·歷書》：秦滅六國，「頗推五勝〔四八〕，而自以爲獲水德之瑞」。《前漢·律歷志》同。昔湯、武乘四時之利，而制夏、殷；桓、繆據五勝之便，而列六國。此乘其時而勝者也。」王曰：「未有四時之利，五勝之便，願各就職也。」

校釋

〔一〕宧，弘治本作「宦」，《古今逸史》本作「臣」，此據大德本。

〔二〕天，弘治本作「夭」，此據大德本、《古今逸史》本改。

〔三〕「衆」字下蔣光煦所見宋本有「破軍」二字。

〔四〕於，《古今逸史》本作「以」，此據大德本、弘治本。

〔五〕二十二步，《古今逸史》本作「二十一步」，《（嘉泰）會稽志》卷一《子城》、《古城》所引《吴越春秋》均作「二十步」，此據大德本、弘治本及《太平御覽》卷一百九十三所引《吴越春秋》。

〔六〕龍飛翼之樓，《藝文類聚》卷六十三無「龍」字。《太平御覽》卷一百七十六所引《吴越春秋》無「飛」、「之」二字，卷一九三所引無「龍」字。

〔七〕《太平御覽》卷一百七十六所引《吴越春秋》「門」字下有「爲兩螺繞棟，以象龍角」九字。

〔八〕孫詒讓《札迻》云：「《越絶書·外傳記越地傳》云：陸門四，水門一。則『陵』當爲『陸』之誤。前《闔閭内傳》記吴城制云：『陸門八，以象天八風；水門八，以象地八聰。』亦其證也。」徐乃昌云：「『陵』即訓『陸』。《左傳》『陵師』與『舟師』對舉，是其證。」徐説爲是。

〔九〕生，《藝文類聚》卷八、《太平寰宇記》卷九十六所引《吴越春秋》均作「至」。

〔一〇〕怪山，大德本、弘治本、《古今逸史》本均脱，此據《藝文類聚》卷八、《太平御覽》卷四十七、《水經注》卷四十、《太平寰宇記》卷九十六所引《吴越春秋》和上下文意補。

〔一一〕百姓怪之，大德本、弘治本、《古今逸史》本均脱，此據《水經注》卷四十、《藝文類聚》卷八、《太平御覽》卷四十七所引《吴越春秋》補。

〔一二〕「山」字下《太平御覽》卷四十七所引《吴越春秋》多「形似龜體，故謂龜山」八字，《太平寰宇記》卷九十六所引多「山形似龜，亦呼爲龜山」九字。

〔一三〕天地之鎮柱，大德本、弘治本均作「地之柱」，《古今逸史》本作「地之林」。此據《文選》卷二十二

《應詔觀北湖田收詩》注所引《吴越春秋》及下文文意補。

〔一四〕帝，《文選》卷二十二《應詔觀北湖田收詩》注所引《吴越春秋》作「五帝」。

〔一五〕扁，徐乃昌云：「按《鶡冠子》：五家爲伍，十伍爲里，四里爲扁，扁爲之長。亦與偏同。」徐説爲是。

〔一六〕徐乃昌云：「『非』字疑衍。」其説近是。

〔一七〕名東武，《太平御覽》卷一百七十七所引《吴越春秋》作「於東武山」。

〔一八〕臺，《太平御覽》卷一百七十七所引《吴越春秋》同，《初學記》卷二十四所引《吴越春秋》「臺」字下有「仰觀天文，候日月之變怪」十字。

〔一九〕三，弘治本、《古今逸史》本均作「二」，此據大德本。

〔二〇〕王，弘治本作「三」，此據大德本、《古今逸史》本。

〔二一〕齋，蔣光煦所見宋本作「齊」，通。

〔二二〕休息石室食於冰厨，大德本、弘治本、《古今逸史》本均作「休息食室於冰厨」，有脱誤。《太平御覽》卷一百七十七所引《吴越春秋》作「休息石臺，食於冷厨」，據改。

〔二三〕令，大德本、弘治本、《古今逸史》本均作「今」，此據《初學記》卷十三所引《吴越春秋》及下文文意改。

〔二四〕布，大德本、弘治本、《古今逸史》本均作「專」，此據《初學記》卷十三、《太平御覽》卷五百三十

三、《藝文類聚》卷三十八所引《吴越春秋》改。

〔二五〕身，《藝文類聚》卷九、《太平御覽》卷六十八、卷三百七十二所引《吴越春秋》作「思」。

〔二六〕寒，《太平御覽》卷三百七十二所引《吴越春秋》作「清」。

〔二七〕常，《太平御覽》卷六十八、卷三百七十二、卷四百八十二、《藝文類聚》卷九所引《吴越春秋》作「寒則」。

〔二八〕還，《太平御覽》卷六十八、卷三百七十二、卷四百八十二、《藝文類聚》卷九所引《吴越春秋》作「熱則」。

〔二九〕《藝文類聚》卷三十五、《太平御覽》卷三百五、卷三百九十二、卷四百八十二所引《吴越春秋》較此均多若干字句，其中以《太平御覽》卷四百八十二所引爲最詳。其文曰：「乃中夜抱柱而哭。哭訖，復承之以嘯。於是群臣聞之，咸曰：『夫復讎謀敵，非君王之憂，自臣下之急務也。』二十一年，興師滅吴。」其餘三書所引與此大同小異，多「君王何愁心之甚也？」而無「二十一年」之文。

〔三〇〕賚，大德本、弘治本、《古今逸史》本均作「索」，此據《太平御覽》卷一百九十八、卷九百六十三所引《吴越春秋》改。

〔三一〕党，《太平御覽》卷一百九十八、卷七百五十九《韻會》所引《吴越春秋》作「欓」。欓，木桶也，應是。

〔三二〕俞樾云：「『晉』當讀爲『箭』。『晉竹』即箭竹，所謂會稽之竹箭是也。《周官・職方氏》『其利金錫竹箭』注曰：『故書箭爲晉。杜子春曰：「晉當爲箭。」』」俞樾又云：「廋，依《說文》，則以作『榐』爲正。」俞說爲是。

〔三三〕復封，《太平御覽》卷九百六十三所引《吳越春秋》作「笞封」，《太平御覽》卷一百九十八所引作「報增封之」，卷七百五十九所引作「報吳增封之」。

〔三四〕狄，《詩・大雅・蕩之什・瞻卬》：「舍爾介狄，維予胥忌。」《傳》云：「狄」，遠也。《集韻》曰：「狄」，本作「逖」，遠也。故盧文弨云：「狄」當與「逖」同。徐注誤。

〔三五〕苦之詩，《太平御覽》卷五百七十一、《事類賦》卷十一注所引《吳越春秋》作「若何之歌」，《北堂書鈔》卷一百六、《太平御覽》卷九百九十五所引作「苦何之歌」。

〔三六〕菜，《太平御覽》卷九百九十五所引《吳越春秋》作「葉」。此據大德本、弘治本。

〔三七〕苦，蔣光煦所見宋本下有一「受」字。

〔三八〕味，《古今逸史》本作「未」，此據大德本、弘治本。《太平御覽》卷五百七十一所引《吳越春秋》亦作「味若飴」，卷九百九十五所引則作「味苦飴」。

〔三九〕顧觀光曰：「此句見《文選》應劭詩注，云出《吳越紀》，不云《吳越春秋》，未知在此歌中否？」顧說爲是。

〔四〇〕之，弘治本、《古今逸史》本作「也」，此據大德本。

〔四一〕有,蔣光煦所見宋本作「其」。

〔四二〕者,《古今逸史》本作「之」,此據大德本、弘治本。

〔四三〕剽,蔣光煦所見宋本作「漂」。

〔四四〕少,《古今逸史》本作「之」,此據大德本、弘治本。

〔四五〕頹,弘治本作作「傾」,此據大德本、《古今逸史》本。「隤」音「頹」。

〔四六〕葉茂,《古今逸史》本作「茂葉」,此據大德本、弘治本。

〔四七〕浩,本書《勾踐入臣外傳第七》作「皓」。

〔四八〕推,《古今逸史》本作「摅」,此據大德本、弘治本及《史記》卷二十六《曆書》。

勾踐陰謀外傳第九

越王勾踐十年二月，越王深念遠思：侵辱於吴，蒙天祉福，得「得」下當有「返」字。越國。群臣教誨，各畫一策，辭合意同。勾踐敬從，其國已富。反越五年，未聞敢死之友。或謂諸大夫愛其身、惜其軀者。乃登漸臺，望觀其群臣有憂與否。相國范蠡、大夫種、句如之屬，儼然列坐，雖懷憂患，不形顔色。越王即鳴鐘驚檄驚，疑當作「警」。而召群臣，與之盟曰：「寡人獲辱受耻，上愧周王，下慙晉、楚。幸蒙諸大夫之策，得返國修政，富民養士。而五年未聞敢死之士，雪仇之臣，奈何而有功乎？」群臣默然莫對者。越王仰天歎曰：「孤聞主憂臣辱，主辱臣死。今孤親被奴虜之厄，受囚破之耻，不能自輔，須賢任仁，然後討吴，重負諸臣。大夫何易見而難使也〔一〕？」於是，計硯年少官卑，列坐於後，乃舉手而趨，蹈席而前，進曰：「謬哉！君王之言也。非大夫易見而難使，君王之不能使也。」越王曰：「何謂？」計硯曰：「夫官位、財幣、金賞者，君之所輕也。操鋒履刃，艾音刈。命投死者，士之所重也。今王易「易」字不通，疑「𠫔」字之誤。「𠫔」、「吝」同。財之所輕，而責士之所重，何其殆哉！」於是越王默然不悦，面有愧色。即辭群臣，進計硯而問曰：「孤之所得士心者何等？」計硯對曰：「夫君人尊其仁義者，治之門也。士民者，君之根也。開門固根，莫如正身。正身之道，謹左右。左右者，君之所以盛衰者也。願王明選左右，得賢而已。昔太公九聲而足〔二〕，其義未詳，或恐字誤。磻溪之餓人也，西伯任之而王；管仲，魯之亡囚，有貪分之毀，管仲曰：「吾始困時，嘗與鮑叔賈，分財利多自與。鮑叔不以我爲貪，知我貧也。」齊桓得之而霸。故《傳》曰：『失士者亡，得士者昌。』願王審於左右，何患群臣之不使也！」越王曰：「吾使賢任能，各殊其事。孤虛心高望，冀聞報復之謀。今咸匿聲隱形，不聞其語，厥咎安在？」計硯曰：「選賢實士，各有一等。遠使以難，平聲。試以難事。以效其誠；內告以匿，以知其信；與之論事，以觀其智；飲之以酒，以視其亂；酒能亂性。《論語》：「唯酒無量，不及亂。」指之以使，《曲禮》「耆，指使」注：「指事使人也。」以察其能；示之以色，以別其態〔三〕。五色以設，士盡其實，人竭其智，知其智盡實〔四〕，則君臣何憂？」越王曰：「吾以謀士效實，人盡其智，而士有未盡進辭有益寡人也。」計硯曰：「范蠡明而知內，文種遠以見外。願王請大夫種與深議，則霸王之術在矣。」

越王乃請大夫種而問曰：「吾昔日受夫子之言，自免於窮厄之地。今欲奉不羈之計，以雪吾之宿讎，何行而功乎？」大夫種曰：「臣聞高飛之鳥，死於美食；深泉之魚〔五〕，死於芳餌。今欲伐吳，必前求其所好，參其所願，然後能得其實。」越王曰：「人之所好，雖其願，何以定而制之死乎？」大夫種曰：「夫欲報怨復讎，破吴滅敵者，有九術〔六〕，《史記》作「七術」。君王察焉。」越王曰：「寡人被辱懷憂，内慙朝臣，外愧諸侯，中心迷惑，精神空虚。雖有九術，安能知之？」大夫種曰：「夫九術者，湯、文得之以王，桓、穆得之以霸。其攻城取邑，易於脱屣。願大王覽之。」種曰：「一曰尊天事鬼，「鬼」下當有「神」字。下文亦兼鬼神言之。以求其福。二曰重財幣，以遺去聲，贈也。下同。其君；多貨賄，以喜其臣。三曰貴糴粟稾，以虚其國；利所欲，以疲其民。四曰遺美女，以惑其心，而亂其謀。五曰遺之巧工良材，使之起宫室，以盡其財。六曰遺之諛臣，使之易伐。七曰彊其諫臣，使之自殺。八曰君王國富而備利器。九曰利甲兵以承其弊。凡此九術，君王閉口無傳，守之以神，取天下不難，而況於吴乎！」越王曰：「善。」乃行第一術，立東郊以祭陽，名曰東皇公〔七〕；立西郊以祭陰，名曰西王母。祭陵山於會稽，陵山，禹陵之山。先秦古書帝王冢皆不稱陵。陵之名，自漢始。祀水澤於江州。今之江州，春秋時爲吴西境，楚東境，越不得祀水澤於其地。兼晉以前，亦未有江州之名。蜀之巴郡，古有江州縣，又去越遼遠，亦非當時祀水澤之地。「州」字義當作「洲」。按《説文》：「州，渚也。」字本作「州」，水中可居者州。今作「洲」，蓋後人加水以别州縣之字。事鬼神一年〔八〕，國不被災。越王曰：「善哉！大夫之術。願論其餘。」種曰：「吴王好起宫室，用工不輟。王選名山神材，奉而獻之。」越王乃使木工三千餘人，入山伐木。一年，師無所幸。作士工作之士。思歸，皆有怨望之心，而歌《木客》之吟。《水經注》：「勾踐使工人伐榮楯，欲以獻吴，久不得歸。工人憂思，作《木客吟》。」一夜，天生神木一雙，大二十圍，長五十尋。陽爲文梓，陰爲楩柟。巧工施校，制以規繩。雕治圓轉，刻削磨礱。分以丹青，錯畫文章。嬰以白璧，鏤以黄金。狀類龍蛇，文彩生光。乃使大夫種獻之於吴王，曰：「東海役臣，臣孤勾踐，使臣種，敢因下吏，聞於左右：賴大王之力，竊爲小殿，有餘材，謹再拜獻之。」吴王大悦。徐天祜曰：「天生神木，不假日夜之所息，一夕而大二十圍，長五十尋，有是哉？使兹事而信，越嘗以其木致於吴，而行人之辭乃曰：『東海役臣獻爲殿之餘材。』甚非所以禮吴，而示有先也。且越有五臺，未嘗敢上吴王，以爲畏法服威。夫既天之産材若是，其異人之致飾若是，其都而名之曰餘材，則越之爲殿，亦已忲矣。而特以其遺餘奉吴，何越之失言，而吴之易悦耶？」子胥諫曰：「王勿受也。昔者桀起靈臺，紂起鹿臺，陰陽不和，寒暑不時，五穀不熟，天與其災〔九〕，民虚國變，遂取滅亡〔一〇〕。大王受之，必爲越王所戮〔一一〕。」吴王不聽，遂受而起姑蘇之臺〔一二〕。三年聚材，五年乃成，高見二百里。臺始基於闔廬〔一三〕，而新作於夫差。《吴地記》曰：「高三百丈，廣八十四丈。」行路之人〔一四〕，道死巷哭，不絶嗟嘻之聲〔一五〕。民疲士苦，人不聊生。越王曰：「善哉！第二術也。」

十一年，越王深念永思，惟欲伐吴。乃請計硯問曰：「吾欲伐吴，恐不能破。早欲興師，惟問於子。」計硯對曰：「夫興師舉兵，必且内蓄五穀，實其金銀，滿其府庫，勵其甲兵。凡此四者，必察天地之氣，原於陰陽，明於孤虚，《史·龜策傳》：「日辰不全，故有孤虚。」《六甲孤虚法》：

「甲子旬中無戌亥，戌亥即爲孤，辰巳即爲虛。」蓋旬空爲孤，對衝爲虛。餘五旬可以類推。劉歆《七略》有《風候孤虛》二十卷。審於存亡，乃可量敵。」越王曰：「天地存亡，其要奈何？」計硯曰：「天地之氣，物有死生。原陰陽者，物貴賤也；明孤虛者，知會際也；審存亡者，別真僞也。」越王曰：「何謂死生真僞乎？」計硯曰：「春種八穀，夏長而養，秋成而聚，冬畜而藏。夫天時有生以四時言，則「有生」當作「春生」〔一六〕。而不救種，是一死也；夏長無苗，二死也；秋成無聚，三死也；冬藏無畜，四死也。雖有堯、舜之德，無如之何。夫天時有生，勸者老，作者少，反氣應數，不失厥理，一生也；留意省察，謹除苗穢，穢除苗盛，二生也；前時設備，物至則收，國無逋稅，民無失穗，三生也；倉已封塗，除陳入新，君樂臣歡，男女及信，四生也。夫陰陽者，太陰所居之歲，留息三年，貴賤見矣。夫孤虛者，謂天門地戶也。存亡者，君之道德也。」越王曰：「何子之年少，於物之長也？」計硯曰：「有美之士，不拘長少。」越王曰：「善哉！子之道也。」乃仰觀天文，集察緯宿，天象定者爲經，動者爲緯。故五星亦曰五緯。宿，音秀，列星也。曆象四時，以下者上，虛設八倉，從陰收著〔一七〕，陟略切，置也。望陽出糶，筴筴，通作「策」。其極計，三年五倍，越國熾富。勾踐歎曰：「吾之霸矣！」善計硯之謀也。

十二年，越王謂大夫種曰：「孤聞吳王淫而好色，惑亂沉湎，不領政事。因此而謀〔一八〕，可乎？」種曰：「可破〔一九〕。夫吳王淫而好色，宰嚭佞以曳心，往獻美女，其必受之〔二〇〕。惟王選擇美女二人而進之。」越王曰：「善。」〔二一〕乃使相工索國中〔二二〕，得苧蘿山鬻薪之女，曰西施、鄭旦，《會稽志》：「苧蘿山在諸暨縣南五里。」《輿地志》：「諸暨縣苧蘿山，西施、鄭旦所居。」《十道志》：「勾踐索美女以獻吳王，得之諸暨苧蘿山，賣薪女也。」西施山下有浣沙石。飾以羅縠〔二三〕，教以容步〔二四〕，習於土城，《越舊經》：土城在會稽縣東六里。臨於都巷〔二五〕，三年學服，而獻於吳。乃使相國范蠡進曰：「越王勾踐竊有二遺女，越國洿下困迫，不敢稽留。謹使臣蠡獻之大王，不以鄙陋寢容〔二六〕，貌不揚曰「寢」，通作「寑」。《廣韻》：「寑，陋，又貌醜，或作侵。」《史・魏其傳》：「武安貌侵。」短小，謂醜惡也。願納以供箕箒之用。」吳王大悅，曰：「越貢二女，乃勾踐之盡忠於吳之證也。」子胥諫曰：「不可，王勿受也。臣聞五色令人目盲，五音令人耳聾。昔桀易湯而滅，紂易文王而亡。大王受之，後必有殃。臣聞越王朝書不倦，晦誦竟夜，且聚敢死之士數萬，是人不死，必得其願；越王服誠行仁，聽諫進賢，是人不死，必成其名；越王夏被毛裘〔二七〕，冬御絺綌，是人不死，必爲對隙〔二八〕。臣聞：賢士，國之寶；美女，國之咎。夏亡以妺喜，殷亡以妲己〔二九〕，周亡以褒姒。」桀伐有施，有施氏以妹喜女焉，有寵而亡夏；紂伐有蘇，有蘇氏以妲己女焉，有寵而亡殷；幽王伐有褒，有褒人以褒姒女焉，有寵，生伯服，逐太子宜臼。太子奔申，申人與繒、西戎攻幽王，周於是乎亡。妹，音末。喜，音嬉。吳王不聽，遂受其女。越王曰：「善哉！第三術也。」

十三年，越王謂大夫種曰：「孤蒙子之術，所圖者吉，未嘗有不合也。今欲復謀吳，奈何？」種曰：「君王自陳越國微鄙，年穀不登，願王請糴，以入其意。天若棄吳，必許王矣。」越乃使上聲。大夫種使去聲。吳，因宰嚭求見吳王，辭曰：「越國洿下，水旱不調，年穀不登，人民飢乏，道荐飢餒。願從大王請糴，來歲即復太倉。惟大王救其窮窘。」吳王曰：「越王信誠守道，不懷二心。今窮歸愬，吾豈愛惜財寶，奪其所願！」子胥諫曰：「不可！非吳有越，越必有吳。吉往則凶來，是養生寇而破國家者也。與之不爲親，不與未成冤。且越有聖臣范蠡，勇以善謀，將有修飾攻戰，以伺吾間。去聲。下同。觀越王之使使來請糴者，非國貧民困而請糴也，以入吾國，伺吾王間也。」吳王曰：「寡人卑服越王，而有其衆，懷其社稷，以愧勾踐。勾踐氣服〔三〇〕，爲駕車卻行馬前，諸侯莫不聞知。今吾使之歸國，奉其宗廟，復其社稷，豈敢有反吾之心乎？」子胥曰：「臣聞士窮，非難抑心下人，其後有激人之色。臣聞越王飢餓，民之困窮，可因而破也。今不用天之道，順地之理，而反輸之食，固君之命。狐雉之相戲也，夫狐卑體而雉信之，故狐得其志，而雉必死。可不慎哉！」吳王曰：「勾踐國憂，而寡人給之以粟。恩往義來，其德昭昭，亦何憂乎？」子胥曰：「臣聞狼子有野心，仇讎之人不可親。夫虎不可餧以食，蝮蟲名。一曰虺，善蟠人〔三一〕。蛇不恣其意。今大王捐國家之福，以饒無益之讎；棄忠臣之言，而順敵人之欲。臣必見越之破吳，豸蟲無足曰豸。疑當作「豕」。鹿游於姑胥之臺，荆榛蔓於宮闕。願王覽武王伐紂之事也。」太宰嚭從旁對曰：「武王非紂王臣也？率諸侯以伐其君，雖勝殷，謂義乎？」子胥曰：「武王即成其名矣。」太宰嚭曰：「親戮主以爲名，吾不忍也。」子胥曰：「盜國者封侯，盜金者誅。令使武王失其理，則周何爲三家之表？」意謂釋箕子之囚，封比干之墓，表商容之閭也。太宰嚭曰：「子胥爲人臣，徒欲干君之好，咈君之心，以自稱去聲。滿。君何不知過乎？」子胥曰：「太宰嚭固欲以求其親。前縱石室之囚，受其寶女之遺，去聲。外交敵國，内惑於君。大王察之，無爲群小所侮。今大王譬若浴嬰兒，雖啼無聽宰嚭之言。」吳王曰：「宰嚭是。子無乃聞寡人言，非忠臣之道〔三二〕，類於佞諛之人。」太宰嚭曰：「臣聞鄰國有急，千里馳救，是乃王者封亡國之後，五霸輔絶滅之末者也〔三三〕。」吳王乃與越粟萬石，而令之曰：「寡人逆群臣之議，而輸於越。年豐而歸寡人。」大夫種曰：「臣奉使返越，歲登誠還吳貸。」大夫種歸越，越國群臣皆稱萬歲。即以粟賞賜群臣，及於萬民。二年，越王粟稔，揀擇精粟而蒸，還於吳，復還斗斛之數，亦使大夫種歸之吳王。王得越粟，長太息，謂太宰嚭曰：「越地肥沃，其種甚嘉，可留使吾民植之。」於是吳種越粟，粟種殺而無生者，吳民大飢。

越王曰：「彼以窮居，其可攻也。」大夫種曰：「未可。國始貧耳，忠臣尚在，天氣未見，須俟其時。」越王又問相國范蠡曰：「孤有報復之謀，水戰則乘舟，陸行則乘輿。輿、舟之利，頓於兵弩。今子爲寡人謀事，莫不謬者乎？」范蠡對曰：「臣聞古之聖君，莫不習戰用兵。然行陣隊伍軍鼓之事，吉凶決在其工。今聞越有處女，出於南林，《越舊經》：南林在山陰縣南。國人稱善。願王請之〔三四〕，立可見。」越王乃使使聘之，問以劍戟之術。處女將北見於王，道逢一翁〔三五〕，自稱曰袁公〔三六〕，問於處女：「吾聞子善劍〔三七〕，願一見之〔三八〕。」女曰：「妾不敢有所隱，惟公試之。」於是，袁公即杖箖箊竹〔三九〕，箖箊，竹名。箖，直尋切。箊，央魚切。《吳都賦》：「其竹則篔簹箖箊。」竹枝上頡〔四〇〕，橋末墮地〔四一〕。女即捷末〔四二〕。《藝文類聚》引《吳越春秋》處女善劍事與此小異，曰：袁公「即挽林內之竹，似枯槁，末折墮地〔四三〕。女接取其末」。按此書，「末」字當作「未」，「捷」通作「接」。《易》：「晝日三接。」《禮記》：「太子生，接以太牢。」《左傳》：「子同生，接以太牢。」注並音捷。袁公操其本而刺處女，女應即入之。三入，處女因舉杖擊之〔四四〕，袁公則飛上樹〔四五〕，變爲白猿〔四六〕。遂別去〔四七〕，見越王。越王問曰：「夫劍之道，其如之何〔四八〕？」女曰：「妾生深林之中，長於無人之野，無道不習，不達諸侯。竊好擊之道，誦之不休。妾非受於人也，而忽自有之。」越王曰：「其道如何？」女曰：「其道甚微而易，其意甚幽而深。道有門户，亦有陰陽。開門閉户，陰衰陽興。凡手戰之道，內實精神，外示安儀。見之似好婦，奪之似懼虎。布形候氣，與神俱往。杳之若日，偏如滕滕，當作「騰」。兔。追形逐影，光若佛彷。呼吸往來，不及法禁。縱橫逆順，直復不聞。斯道者，一人當百，百人當萬。王欲試之，其驗即見。」越王即加女號〔四九〕，號曰越女。乃命五校之墮長高才習之，以教軍人〔五〇〕。《詩》注：「一丈爲版，五版爲堵。」《左傳》：「五版爲堵，五堵爲雉。」「版」亦作「板」。此「墮」字疑當作「隊」。長，疑是上聲。高，或人名也。當世「勝」字上疑當有「莫能」二字。勝越女之劍〔五一〕。於是，范蠡復進善射者陳音。音，楚人也。越王請音而問曰：「孤聞子善射，道何所生？」音曰：「臣，楚之鄙人，嘗步於射術，未能悉知其道。」越王曰：「然。願子一二其辭。」音曰：「臣聞弩生於弓，弓生於彈，彈起古之孝子〔五二〕。」越王曰：「孝子彈者奈何？」音曰：「古者人民樸質〔五三〕，飢食鳥獸，渴飲霧露，死則裹以白茅，投於中野〔五四〕。孝子不忍見父母爲禽獸所食，故作彈以守之〔五五〕，絶鳥獸之害。故歌曰『斷竹續竹〔五六〕，飛土逐害』之謂也〔五七〕。於是神農、皇帝皇，當作「黄」。弦木爲弧〔五八〕，剡木爲矢。《世本》：「黄帝臣牟夷作矢。」弧矢之利，以威四方〔五九〕。黄帝之後，楚有弧父〔六〇〕。弧父者，生於楚之荆山，生不見父母。爲兒之時，習用弓矢，所射無脱。以其道傳於羿，羿傳逄蒙〔六一〕，逄蒙傳於楚琴氏。琴氏以爲弓矢不足以威天下〔六二〕。當是之時，諸侯相伐，兵刃交錯，弓矢之威不能制服。琴氏乃横弓着臂，施機設樞〔六三〕，《釋名》：「弩柄曰臂，鉤弦曰牙，牙外曰郭，郭下有懸刀，合而名之曰機，言機巧也〔六四〕。亦言如門户之樞機，開闔有節。」加之以力〔六五〕，然後諸侯可服。琴氏傳之楚三侯，《文選注》所引與此略同，但云：「琴氏傳大魏，大魏傳楚三侯。」少異耳。所謂句亶、鄂、章，人號麇侯、翼侯、魏侯也。熊渠三子：長子康，爲句亶王；紅爲鄂王；少子執疵，爲越章王。三侯者，未僭王號時所稱也。自楚之三侯，傳至靈王，自稱之楚累世〔六六〕，蓋以桃弓棘矢而備鄰國也。楚右尹子革曰：「唯是桃弧棘矢，以共禦王事。」自靈王之後，射道分流，百家能人，用莫得其正。臣前人受之於楚，五世於臣矣。臣雖不明其道，惟王試之。」越王曰：「弩之狀何法焉？」陳音曰：「郭爲方城，守臣子也；教爲人君，命所起也；牙爲執法，守吏卒也；牛爲中將，主内裹也〔六七〕；關爲守禦，檢去止也；錡爲侍從，聽人主也；臂爲道路，通所使也；弓爲將軍，主重負也；弦爲軍師，禦戰士也；矢爲飛客，主教使也；金爲實敵〔六八〕，往不止也；衛爲副使〔六九〕，正道里也；又爲受教〔七〇〕，知可否也；縹爲都尉，執左右也；敵爲百死，不得駭也；鳥不及飛，獸不暇走〔七一〕，弩之所向，無不死也〔七二〕。臣之愚劣，道悉如此。」越王曰：「願聞正射之道。」〔七三〕音曰：「臣聞正射之道，道衆而微。古之聖人，射弩未發，而前名其所中。射命中也。臣未能如古之聖人。」「請悉其要。」音曰〔七四〕：「夫射之道，身若戴板，頭若激卵。左足縱〔七五〕，右足橫。左手若附枝，右手若抱兒。舉弩望敵，翕心咽煙。與氣俱發，得其和平。神定思去，去止分離。右手發機，左手不知。一身異教，豈況雄雌。此正射持弩之道也。」「願聞望敵儀表，投分平聲。飛矢之道。」音曰：「夫射之道，從分望敵，合以參連。《周禮》：「五射，二曰參連，前放一矢，後三矢連續而去也。」弩有斗石，矢有輕重。石取一兩，其數乃平。遠近高下，求之銖分。道要在斯，無有遺言。」越王曰：「善。盡子之道〔七六〕，願子悉以教吾國人。」音曰：「道出於天，事在於人。人之所習，無有不神。」於是，乃使陳音教士習射於北郊之外。三月，軍士皆能用弓弩之巧。陳音死，越王傷之，葬於國西〔七七〕，號其葬所曰陳音山〔七八〕。在山陰縣西南四里。《寰宇記》曰屬上虞縣，非也。

校　釋

〔一〕盧文弨曰：「古『得』字與『見』相似，故譌耳。」俞樾云：「『見』當作『得』。此《傳》所載越王及計倪之言，與《戰國策·齊策》管燕、田需之言相似，彼作：『士何其易得而難用也？』《韓詩外傳》『管燕』作『宋燕』，『田需』作『陳饒』，亦曰：『何士大夫易得而難用也？』二書皆是『得』字，故知此《傳》『見』字之誤。『得』，古作『㝵』，見《説文》，故往往誤作『見』。《史記·趙世家》：『踰年歷歲，未得一城。』《趙策》『得』誤作『見』，即其例也。」盧、俞所云近是。

〔二〕九聲而足，《越絶外傳計倪第十一》所引計倪之言作「九十而不伐」。「聲」，疑爲「十」。「足」，疑即「卒」。

〔三〕態，弘治本、《古今逸史》本均作「熊」。此據大德本。

〔四〕盧文弨云：「實」字上當有「其」字。

〔五〕泉，《文選》卷二十五《贈何劭、王濟》注、卷三十四《七啟》注均作「川」。

〔六〕俞樾據下文所述，云：「越王於九術止行其三，故《伐吴外傳》云：『九術之策，今用三已破彊吴，其六尚在子。』《史記》則云：『子教寡人伐吴七術，寡人用其三而敗吴，其四在子。』雖有九術、七術之異，而以爲用其三術則同。據《越絶書》以《九術》名篇，疑《史記》誤也。惟下文請羅之舉，實即九術中所謂『貴糴粟槀，以虚其國』者。而吴王之殺子胥，則又所謂『彊其諫臣，使之自殺』者。越王所用實五術，而不止三術。疑《史記》本作：『子教寡人伐吴九術，寡人用其五而敗吴，其四在子。』後人據《吴越春秋》改『用其五』爲『用其三』，又以『其四在子』不得爲九，因又改『九術』爲『七術』也。」俞樾所云可備一説。按《越絶書》及《吴越春秋》所載，越王所用實九術，而非僅僅三術或五術。

〔七〕東皇公，蔣光煦所見宋本下有「祠」字。

〔八〕二，弘治本、《古今逸史》本作「一」，此據大德本。

〔九〕天與，《太平御覽》卷一百七十七所引《吴越春秋》作「自取」。

〔一〇〕滅，大德本、弘治本作「滅」，此據《古今逸史》本。

〔一一〕《太平御覽》卷一百七十七所引《吴越春秋》「必」字前有一「後」字，「越」字下少一「王」字。

〔一二〕蘇，《太平御覽》卷一百七十七所引《吴越春秋》作「胥」。

〔一三〕盧，《古今逸史》本作「閭」，此據大德本、弘治本。

〔一四〕路，《太平御覽》卷一百七十七所引《吴越春秋》作「步」。

〔一五〕絶，《太平御覽》卷一百七十七所引《吴越春秋》作「輟」。

〔一六〕有，弘治本作「冇」，此據大德本、《古今逸史》本。

〔一七〕盧文弨云：「著」當爲「廢著」之「著」，與「貯」同。盧説近是。

〔一八〕謀，《太平御覽》卷三百五所引《吴越春秋》作「壞其謀」。

〔一九〕可破，《太平御覽》卷三百五所引《吴越春秋》作「可」。

〔二〇〕其必，蔣光煦所見宋本作「必其」。

〔二一〕此句《太平御覽》卷三百五所引《吴越春秋》作「於是越王曰：『善哉！』」

〔二二〕相工索國中，大德本、弘治本、《古今逸史》本均作「相者國中」，《(嘉泰)會稽志》卷九《山》所引《吴越春秋》作「相者求美女於國中」，此據《太平御覽》卷三百五所引《吴越春秋》。

〔二三〕觳，弘治本作作「穀」，誤。此據大德本、《古今逸史》本改。

〔二四〕容，《(嘉泰)會稽志》卷九《山》所引《吴越春秋》作「行」。

〔二五〕臨，《(嘉泰)會稽志》卷九《山》所引《吴越春秋》作「教」。

〔二六〕寢，弘治本作「寑」，此據大德本、《古今逸史》本。下同。

〔二七〕「越」字前蔣光煦所見宋本有「臣聞」二字。被，弘治本作「祓」，此據大德本、《古今逸史》本。

〔二八〕對隙，《越絶内經九術第十四》作「利害」。

〔二九〕喜，蔣光煦所見宋本作「嬉」。己，弘治本、《古今逸史》本作「巳」，此據大德本。下同。

〔三〇〕勾踐，蔣光煦所見宋本無此二字。

〔三一〕蝥，弘治本作「蝥」，《古今逸史》本作「螯」，此據大德本。

〔三二〕按上下文義和《越絶請羅内傳第六》所載，「非」字前疑脱一「此」字。

〔三三〕滅，大德本、弘治本作「減」，此據《古今逸史》本。

〔三四〕王，《事類賦》卷十三注所引《吴越春秋》作「君」。請之，《北堂書鈔》卷一百二十二注、《太平御覽》卷三百四十三、《事類賦》卷十三注所引《吴越春秋》作「問以手（守）戰之道」，《藝文類聚》卷八十九所引作「問之」，卷九十五所引作「請問手戰之道」，《太平御覽》卷九百十所引作「請問之手戰之道也」。

〔三五〕一翁，《北堂書鈔》卷一百二十二，《藝文類聚》卷八十九、卷九十五，《太平廣記》卷四百四十四，《太平御覽》卷三百四十三、卷九百十、卷九百六十二，《事類賦》卷十三注所引《吴越春秋》作「老人」。

〔三六〕曰，《文選》卷五《吴都賦》注所引《吴越春秋》作「素」。

〔三七〕《文選》卷五《吴都賦》注，《藝文類聚》卷九十五，《北堂書鈔》卷一百二十二注，《太平御覽》卷三百四十三、卷九百十，《事類賦》卷十三注所引《吴越春秋》「善」字下有一「爲」字。《文選》所引「劍」字下有一「術」字。

〔三八〕見，《文選》卷五《吴都賦》注，《藝文類聚》卷九十五，《北堂書鈔》卷一百二十二注，《太平御覽》卷三百四十三、卷九百十，《事類賦》卷十三注所引《吴越春秋》均作「觀」。

〔三九〕杖箖箊竹，《文選》卷五《吴都賦》注所引《吴越春秋》作「跳於林竹」，《藝文類聚》卷八十九、卷九十五所引分别作「跪拔林於竹」、「挽林内之竹」，《北堂書鈔》卷一百二十二注和《太平御覽》卷三百四十三、卷九百十、卷九百六十二所引分别作「跪拔林之竹」，「挽林抄之竹」，「跪拔林杪竹」，《事類賦》卷十三注所引作「因拔竹林」。

〔四〇〕竹枝上頡，《藝文類聚》卷九十五所引《吴越春秋》作「似枯槁」，《太平御覽》卷九百十所引作「似桔槔」。頡，《説文·頁部》云：「直項也。」

〔四一〕橋末，大德本、弘治本、《古今逸史》本均作「橋未」，《文選》卷五《吴都賦》注所引《吴越春秋》作「槁折」，《藝文類聚》卷八十九、卷九十五，《太平御覽》卷九百十所引均作「末折」，參各本改。

〔四二〕捷末，《北堂書鈔》卷一百二十二注所引《吴越春秋》作「據其末」，《文選》卷五《吴都賦》注所引作「接末」，《藝文類聚》卷八十九所引作「接其末」，《藝文類聚》卷九十五、《太平御覽》卷九百十所引均作「接取其末」，《太平御覽》卷三百四十三、《事類賦》卷十三注所引均作「捷其末」。

〔四三〕末，《古今逸史》本作「未」，此據大德本、弘治本及《藝文類聚》卷九十五所引《吴越春秋》。下同。然觀下文，原文似作「未」。

〔四四〕「袁公」至「擊之」二十三字，大德本、弘治本、《古今逸史》本均脱，《文選》卷五《吴都賦》注、《藝文類聚》卷九十五、《太平御覽》卷九百十所引《吴越春秋》均作「袁公操（其）本以（而）刺處女。（處女）應節（即）入（之）。三入，（女）因舉杖（枝）擊之（袁公）」。《藝文類聚》卷八十九、《太平御覽》卷三百四十三、《北堂書鈔》卷一百二十二注所引作「公操其本而刺（處女）。處女（因）舉杖擊之」。此據蔣光煦所見宋本及瞿鏞（見《鐵琴銅劍樓藏書目録》卷十）、顧廣圻（見《黄顧遺書·思適齋題跋》卷二）所見宋嘉定十七年汪綱刻本補。

〔四五〕則，《文選》卷五《吴都賦》注、《太平御覽》卷三百四十三所引《吴越春秋》均作「即」，此據大德本、弘治本、《古今逸史》本、《藝文類聚》卷九十五和《太平御覽》卷九百十所引。

〔四六〕變，《文選》卷五《吴都賦》注、《藝文類聚》卷九十五、《太平御覽》卷九百十所引《吴越春秋》均作「化」，此據大德本、弘治本、《古今逸史》本和《藝文類聚》卷八十九、《太平御覽》卷三百四十三、《事類賦》卷十三注所引。

〔四七〕别，《文選》卷五《吴都賦》注所引《吴越春秋》作「引」。

〔四八〕其，大德本、弘治本、《古今逸史》本均作「則」，此據蔣光煦所見宋本改。

〔四九〕《北堂書鈔》卷一百二十二、《太平御覽》卷三百四十三所引《吴越春秋》「王」字下有「大悦」二字。

〔五〇〕此句大德本、弘治本、《古今逸史》本均作「乃命五板之隨長高習之教軍士」，有訛脱。《事類賦》卷十三注所引《吴越春秋》作「王命五校之高才習之」。此據《太平御覽》卷三百四十三所引《吴越春秋》增改。隨，當作「隊」，注文是。

〔五一〕此句大德本、弘治本、《古今逸史》本均同，不通。《北堂書鈔》卷一百二十二注、《太平御覽》卷三百四十三、《事類賦》卷十三注所引《吴越春秋》作「當此之時，皆稱越女（之）劍」。

〔五二〕起，《北堂書鈔》卷一百二十四、卷一百二十五注，《藝文類聚》卷六十，《太平御覽》卷三百四十

八、卷三百五十、卷七百五十五所引《吴越春秋》作「生於」，此據大德本、弘治本、《古今逸史》本。

〔五三〕樸質，《北堂書鈔》卷一百二十四注、《藝文類聚》卷六十、《白孔六帖》卷十四、《太平御覽》卷三百五十所引《吴越春秋》均作「質樸」。

〔五四〕於，《藝文類聚》卷六十、《白孔六帖》卷十四、《太平御覽》卷三百五十、卷七百五十五所引《吴越春秋》均作「之」。

〔五五〕故，《藝文類聚》卷六十、《白孔六帖》卷十四、《太平御覽》卷三百五十、卷七百五十五所引《吴越春秋》均作「則」。

〔五六〕歌，《藝文類聚》卷六十、《白孔六帖》卷十四、《太平御覽》卷三百五十、卷七百五十五所引《吴越春秋》均作「古人歌之」。《藝文類聚》卷六十所引「之」下無「曰」字。續竹，《北堂書鈔》卷一百二十四、《白孔六帖》卷十四、《太平御覽》卷三百五十、卷七百五十五所引《吴越春秋》作「屬木」。

〔五七〕害，《北堂書鈔》卷一百二十四、《白孔六帖》卷十四、《太平御覽》卷三百五十、卷七百五十五所引《吴越春秋》均作「肉」。之謂也，《太平御覽》卷三百五十所引作「遂令死者不犯鳥狐之殘也」。

〔五八〕此句《文選》卷八《羽獵賦》注、卷三十四《七啟》注、卷三十九《上書諫獵》注、卷四十五《答賓戲》注、卷四十七《聖主得賢臣頌》注所引《吴越春秋》均作「黄帝作弓」。

〔五九〕威，《文選》卷三十四《七啟》注所引《吴越春秋》作「備」。

〔六〇〕楚有弧父，《文選》卷八《羽獵賦》注、卷三十四《七啟》注、卷三十九《上書諫獵》注、卷四十五《答賓戲》注、卷四十七《聖主得賢臣頌》注所引《吴越春秋》均作「有楚狐父」。

〔六一〕逄，《古今逸史》本作「逢」。

〔六二〕以爲弓矢，《太平御覽》卷三百四十八所引《吴越春秋》均作「以弓矢之勢」。

〔六三〕樞，《太平御覽》卷三百四十八所引《吴越春秋》作「郭」。

〔六四〕巧，弘治本、《古今逸史》本均作「功」，此據大德本。

〔六五〕力，盧文弨云：疑作「刀」。盧氏所云，可備一説。

〔六六〕之楚，盧文弨云：疑作「楚之」。盧説近是。

〔六七〕裹，大德本作「裏」。

〔六八〕實，《太平御覽》卷三百四十八所引《吴越春秋》作「穿」，義較勝。

〔六九〕衛，盧文弨云：「衛」謂「羽」也。

〔七〇〕又，盧文弨改爲「叉」。

〔七一〕及、暇二字《太平御覽》卷三百四十八所引《吴越春秋》均作「得」。

〔七二〕無不死也，《太平御覽》卷三百四十八所引《吴越春秋》作「無不恐者」。

〔七三〕《太平御覽》卷三百四十八所引《吴越春秋》「願」字前有「善，子之説弩也」六字，「願」字下有一「復」字。

〔七四〕音曰，大德本、弘治本、《古今逸史》本均脱，此據蔣光煦所見宋本補。

〔七五〕左足縱，大德本、弘治本、《古今逸史》本均作「左足蹉」，此據《太平御覽》卷三百四十八所引《吴越春秋》改。

〔七六〕盡，《（嘉泰）會稽志》卷九《山》所引《吴越春秋》無此字。

〔七七〕《水經注》卷四十所引《吴越春秋》「西」字下有「山上」二字。

〔七八〕「山」字上蔣光煦所見宋本及《（嘉泰）會稽志》卷九《山》所引《吴越春秋》均有一「之」字。

勾踐伐吳外傳第十

勾踐十五年，謀伐吳，按：勾踐七年歸自吳，既反國四年，即與范蠡謀伐吳。自茲四年間必謀之，蠡皆以爲未可。《國語》記之稍詳。至是，始伐吳。《左傳》見於哀公十三年，正勾踐十五年也。謂大夫種曰：「孤用夫子之策，免於天虐之誅，還歸於國。吾誠已説音稅。下同。於國人，國人喜悦。而子昔日云：有天氣，即來陳之。今豈有應乎？」種曰：「吳之所以彊者，爲有子胥。今伍子胥忠諫而死，是天氣前見，亡國之證也。願君悉心盡意，以説國人。」越王曰：「聽孤説國人之辭：寡人不知其力之不足以大國報讎，以暴露百姓之骨於中原，此則寡人之罪也。寡人誠更其術。於是，乃葬死問傷，吊有憂，賀有喜，送往迎來，除民所害。然後卑事夫差，往宦士三百人於吳〔一〕。吳封孤數百里之地，因約吳國父兄昆弟而誓之曰：『寡人聞，古之賢君，四方之民歸之若水。寡人不能爲政，將率二三子夫婦以爲藩輔。』令壯者無娶老妻，老者無娶壯婦。女子十七未嫁，其父母有罪；丈夫二十不娶，其父母有罪。將免者，「免者」，免身脱也，謂生子。以告於孤，令醫守之。生男二，貺之以壺酒，一犬。生女二，賜以壺酒，一豚。犬，陽畜。豚，陰畜。生子三人，孤以乳母。生子二人，孤與一養。長子死，三年釋吾政；季子死，三月釋吾政。必哭泣葬埋之，如吾子也。令孤子、寡婦、疾疹、貧病者，納官其子。欲仕，量平聲。其居〔二〕，好上聲。其衣，飽其食，而簡鋭之。凡四方之士來者〔三〕，必朝而禮之，載飯與羹，以游國中。國中僮子戲而遇孤〔四〕，孤餔而啜之，施以愛，問其名。非孤飯不食；非夫人事不衣。七年不收國，民家有三年之畜。男即歌樂，女即會笑。今國之父兄日請於孤，曰：『昔夫差辱吾君王於諸侯，長爲天下所耻。今越國富饒，君王節儉，請可報耻。』孤辭之曰：『昔者我辱也，非二三子之罪也。如寡人者，何敢勞吾國之人，以塞吾之宿讎！』父兄又復請曰：『誠四封之內，盡吾君子。子報父仇，臣復君隙，豈敢有不盡力者乎？臣請復戰，以除君王之宿讎。』孤悦而許之。」大夫種曰：「臣觀吴王得志於齊、晉，謂當遂涉吾地，以兵臨境。今疲師休卒，一年而不試，以忘於我。我不可以怠，臣當卜之於天。吴民既疲於軍，困於戰鬬，市無赤米之積，國廩空虛，其民必有移徙之心，寒就蒲羸，羸，當作「蠃」。蒲，水草。蠃，蚌蛤之屬。於東海之濱。夫占兆人事，又見於卜筮。王若起師，以可會之利，犯吴之邊鄙，未可往也。吴王雖無伐我之心，亦難動之以怒〔五〕。不如詮其間，去聲。以知其意。」越王曰：「孤不欲有征伐之心，國人請戰者三年矣，吾不得不從民人之欲。」今聞大夫種諫難，去聲。越父兄又諫曰：「吴可伐。勝則滅其國，不勝則困其兵。吴國有成，王與之盟，功名聞於諸侯。」王曰：「善。」於是，乃大會群臣，而令之曰：「有敢諫伐吴者，罪不赦！」蠡、種相謂曰：「吾諫已不合矣，然猶聽君王之令。」越王會軍列士，而大誡衆，而誓之曰：「寡人聞古之賢君，不患其衆不足，而患其志行去聲。之少恥也〔六〕。《國語》注：「少恥，謂進不念功，臨難苟免。」今夫差衣水犀甲者十有三萬人〔七〕，徼外有山犀，有水犀。水犀之皮有珠甲，山犀則無。吳以水犀皮飾甲也。《周禮》：「犀甲壽百年。」不患其志行之少耻也，而患其衆之不足。今寡人將助天威，吾不欲匹夫之小勇也，吾欲士卒進則思賞，退則避刑。」於是越民父勉其子，兄勸其弟，曰：「吳可伐也。」越王復召范蠡謂曰：「吳已殺子胥，道道，當作「導」。諛者衆。吾國之民，又勸孤伐吳。其可伐乎？」范蠡曰：「未可。須明年之春，然後可耳。」王曰：「何也？」范蠡曰：「臣觀吳王北會諸侯於黄池，精兵從王，國中空虛，老弱在後，太子留守。兵始出境未遠，聞越掩其空虛，兵還不難也。不如來春。」其夏六月丙子，勾踐復問。范蠡曰：「可伐矣。」乃發習流二千人，俊士四萬，君子六千，諸御千人，《史記》「俊士」作「教士」。《索隱》曰：「《虞書》云：流宥五刑。」習流，謂「流放之罪人，使之習戰」。教士，謂「常所教練之兵也」。「君子，謂君所子養，有恩惠者。」「諸御，謂諸理事之官，在軍有職掌者。」徐天祜曰：「笠澤之戰，越以三軍潛涉，蓋以舟師勝。此所謂習流，是即習水戰之兵。若曰使罪人習戰，越一小國，流放者何至二千人哉？」以乙酉與吳戰。丙戌〔八〕，遂虜殺太子。丁亥，入吳，焚姑胥臺。吳告急於夫差。夫差方會諸侯於黄池，恐天下聞之，即密不令洩。已盟黄池，乃使人請成於越。勾踐自度未能滅，乃與吳平。

二十一年七月，越王復悉國中士卒伐吳。按《左傳》，哀公十七年越伐吳，吳禦之笠澤，實勾踐十九年事。此書不當以爲二十一年也。會楚使申包胥聘於越，越王乃問包胥，曰：「吳可伐耶？」申包胥曰：「臣鄙於策謀，未足以卜。」越王曰：「吳爲不道，殘我社稷，夷吾宗廟，以爲平原，使不得血食。吾欲與之徼天之中，《國語》作「衷」。惟是輿馬、兵革、卒伍既具，無以行之。誠聞聞，當作「問」。於戰，何以爲可？」申包胥曰：「臣愚，不能知。」越王固問。包胥乃曰：「夫吳，良國也，傳賢於諸侯。敢問君王之所戰者何？」越王曰：「在孤之側者，飲酒食肉，未嘗不分。孤之飲食不致其味，聽樂不盡其聲，求以報吳。願以此戰。」包胥曰：「善則善矣，未可以戰。」越王曰：「越國之中，吾博愛以子之，忠惠以養之。吾今修寬刑，欲《國語》「欲」作「施」。民所欲，去民所惡，烏故切，憎也。稱其善，掩其惡，遏各切，不善也。求以報吳。願以此戰。」包胥曰〔九〕：「善則善矣，未可以戰。」王曰：「越國之中，富者吾安之，貧者吾予之〔一〇〕，救其不足，損其有餘，使貧富不失其利，求以報吳。願以此戰。」包胥曰：「善則善矣，未可以戰。」王曰：「邦國南則距楚，西則薄晉，北則望齊，春秋奉幣、玉帛、子女以貢獻焉，未嘗敢絶，求以報吳。願以此戰。」包胥曰：「善哉！無以加斯矣，猶未可戰。夫戰之道，知音智。爲之始，以仁次之，以勇斷之。君、將去聲。不知，即無權變之謀，以別衆寡之數；不仁，則不得與三軍同飢寒之節，齊苦樂之喜；不勇，則不能斷去就之疑，決可否之議。」於是越王曰〔一一〕：「敬從命矣。」

冬十月，越王乃請八大夫，《國語》：「越王乃召五大夫，問戰奚以而可？」韋昭解：「五大夫，舌庸、苦成、大夫種、范蠡、皐如之屬。」按此書，其辭大略與《國語》同，而云「八大夫」則異。詳下文，止七人。豈與楚大夫申包胥共爲「八大夫」耶？曰：「昔吳爲不道，殘我宗廟，夷我社稷，以爲平原，使不血食。吾欲徼天之中，衷。兵革既具，無所以行之。吾問於申包胥，即已命孤矣。敢告諸大夫，如何？」大夫曳庸曰：「審賞，則可戰也。審其賞，明其信，無功不及，有功必加，則士卒不怠。」王曰：「聖哉！」大夫苦成曰：「審罰，則可戰。審罰，則士卒望而畏之，不敢違命。」王曰：「勇哉！」大夫文種曰：「審物，則可戰。審物，則別是非。是非明察，人莫能惑。」王曰：「辨哉！」大夫范蠡曰：「審備，則可戰。審備慎守，以待不虞。備設守固，必可應難。去聲。」王曰：「慎哉！」大夫皐如曰：「審聲，則可戰。審於聲音，以別清濁。清濁者，謂吾國君名聞於周室，令諸侯不怨於外。」王曰：「得哉！」大夫扶同曰：「廣恩知分，則可戰。廣恩以博施，知分而不外。」王曰：「神哉！」大夫計硯曰：「候天察地，參應其變，則可戰。天變，地應，人道便利，三者前見，則可。」王曰：「明哉！」於是，勾踐乃退齋而命國人，曰：「吾將有不虞之議，自近及遠，無不聞者。」乃復命有司與國人，曰：「承命有賞。皆造國門之期，有不從命者，吾將有顯戮。」勾踐恐民不信，使以征不義聞於周室，令平聲。諸侯不怨於外〔一二〕，令去聲。已下「令」字皆同。國中曰：「五日之內，則吾良人矣。過五日之外，則非吾之民也，又將加之以誅。」教令既行，乃入，命於夫人。王背音倍。下「背垣」同。屏，夫人向屏而立。王曰：「自今日之後，內政無出，外政無入。各守其職，以盡其信。內中辱者，則是子；境外千里辱者，則是子子，當作「我」。也〔一三〕。吾見子於是，以爲明誡矣〔一四〕。」王出宮，夫人送王，不過屏。王因反闔其門，填之以土。夫人去笄，側席而坐，安心無容，三月不掃。王出，則復背垣而立，大夫向垣而敬。王乃令大夫曰：「食音飼。士不均，地壤不修，使孤有辱於國，是子之罪。臨敵不戰，軍士不死，有辱於諸侯，功隳於天下，是孤之責。自今以往，內政無出，外政無入，吾固誡子。」大夫曰〔一五〕：「敬受命矣。」王乃出。大夫送出垣，反闔外宮之門，填之以土。大夫側席而坐，不御五味，不答所勸。勾踐有命於夫人、大夫，曰：「國有守禦。」乃坐露壇之上，列鼓而鳴之，軍行成陣〔一六〕，即斬有罪者三人，以徇於軍，令曰：「不從吾令者，如斯矣。」明日，徙軍於郊，斬有罪者三人，徇之於軍，令曰：「不從吾令者，如斯矣。」王乃令國中不行者，與之訣，而告之曰：「爾安土守職。吾方往征討我宗廟之讎，以謝於二三子。」令平聲。國人各送其子弟於郊境之上。軍士各與父兄昆弟取訣，國人悲哀，皆作離別相去之詞〔一七〕，曰：「躒躁摧長恧兮，擢戟馭殳。殳，音殊，兵器。《詩》：「伯也執殳。」《周禮》：「殳以積竹，八觚，長丈二尺，建於兵車，旅賁以先驅。」《說文》：「積竹，謂削去白，取其青處合之，取其有力。」《釋名》：

「殳，殊也，長一丈二尺，無刃，有所撞挃於車上，使殊離也。」所離不降兮，以泄我王氣蘇。三軍一飛降去聲。兮，所向皆殂。一士判死兮，而當百夫。道祐有德兮，吳卒自屠。雪我王宿耻兮，威振八都。軍伍難更兮，勢如貔貙。貔，猛獸。陸機曰〔一八〕：「似虎。或曰似羆。」貙，椿俱切，似貍，能捕獸祭天。陸佃曰：「虎五指爲貙。」行行各努力兮，於乎！於乎！」於是觀者莫不悽惻。明日，復徙軍於境上，斬有罪者三人，徇之於軍，曰：「有不從令者，如此。」後三日，復徙軍於檇李，斬有罪者三人，以徇於軍，曰：「其淫心匿行，匿，疑當作「慝」。行，去聲。不當敵者，如斯矣。」勾踐乃命有司大徇軍，曰：「其有父母無昆弟者，來告我。我有大事，子離父母之養，親老之愛，赴國家之急。子在軍寇之中，父母昆弟有在疾病之地，吾視之如吾父母昆弟之疾病也。其有死亡者，吾葬埋殯送之，如吾父母昆弟之有死亡葬埋之矣。」明日，又徇於軍，曰：「士有疾病，不能隨軍從兵者，吾予其醫藥，給其麋粥，與之同食。」明日，又徇於軍，曰：「筋力不足以勝平聲。甲兵，志行不足以聽王命者，吾輕其重，和其任。」明日，旋軍於江南，更陳嚴法，復誅有罪者五人，徇曰：「吾愛士也，雖吾子不能過也。即君所子養者。及其犯誅，自吾子亦不能脱也。」恐軍士畏法不使，自謂未能得士之死力，道見鼃張腹而怒，將有戰爭之氣，即爲之軾。其士卒有問於王，曰：「君何爲敬鼃蟲，而爲之軾？」勾踐曰：「吾思士卒之怒久矣，而未有稱去聲。吾意者。今鼃蟲無知之物，見敵而有怒氣，故爲之軾。」於是，軍士聞之，莫不懷心樂死，人致其命。

有司、將軍大徇軍中〔一九〕，曰：「隊各自令其部，部各自令其士：歸而不歸，處而不處，進而不進，退而不退，左而不左，右而不右，不如令者，斬！」於是，吳悉兵屯於江北，越軍於江南。越王中分其師以爲左右軍，皆被兕甲。《爾雅》「兕，似牛」注：「一角，青色，皮堅厚，可製鎧。」鎧即甲也。《周禮》：「兕甲壽二百年。」又令安廣之人，佩石碣之矢，張盧生之弩。躬率君子之軍六千人，以爲中陣。明日，將戰於江，乃以黄昏，令於左軍，銜枚遡江而上五里，以須吳兵。復令於右軍，銜枚踰江十里，復須吳兵。於夜半，使左軍涉江〔二〇〕，鳴鼓中水，以待吳發。吳師聞之，中大駭，相謂曰：「今越軍分爲二師，將以使攻我衆〔二一〕。」亦即以夜暗，中分其師，以圍越。越王陰使左、右軍與吳望戰，以大鼓相聞。潛伏其私卒六千人，銜枚不鼓，攻吳。吳師大敗。《左傳》載笠澤之戰，夾水而陳，吳之禦越，越之敗吳，大槩與此略同。越之左、右軍乃遂伐之，大敗之於囿。韋昭曰：「囿，笠澤也。」《史記正義》、《吳地記》皆曰：「笠澤，松江之别名。」又敗之於郊。又敗之於津。如是三戰三北，徑至吳，圍吳於西城。吳王大懼，夜遁。越王追奔攻吳，兵入於江陽松陵，《吳地記》：「在松江。松陌流溢至此，故名。」欲入胥門。來至六七里〔二二〕，望吳南城，見伍子胥頭巨若車輪，目若耀電，鬚髮四張，射於十里〔二三〕。越軍大懼，留兵〔二四〕。即日夜半，暴風疾雨，雷奔電激，飛石揚砂〔二五〕，疾於弓弩〔二六〕。越軍壞敗松陵，卻退。兵士僵斃，人衆分解，莫能救止。范蠡、文種乃稽顙肉袒，拜謝子胥，願乞假道。子胥乃與種、蠡夢，曰：「吾知越之必入吳矣，故求置吾頭於南門，以觀汝之破吳也。惟欲以窮夫差，定汝入我之國。吾心又不忍，故爲風雨，以還汝軍。然越之伐吳，自是天也，吾安能止哉！越如欲入，更從東門。我當爲汝開道貫城，以通汝路。」於是，越軍明日更從江出，入海陽於三道之翟水，乃穿東南隅以達。越軍遂圍吳。守一年，吳師累敗，《左傳·哀公二十年》：「越圍吳。」是爲勾踐二十二年。《哀公二十二年》：「越滅吳。」爲勾踐二十四年。蓋首尾三年也。《國語》曰：「居軍三年，吳師自潰。」《越世家》亦曰：「留圍之三年，吳師敗。」與《左傳》合。此書繫其事於一十一年〔二七〕，以爲圍守一年而滅吳，誤也。遂棲吳王於姑胥之山。吳使王孫駱《史記》作「公孫雄」。虞翻曰：「吳大夫。」《國語》作「王孫雄」〔二八〕。韋昭曰：「王孫，姓也。」肉袒膝行而前，請成於越王，曰：「孤臣夫差，敢布腹心。異日得罪於會稽，夫差不敢逆命，得與君王結成以歸。今君王舉兵而誅孤臣，孤臣惟命是聽。意者猶以今日之姑胥，曩日之會稽也。若徼天之中，衷。得赦其大辟，則吳願長爲臣妾〔二九〕。」勾踐不忍其言，將許之成〔三〇〕。范蠡曰：「會稽之事，天以越賜吳，吳不取。今天以吳賜越，越可逆命乎？且君王早朝晏罷，切齒銘骨，謀之二十餘年，豈不緣一朝之事耶？今日得而棄之，其計可乎？天與不取，還受其咎。君何忘會稽之厄乎？」勾踐曰：「吾欲聽子言，不忍對其使者。」范蠡遂鳴鼓而進兵，曰：「王已屬政於執事，使者急去，不時得罪。」吳使涕泣而去。勾踐憐之，使令入謂吳王曰〔三一〕：「吾置君於甬東，給君夫婦三百餘家，以沒王世，可乎？」吳王辭曰：「天降禍於吳國，不在前後，正孤之身，失滅宗廟社稷者。吳之土地民臣，越既有之，孤老矣，不能臣王。」遂伏劍自殺。上卷《夫差傳》亦曰：「引劍而伏之死。」〔三二〕《吳世家》云：「自剄死。」《越世家》止言「自殺」。按《左傳》，吳王曰：「孤老矣，焉能事君？」乃縊。丘明，春秋時人，所聞當必不謬。《越絶》曰：「越王與之劍，使自圖之。」吳王乃旬日而自殺。」意者勾踐雖與之劍，而夫差自以縊死耶？勾踐已滅吳，乃以兵北渡江、淮，與齊、晉諸侯會于徐州，《索隱》曰：「徐，音舒。」徐州，齊邑薛縣是也。其字從人。《左氏》作「舒」。《大事記·解題》曰：「徐州，即舒州也。《史記正義》曰：『音舒，其字從人。』」致貢於周。周元王使人賜勾踐。已受命號，去還江南，以淮上地與楚，歸吳所侵宋地，與魯泗東方百里。當是之時，越兵横行於江、淮之上，諸侯畢賀。《初學記》引《吳越春秋》曰：「越王平吳後，立賀臺於越。」此書無之，亦闕文也。越王還於吳，當歸，而問於范蠡曰：「何子言之，其合於天〔三三〕？」范蠡曰：「此素女之道，一言即合大王之事。王問爲，爲，當作「焉」。實《金匱》之要〔三四〕，在於上下。」越王曰：「善哉！吾不稱王，其可悉乎？」蠡曰：「不可。昔吳之稱王，僭天子之號，天變於上，日爲陰蝕。今君遂僭號不歸，恐天變復見。」越王不聽〔三五〕，還於吳，置酒文臺，群臣爲樂。音洛。乃命樂音岳。下同。作伐吳之曲。樂師曰：「臣聞即事作操，去聲。功成作樂。君王崇德，誨化有道之國，誅無義之人，復讎還耻，威加諸侯，受霸王之功。功可象於圖畫，德可刻於金石，聲可託於絃管〔三六〕，名可留於竹帛。臣請引琴而鼓之。」遂作《章暢》，辭曰：「屯乎，今欲伐吳，可未耶？大夫種、蠡曰：『吳殺忠臣伍子胥〔三七〕，今不伐吳，人人，當作「又」。何須？』」大夫種進，祝酒，其辭曰：「皇天祐助，我王受福。良臣集謀，我王之德。宗廟輔政，鬼神承翼。君不忘臣，臣盡其力。上天蒼蒼，不可掩塞。觴酒二升，萬福無極。」於是，越王默然無言。大夫種曰：「我王賢仁，懷道抱德。滅讎破吳，不忘返國。賞無所悋，群邪杜塞。君臣同和，福祐千億。觴酒二升，萬歲難極。」臺上群臣大悦而笑，越王面無喜色。范蠡知勾踐愛壤土，不惜群臣之死，以其謀成國定，必復不須功而返國也，故面有憂色而不悦也。范蠡從吳欲去，恐勾踐未返，失人臣之義，乃從入越。行謂文種曰：「子來去矣，越王必將誅子。」種不然言。蠡復爲書遺種，曰：「吾聞天有四時，春生冬伐。人有盛衰，泰終必否。知進退存亡，而不失其正，惟賢人乎？蠡雖不才，明知進退。高鳥已散，良弓將藏；狡兔已盡，良犬就烹。夫越王爲人，長頸鳥喙〔三八〕，鷹視狼步。可與共患難〔三九〕，而不可共處樂。可與履危，不可與安。子若不去，將害於子，明矣。」文種不信其言。越王陰謀。范蠡議欲去徼倖。

二十四年九月丁未，范蠡辭於王曰：「臣聞主憂臣勞，主辱臣死，義一也〔四〇〕。今臣事大王，前則無滅未萌之端，後則無救已傾之禍。雖然，臣終欲成君霸國，故不辭一死一生。

臣竊自惟，乃使於吳。王之慙辱，蠡所以不死者，誠恐讒於太宰嚭，成伍子胥之事。故不敢前死，且須臾而生。夫耻辱之心不可以大，（承上文而言，則「大」當作「久」。）流汗之愧不可以忍。幸賴宗廟之神靈，大王之威德，以敗爲成。斯湯、武克夏、商而成王業者。定功雪耻，臣所以當席日久，臣請從斯辭矣。」越王惻然，泣下霑衣，言曰：「國之士大夫是子，國之人民是子，使孤寄身託號，以俟命矣。今子云去，欲將逝矣。是天之棄越而喪孤也，亦無所恃者矣。孤竊有言，公位乎，（位，當作「住」。）分國共之；去乎，妻子受戮。」范蠡曰：「臣聞君子俟時，計不數（音朔。）謀，死不被疑，内不自欺。臣既逝矣，妻子何法乎？王其勉之，臣從此辭。」乃乘扁舟，出三江（四一），入五湖（四二），人莫知其所適。范蠡既去，越王愀然變色，召大夫種，曰：「蠡可追乎？」種曰：「不及也。」王曰：「奈何？」種曰：「蠡去時，陰畫六，陽畫三。日前之神，莫能制者。玄武天空威行，孰敢止者？度天關，涉天梁，後入天一，前翳神光，言之者死，視之者狂。臣願大王勿復追也，蠡終不還矣。」越王乃收其妻子，封百里之地。有敢侵之者，上天所殃。於是，越王乃使良工鑄金，象范蠡之形，置之坐側，朝夕論政。自是之後，計硯佯狂，大夫曳庸、扶同、皋如之徒日益踈遠（四三），不親於朝。大夫種内憂，不朝。人或讒之於王曰：「文種棄宰相之位，而令君王霸於諸侯。今官不加增，位不益封，乃懷怨望之心，憤發於内，色變於外，故不朝耳。」異日，種諫曰：「臣所以在（在，當作「蚤」。）朝而晏罷，若身疾作者，但爲吴耳。今已滅之，王何憂乎？」越王默然。時魯哀公患三桓，欲因諸侯以伐之。三桓亦患哀公之怒。以故君臣作難，去聲。哀公奔陘。三桓攻哀公。公奔衛，又奔越。哀公二十七年，公如公孫有陘氏，乃遂如越。《史記》曰：「公如陘氏。三桓攻公。公奔于衛，遂如越。」陘，楚地也。杜預曰：「有陘氏即有山氏。」魯國空虚，國人悲之，來迎哀公，與之俱歸。勾踐憂文種之不圖，故不爲哀公伐三桓也。

二十五年丙午平旦，越王召相國大夫種而問之：「吾聞知人易，自知難。其知相國何如人也？」種曰：「哀哉！大王知臣勇也，不知臣仁也。知臣忠也，不知臣信也。臣誠數音朔。以損聲色，滅淫樂〔四四〕，奇説怪論〔四五〕，盡言竭忠，以犯大王。逆心咈耳，必以獲罪。臣非敢愛死不言，言而後死，昔子胥於吴矣。夫差之誅也，謂臣曰：『狡兔死，良犬烹。敵國滅，謀臣亡。』范蠡亦有斯言。何大王問犯《玉門》之第八？臣見王志也。」越王默然不應。大夫亦罷，哺其耳以成人惡〔四六〕。大溲。其妻曰：「君賤！一國之相，少王禄乎？臨食不亨，亨，當作「享」。哺以惡何？句。妻子在側，匹夫之能自致相國，尚何望哉？無乃爲貪乎？何其志忽忽若斯？」種曰：「悲哉！子不知也。吾王既免於患難，雪耻於吴。我悉徙宅，自投死亡之地，盡九術之謀，於彼爲佞，在君爲忠。王不察也，乃曰：『知人易，自知難。』吾答之，又無他語。是凶妖之證也。吾將復入，恐不再還。與子長訣，相求於玄冥之下。」妻曰：「何以知之？」種曰：「吾見王時，正犯《玉門》之第八也。辰剋其日，上賊於下，是爲亂醜，必害其良。今日剋其辰，上賊下，止吾命須臾之間耳。」越王復召相國，謂曰：「子有陰謀兵法，傾敵取國。九術之策，今用三已破彊吴，其六尚在子所。願幸以餘術，爲孤前王於地下謀吴之前人。」於是種仰天歎曰：「嗟乎！吾聞大恩不報，大功不還，其謂斯乎？吾悔不隨范蠡之謀，乃爲越王所戮。吾不食善言，故哺以人惡。」越王遂賜文種屬盧盧，當作「鏤」。之劍。種得劍，又歎曰：「南陽之宰，而爲越王之擒。」自笑曰：「後百世之末，忠臣必以吾爲喻矣。」遂伏劍而死。徐天祜曰：「勾踐脱囚虜之辱，苦身勞思，君臣相與謀報吴者二十餘年，卒以越霸。諸臣雖與有力，而種、蠡之功居多。蠡見幾而作，可謂明且哲矣。種之死也，無罪而越王誅之也。無名其辭，乃曰：『幸以餘術，爲孤前王於地下謀吴之前人。』是何言歟？令死者有知，謀之地下何益？如其無知，焉用謀之？夫大功不賞，而淫刑以報，此種所以仰天而歎，又自笑也。」越王葬種於國之西山，即卧龍山，又名種山，一曰重山。《太平御覽》曰：「種山之名，因大夫種。以語訛成重也。」樓船之卒三千餘人，造鼎足之羨，《周禮·冢人》「丘隧」注：「羨，道也。」疏曰：「天子有隧，諸侯已下有羨道。」《史·衛世家》：「共伯入釐侯羨。」《索隱》曰：「羨，音延。延，墓道。」又以戰切。《始皇紀》曰：「大事畢，閉中羨，下外羨。」上卷《夫差傳》「羨門」〔四七〕，當亦與此同義。或入三峰之下。葬一年〔四八〕，伍子胥從海上穿山脅而持種去，與之俱浮於海。故前潮水潘候者，伍子胥也。後重水者，大夫種也。

越王既已誅忠臣，霸於關東，從瑯邪起觀去聲。臺〔四九〕，周七里，以望東海。死士八千人，戈船三百艘。居無幾，射求賢士。孔子聞之，從弟子奉先王雅琴禮樂奏於越〔五〇〕。越王乃被唐夷之甲，上卷《王僚傳》：「被棠銕之甲。」帶步光之劍，杖屈盧之矛，《典略》曰：「周有屈盧之矛。」《説文》：「矛，酋矛也，建於兵車，長二丈。」《周禮》：「酋矛，長常有四尺。」蓋十六尺爲常，益四尺，則二丈也。出死士，以三百人爲陣關下。孔子有頃到，越王曰：「唯唯，夫子何以教之？」孔子曰：「丘能述五帝、三王之道，故奏雅琴，以獻之大王。」徐天祜曰：「越滅吳之明年，大夫種賜劍以死，是爲勾踐二十五年，即魯哀公二十三年也。此書謂：已誅忠臣，居無幾，求賢士。孔子聞之，奉雅琴禮樂奏於越。皆是年事也。竊獨以爲不然。昔者，夫子將見趙簡子，聞竇鳴犢、舜華之死，臨河而不濟。爲其殺賢大夫而諱傷其類也。至作爲《陬操》以哀之。文種非賢大夫歟？使夫子尚在，聞種之死，愚知其不入越也，而况奏雅琴以干時君乎！按：《春秋·哀公十六年》夏四月，書孔丘卒。由文種之死，上距夫子之卒，已八年矣。謂夫子以是年入越，非也。」越王喟然歎曰：「越性脆而愚，水行山處，以船爲車，以檝爲馬，往若飄然，去則難從，悦兵敢死，越之常也。夫子何説而欲教之？」孔子不答，因辭而去。越王使人如木客山，取允常之喪，木客山，去會稽縣十五里。《越絶》曰：「木客大冢者，允常冢也。」欲徙葬瑯邪〔五一〕。三穿允常之墓，墓中生熛風，熛，火飛貌，風熱如火飛也。飛砂石以射人，人莫能入。《水經注》：「冢中分風〔五二〕，飛沙射人，不得近。」勾踐曰：「吾前君其不徙乎？」遂置而去。勾踐乃使使號令齊、楚、秦、晉，皆輔周室〔五三〕，血盟而去〔五四〕。秦桓公不如越王之命，按《史·年表》，勾踐二十五年是爲秦厲共公六年。此書爲「秦桓公不如越王之命」，非也。由勾踐二十五年上距秦桓公之卒，蓋一百有六年矣。「桓公」當作「厲共公」云。勾踐乃選吳越將士，西渡河以攻秦。軍士苦之。會秦怖懼，逆自引咎，越乃還軍。軍人悦樂，遂作《河梁》之詩曰：「渡河梁兮渡河梁，舉兵所伐攻秦王。孟冬十月多雪霜，隆寒道路誠難當。陣兵未濟秦師降，諸侯怖懼皆恐惶。聲傳海内威遠邦，稱霸穆桓齊楚莊。天下安寧壽考長，悲去歸兮何無梁〔五五〕。」自越滅吳，中國皆畏之。

二十六年，越王以邾子無道，而執以歸，立其太子何。冬，魯哀公以三桓之逼，來奔。越王欲爲伐三桓，以諸侯大夫不用命，故不果耳。

二十七年冬，勾踐寢疾。將卒，《通鑑外紀》：「勾踐三十三年薨。」謂太子興夷曰〔五六〕：「吾自禹之後，承允常之德，蒙天靈之祐，神祇之福，從窮越之地，籍楚之前鋒，以摧吳王之干戈，跨江涉淮，從晉、齊之地，功德巍巍，自致於斯，其可不誡乎？夫霸者之後，難以久立，其慎之哉！」遂卒。興夷即位，一年，卒，子翁。翁卒，子不揚〔五七〕。不揚卒，子無彊。彊卒，子玉〔五八〕。玉卒，子尊。尊卒，子親。自勾踐至于親，其歷八主〔五九〕，皆稱霸，積年二百二十四年。親衆皆失，而去琅邪，徙於吳矣。自黄帝至少康，十世。自禹受禪，至少康即位，六世，爲一百四十四年。少康去顓頊即位，四百二十四年。

黃帝　昌意　顓頊　鮌　禹　啟

太康　仲廬　相　少康　無余

無玉去無余十世〔六〇〕　無皞〔六一〕　夫康〔六二〕　允常

勾踐　興夷　不壽　不揚　無彊

魯穆柳有幽公爲名，王侯自稱爲君〔六三〕。

尊、親失琅邪，爲楚所滅。勾踐至王親，歷八主，格「格」當作「稱」。霸二百二十四年〔六四〕。

從無余越國始封，至餘善返，越國空滅，凡一千九百二十二年。此書載越世次，自勾踐五傳至王無彊。以《世家》考之，則七世矣。無彊，王之侯之子。所謂「王侯自稱爲君」，或者即王之侯也。《世家》曰〔六五〕：「王無彊時，楚威王興兵大敗越，殺無彊，盡取越地，越以此散。」徐廣曰：「周顯王四十六年。」今自勾踐卒至越亡，凡一百五十三年。」《通鑑》書之顯王三十五年。此云：「勾踐至于親，歷八主，稱霸二百二十四年。親衆皆失，去琅邪，徙於吳，爲楚所滅。」與《史·世家》及《紀年》皆不合。若如《世家》所載，則無彊之死，衆散久矣，非王親時失衆亡國也。又《紀年》曰：「王翳三十三年，遷于吳。」則越之徙吳已久，亦非王親時也。

校　釋

〔一〕宦，蔣光煦所見宋本作「官」，義同。

〔二〕量，《國語》卷二十《越語上》作「絜」。「絜」，量也，亦即「潔」。此處「絜」應作「潔」解，不得與量通。

〔三〕凡，蔣光煦所見宋本作「義」。《國語》卷二十《越語上》「食」字後，「四」字前作「而摩厲之於義」。

〔四〕此句《國語》卷二十《越語上》作「國之孺子之遊者」。

〔五〕難，弘治本、《古今逸史》本均作「雖」，此據大德本。

〔六〕志，《國語》卷二十《越語上》同，蔣光煦所見宋本下有一「不」字。

〔七〕三，大德本作「二」，此據弘治本、《古今逸史》本。《國語》卷二十《越語上》亦作「三」，且「萬」作「千」，「十」作「億」。

〔八〕戌，弘治本作「戍」，誤。此據大德本、《古今逸史》本改。

〔九〕包胥，蔣光煦所見宋本上有一「申」字。下同。

〔一〇〕予，蔣光煦所見宋本作「與」，通。

〔一一〕曰，蔣光煦所見宋本無此字。

〔一二〕怨，《古今逸史》本作「恐」。此據大德本、弘治本。

〔一三〕子，蔣光煦所見宋本、大德本、弘治本、《古今逸史》本均同，誤。《太平御覽》卷一百八十五所引《吴越春秋》作「予」，應是。

〔一四〕以爲明誡，《太平御覽》卷一百八十五所引《吴越春秋》作「已明試矣」。

〔一五〕曰，大德本、弘治本、《古今逸史》本均脱，此據蔣光煦所見宋本補。

〔一六〕行成，蔣光煦所見宋本作「成行」。

〔一七〕之詞，《藝文類聚》卷二十九所引《吴越春秋》作「之聲」。

〔一八〕機，大德本、弘治本作「璣」，誤。此據《古今逸史》本及《詩·大雅·蕩之什·韓奕》孔穎達疏所引陸機疏改。陸機疏云：貔似虎。或曰似熊。

〔一九〕《國語》卷十九《吴語》「有」字前有「王乃命」三字。

〔二〇〕《國語》卷十九《吴語》「左軍」下有「右軍」二字，故盧文弨云：疑當作「左、右軍」。盧説近是。

〔二一〕使，《國語》卷十九《吴語》作「夾」，故盧文弨云：「使」乃「俠」字之譌。

〔二二〕來，《太平御覽》卷三百二十九所引《吴越春秋》作「未」。

〔二三〕「巨若車輪，目若耀電，鬚髮四張，射於十里」句，《太平御覽》卷三百二十九所引《吴越春秋》作「眉若車輪，目垂光烈。髮鬢四張，耀於十數里」。

〔二四〕大德本、弘治本、《古今逸史》本「兵」字下有「假道」二字，與下文文意不合。此據《太平御覽》卷三百二十九所引《吴越春秋》删。

〔二五〕雷奔電激飛石揚砂，《太平御覽》卷三百二十九所引《吴越春秋》作「雷電鳴，沙石飛射」。

〔二六〕於，《古今逸史》本作「如」，此據大德本、弘治本。

〔二七〕一十一，誤。應爲「二十一」。

〔二八〕雄，按《國語》卷二十一《越語下》作「雒」。

〔二九〕顧，蔣光煦所見宋本無。

〔三〇〕之成，蔣光煦所見宋本作「成之」。

〔三一〕使令，盧文弨云當作「令使」。

〔三二〕伏，弘治本、《古今逸史》本均作「依」，誤。此據大德本及本書《夫差内傳第五》改。

〔三三〕其，孫詒讓《札迻》云：「『其』疑『甚』之〔字〕之誤。」孫説爲是。

〔三四〕此句孫詒讓《札迻》云：「以意推之，疑當作『《玉門》爲實』。『玉門』與『金匱』文正相對，皆六壬式書名。《句踐入臣外傳》范蠡曰：『大王安心，事將有意，在《玉門》第一。』又子胥曰：『且大王初臨政，負《玉門》之第九。』又本篇後文文種曰：『吾見王時，正犯《玉門》之第八也。』此越王訝蠡言何甚合天，故蠡即以六壬占式爲對。今本『玉門』譌作『王問』，遂不可通耳。」孫説近是。

〔三五〕不聽，大德本、弘治本、《古今逸史》本均脱，兹據蔣光煦所見宋本補。

〔三六〕絃管，《文選》卷六《魏都賦》、卷十七《文賦》注所引《吴越春秋》作「管絃」。

〔三七〕伍子胥，蔣光煦所見宋本下有「我君王聞諸侯」六字。

〔三八〕喙，弘治本作「啄」，《古今逸史》本作「啄」。此據蔣光煦所見宋本、大德本。《史記》卷四十一《越王勾踐世家》亦作「喙」。

〔三九〕與，《古今逸史》本作「以」，此據大德本、弘治本。《史記》卷四十一《越王勾踐世家》亦作「與」。

〔四〇〕義，蔣光煦所見宋本下有一「之」字。

〔四一〕「江」字下《水經注》卷二十八、《(元豐)吴郡圖經續記》卷中《水》、《(嘉泰)會稽志》卷四《斗門》

所引《吴越春秋》均有「之口」二字。

〔四二〕「湖」字下《水經注》卷二十八、《（元豐）吴郡圖經續記》卷中《水》、《（嘉泰）會稽志》卷四《斗門》所引《吴越春秋》均有「之中」二字。

〔四三〕曳，蔣光煦所見宋本作「洩」。

〔四四〕滅，盧文弨云作「減」。

〔四五〕論，《古今逸史》本作「諭」，此據大德本、弘治本。

〔四六〕盧文弨云：此有脱文。盧氏所言，可備一説。「耳」，疑即「餌」也。《博雅》云：「耳」，馬莧也。

〔四七〕此云《夫差傳》，誤。應作《闔閭傳》。

〔四八〕一，弘治本作「七」，此據大德本、《古今逸史》本。

〔四九〕從，《太平御覽》卷一百六十、《史記》卷六《秦始皇本紀》正義所引《吴越春秋》作「徙都」。邪，蔣光煦所見宋本作「琊」。

〔五〇〕王，弘治本作「生」，此據大德本、《古今逸史》本。《越絶外傳記地傳第十》亦作「王」。

〔五一〕邪，蔣光煦所見宋本作「耶」。

〔五二〕《水經注》卷四十「中」下有一「生」字。

〔五三〕皆，《史記》卷六《秦始皇本紀》正義所引《吴越春秋》作「以尊」。

〔五四〕血盟而去，《史記》卷六《秦始皇本紀》正義所引《吴越春秋》作「歃血盟」。

〔五五〕何，盧文弨云作「河」。其説近是。

〔五六〕興夷，《越絶外傳記地傳第十》作「與夷」。

〔五七〕揚，弘治本、蔣光煦所見宋本均作「楊」，此據大德本。下同。

〔五八〕玉，《越絶外傳記地傳第十》作「之侯」。

〔五九〕主，蔣光煦所見宋本作「王」。

〔六〇〕俞樾云：「以《無余外傳》證之，則『無玉』當爲『無王』。」按《無余外傳》，「無玉」應作「無壬」。頗疑傳刻者誤「壬」爲「王」，又以「王」本古文「玉」字，遂作「玉」。此據大德本、弘治本、《古今逸史》本。

〔六一〕皡，俞樾云：「以《無余傳》證之，無皡當作無皞。」俞説爲是。按《篇海》：「皞」音義與「皡」同，「皡」同「皞」，「皞」又作「皡」，「皞」、「皞」形似，傳刻者遂誤「皞」爲「皞」、「皡」。

〔六二〕俞樾云：「『夫康』當作『夫譚』，或傳刻之誤。」俞説近是。此據大德本、弘治本、《古今逸史》本。

〔六三〕君，蔣光煦所見宋本作「名」。

〔六四〕蔣光煦所見宋本「年」字下有「所伐還游江東」六字。

〔六五〕曰，大德本作「四」，此據弘治本、《古今逸史》本。

徐氏補注〔二〕

第一卷

勾吴

前注已引《漢·地理志》顔師古注。又按《史記》注：勾吴，大吴也。《索隱》亦引師古注，謂當如顔解。但師古云：勾吴，「猶越爲于越也」，《索隱》乃以「于越」爲「於越」。「于」與「於」，皆語之發聲耳。《淮南子》注：勾吴，吴人語不正，言吴而加以勾。《世本》注：「勾吴，太伯始所居地名。」《史記正義》曰：十九世壽夢，始號勾吴。與《史記》所載太伯時已號勾吴不同。疑《正義》誤。

壽夢

已見前注。又按《史記索隱》云：「《系本》曰：『吴孰姑徙勾吴。』宋忠曰：『孰姑，壽夢也。』」「『壽』、『孰』音相近，『姑』之言『諸』也。」《毛詩傳》舊讀「月諸」爲「姑」，是以「姑」爲「諸」〔二〕。孰姑、壽夢一人耳，又名乘。

第四卷

陸門八，以象天八風。水門八，以法地八聰

《吴郡志》引此書，以爲：陸門八，以象天八風。水門八，以法地八卦。《吴郡圖經續記》「八聰」亦作「八卦」爲是。《吴都賦》：郛郭周帀，重城結隅。通門二八〔三〕，水道陸衢。

定公大懼，乃令國中曰

前注已正其誤。按《史·年表》鄭定公十一年書：「楚建作亂，殺之。」是爲楚平王十年。其後吴破楚入郢，乃昭王十年，蓋鄭獻公八年，非定公時也。

申包胥

《史·楚世家》亦作「申鮑胥」。注服虔曰：「楚大夫王孫包胥。」劉伯莊曰：「包」字亦作「鮑」。《史記正義》：包胥姓公孫，封於申，故曰申包胥。《戰國策》以爲棼冒勃蘇。

秦桓公素沉湎

前注已正其誤。按《史·年表》秦哀公三十一年書：「楚包胥請救」，是爲楚昭王十年。楚十一年書：「秦救至」，即哀公三十二年也。據此，則請救在三十一年，秦師至楚，乃三十二年，非桓公時也。

嚴王何罪國幾絶

「嚴」，字義不通。今詳，當是「莊王」。謂前王何罪，幾至絶國。按：嚴本出芈姓，其先即楚莊王，支孫以謚爲莊姓者也。如前漢莊忌、忌子助，後漢莊光，皆避明帝諱，改姓嚴。此以「莊」爲「嚴」，亦避諱追改也。

第五卷

入五湖之中

已詳見前注。又按張勃《吴録》云：「五湖者，太湖之别名。以其周行五百里，故以五湖爲名。」又楊泉《五湖賦》止爲太湖而作。陸龜蒙云：「太湖上禀咸池、五車之氣，故一水五名。」今併存之。

帶劍挺鈹

「鈹」字或作「鈚」。《方言》：「錟謂之鈹。」或曰：「劍如刀裝者。」《前漢功臣表》：周竈「以長鈹都尉擊項籍」〔四〕。顔師古注：長刃兵，「爲刀而劍形。《史記》作『長鈹』」。鈹、鈚同。

校　釋

〔一〕徐氏補注僅見於弘治本，大德本、《古今逸史》本均不載。

〔二〕此句《史記》卷三十一《吴太伯世家》索隱作：「《毛詩傳》讀『姑』爲『諸』。」與此稍異。

〔三〕八，弘治本作「公」，不通。據《(元豐)吴郡圖經續記》卷上《門名》所引《吴都賦》改。蔣光煦別下齋校本亦作「八」。

〔四〕都尉，弘治本脱，此據《漢書》卷十六《高、惠、高后、文功臣表》補。《史記》卷十八《高祖功臣侯者年表》同。

附録一　吴越春秋異文輯録

凡例

一、本書所説的異文，是指諸書所引《吴越春秋》中與今本《吴越春秋》歧異之文。

二、異文係據《四部叢刊》景宋本《六臣注文選》卷三張衡《東京賦》薛綜注，中華書局標點本裴駰《史記集解》，上海人民出版社一九八四年版酈道元、王國維《水經注校》，《四部叢刊》景明袁氏嘉趣堂本劉竣《世説新語注》，中華書局標點本劉昭《後漢書補注》，光緒十四年萬卷堂刻虞世南《北堂書鈔》，清文淵閣《四庫全書》本歐陽詢等《藝文類聚》，《四部叢刊》景日本本魏徵等《群書治要》，中華書局影印清阮元刻《十三經注疏》本《春秋左傳正義》孔穎達疏，李善等《文選注》，上海古籍出版社影印本《後漢書》李賢注，文淵閣《四庫全書》本和明九州書屋覆刻錫山安國本徐堅等《初學記》，中華書局標點本司馬貞《史記索隱》、張守節《史記正義》，文淵閣《四庫全書》本白居易《白孔六帖》、陸廣微《吴地記》，民國景印明嘉靖談愷刻李昉等《太平廣記》，中華書局影印景宋本李昉等《太平御覽》，文淵閣

《四庫全書》本樂史《太平寰宇記》，文淵閣《四庫全書》本和宋紹興十六年刻吴淑《事類賦注》，文淵閣《四庫全書》本吴曾《能改齋漫録》，文淵閣《四庫全書》本馬驌《繹史》，中華書局影印本《宋元方志叢刊》景宋本朱長文《（元豐）吴郡圖經續記》、景宋本和宋紹定刻元修本范成大《（紹定）吴郡志》，宛委别藏本孫應時等《（寶祐）琴川志》，嘉慶十三年刻施宿等《（嘉泰）會稽志》所引之《吴越春秋》輯録而成。

三、異文出處一律於引文後以小一號字加圓括號（ ）爲標識。

四、爲便於檢索、對比，異文均按今本十卷本《吴越春秋》之卷次順序編排。

五、異文如有譌舛，即在其字後逕予訂正，並加〔 〕以爲標識。按語引文如有歧出之文，則加圓括號（ ）以爲標識。

六、異文後所加按語按比正文低一格、小號字的原則處理。

卷一

1.《吴越春秋》云：「古公病，將卒，令季歷歸國於太伯，而三遜不受。」（《（元豐）吳郡圖經續記》卷下《事志》）

按大德本、弘治本、古今逸史本「歸」、「遜」均作「讓」。《（元豐）吳郡圖經續記》係避宋英宗父允讓諱而改字。

2.《吴越春秋》云：「太伯卒，葬於梅里平墟。」（《（紹定）吳郡志》卷三十九《塚墓》）

卷二

3.《吴越春秋》曰：「王僚，夷昧子。」（《史記》卷三十一《吴太伯世家》集解）

卷三

4.《吴越春秋》曰：「吴王僚二年，使公子光伐楚，以□報前來誅慶封也。吴師敗而亡舟。光懼，因復得王舟之而還。」（《太平御覽》卷七百六十九）

5.《吴越春秋》曰：「楚靈王立，建章華之臺，與群臣登焉。王曰：『臺美乎？』伍舉曰：『臣聞國君服寵以爲美，安民以爲樂，克聽以爲聰，致遠以爲明。不聞土水〔木〕之崇高，蟲鏤之刻畫，金石之清音，絲竹之悽唳以之爲美。昔先莊王，爲匏居之臺，高不過望國氛，大不過容宴豆，土不妨守備，用不煩官府，民不敗時務，官不易朝市。今君爲此臺七年，國人怨焉，財用盡焉，年穀敗焉，百姓煩焉，諸侯忿怨，卿士訕譏，豈前王之所盛，人君之所美者乎？臣之誠愚，不知所謂也。』靈王納之，即除工去飾，不遊於臺。」（《太平御覽》卷一百七十七）

6.《吴越春秋》曰：「伍子胥與太子建子勝俱奔吴，夜行晝伏，出到昭關。關吏欲執之。胥因詐曰：『上之所以索我者，以我有美珠也。今我已亡之矣。我將告子，欲取之。』關吏因舍焉。」（《藝文類聚》卷六《關》）

《吴越春秋》曰：「伍子胥棄〔奔〕吴，到昭關。關吏欲執之。伍子胥曰：『上之所索者，以我有美珠。今我已亡之矣。將告子，取吞之。』關吏因捨焉。」（《初學記》卷七《關第八》）

《吴越春秋》曰：「伍員奔吴，至昭關，關吏欲執之。伍員曰：『上所以索我者，以我有美珠也。今執，我將言爾取之。』關吏因捨焉。」（《太平御覽》卷八百三）

《吴越春秋》曰：「伍員奔吴，至昭關。關吏欲執之。伍員曰：『王所以索我者，以我有

美珠也。今執我，我將言爾取之。』關吏因捨焉。」(《事類賦》卷九《珠賦》注)

按以上四書所引，詳略不一。《藝文類聚》所引最詳，《初學記》所引次詳，與今本最爲接近。末二書引文最簡略，且基本相同。

7.《吴越春秋》曰：「伍子胥至大江，江中有漁父，子胥請渡。時旁多人，漁父歌，令止蘆中。至夕，渡之于湓之之津。見其有飢色，歸取麥飯、鮑魚之羹。子胥疑，没蘆中。漁父呼蘆中，子胥應，與食，渡之。」(《太平御覽》卷一千)

按《太平御覽》所引遠較今本簡略。

8.《吴越春秋》云：「伍子胥過江，解百金之劍以與漁父曰：『此吾先君之劍，上有七星北斗，其值百金。』漁父曰：『吾聞楚王之命，得伍員者，賜粟五萬石，爵執圭。豈徒百金之劍乎？』遂不受。」(《北堂書鈔》卷一百二十二《劍三十四》注)

《吴越春秋》曰：「伍子胥過江，解其劍與漁父曰：『此劍中有七星北斗，其直百金。』」(《藝文類聚》卷六十《劍》)

《吴越春秋》曰：「伍子胥過江，解劍與漁父曰：『此劍中有七星北斗文，其直千金。』」

（《太平御覽》卷三百四十三）

《吴越春秋》曰：「伍子胥過江，解劍與漁父曰：『此劍中有七星北斗文，其直百金。』」

（《事類賦》卷十三《劍賦》注）

按《北堂書鈔》、《藝文類聚》等書所引大致相同，且較今本多「北斗」或「北斗文」數字，應出自不同於今本的另一種《吴越春秋》。

9. 《吴越春秋》云：「伍子胥過江，適會女子擊絮于瀨水之上，筥中有飯。子胥曰：『可得食乎？』女子發其簞筥飯，清其壺漿。」（《北堂書鈔》卷一百四十四《漿篇六》注）

趙畢（曄）《吴越春秋》曰：「子胥至吴，乞食至於溧陽。溧陽有女子澼紗瀨水之上，筥中有少飯。子胥遇見，長跪而請之，曰：『夫人，豈可乞一飡乎？』女子曰：『妾獨與母居，年三十不嫁，飯不可得也。』子胥曰：『夫人，賑窮者少飯，有何嫌乎？』女知非恒人，言曰：『妾豈可逆人情乎？』即發其簞飯，清其壺漿，長跪而與子胥。子胥去，顧見女子自沉。」

（《太平御覽》卷四百四十）

《吴越春秋》曰：「伍子胥奔吴，至溧陽，溧陽女子擊縹瀨水之上。子胥過，跪而乞飡。女子簞飯壺漿而食之。子胥飡而去，謂女子曰：『掩子壺漿，勿令其露。』女子曰：『行矣。』

子胥行五步，還顧，女子已自投瀨中。」（《太平御覽》卷五十九）

《吴越春秋》云：「伍子胥奔吴，至溧陽。女子擊縹瀨水之上，子胥過而乞一餐。女子發簞飯壺漿而食之。子胥餐而去，謂女子曰：『掩子壺漿，勿令其露。』女子曰：『行矣。』子胥行五步，還顧女子，已自投瀨江而死。」（《太平寰宇記》卷九十）

按《太平御覽》卷四百四十所引較今本稍詳，多「長跪而請之」，及「言曰：『妾豈可逆人情乎』」等句，係引自趙曄之書。末二書所引大致相同，其與《北堂書鈔》所引均較今本簡略，三書似録自《吴越春秋削繁》。

10.《吴越春秋》：吴公子光欲謀殺王僚，未有可與議者，乃命善相者爲吴市吏。伍子胥至吴，被髮佯狂，跣足塗面，行乞於市。市人罔有識者。市吏見之曰：「吾相人多矣，未嘗見斯人也，非異國之亡臣乎？」遂與俱見王僚。（《（紹定）吴郡志》卷四十三《方技》）

11.《吴越春秋》曰：「伍子胥長一丈，眉間一尺。」（《初學記》卷十九《長人第四》）

《吴越春秋》曰：「伍子胥眉間廣一尺。」（《太平御覽》卷三百六十五）

《吴越春秋》曰：「伍子胥見吴王僚。僚望其顔色甚可畏，長一丈，大十圍，眉間一尺。

王僚與語三日，辭無復者。胥知王好之，每入言，倍有勇壯之氣。」（《太平御覽》卷三百七十七）

《吳越春秋》曰：「伍子胥見吳王僚。王僚望其顏色甚可畏，長一丈，大十六圍，眉間一尺。僚與語三日，辭無復者，賢人也。子胥知王好之，每入言語，侃侃有勇壯之氣也。」（《太平御覽》卷四百三十六）

12.《吳越春秋》云：「專諸，豐邑人。伍子胥初亡楚如吳時，遇之於途，專諸方與人鬭，甚不可當，其妻呼，還。子胥怪而問其狀。專諸曰：『夫屈一人之下，必申萬人之上。』胥因而相之，雄貌，深目，侈口，熊背，知其勇士。」（《史記》卷三十一《吳太伯世家》正義）

《吳越春秋》曰：「專諸，豐邑人。伍子胥初去楚如吳時，遇之於塗。專諸方與人鬭，其怒有萬人之氣，甚不可當，其妻一呼，即還。子胥怪而問其壯〔狀〕：『何夫子怒之盛，聞一女子之聲而即折道，寧有説乎？』專諸曰：『子視吾之儀，寧類愚者耶？何言之鄙也？夫屈一人之下，必申萬人之上。』子胥因相決之，推顙深目，虎口鷹背，戾於從難，知其勇士也。」（《太平御覽》卷四百三十六）

《吳越春秋》曰：「伍子胥始吳時，遇專諸於途。專諸方與人鬭，將就之，適其怒，有萬人之氣，其妻一呼即還。子胥怪而問其狀。專諸曰：『夫屈一人之下，必伸萬人之上。』」

（《太平御覽》卷四百九十六）

按《史記正義》所引較今本簡略，《太平御覽》所引則與今本大同小異。

13.《吴越春秋》：吴王僚時，吴邊邑處女與楚之邊邑脾梁之女蠶，争界上之桑。二家相攻，吴不勝。更相伐，滅吴之邊邑。吴王僚怒，使公子光伐楚，取居巢、鍾離。（《（紹定）吴郡志》卷五十《雜志》）

14.《吴越春秋》云：「專諸從太湖學炙魚。」（《北堂書鈔》卷一百四十五《炙十八》注）

15.《吴越春秋》云：「專諸乃從太湖出，學炙魚。置劍炙魚間，進之。」（《北堂書鈔》卷一百四十五《炙十八》注）

《吴越春秋》云：「公子光具酒而請王僚。王僚乃被棠夷之甲三重。」（《北堂書鈔》卷一百二十一《鎧三十二》）

《吴越春秋》曰：「公子光伏甲士於私室，具酒而請王僚。王僚乃被棠夷之甲三重，使兵衛至光家之門。夾陛帶甲，左右皆王僚之親戚也。」（《初學記》卷二十二《甲第六》）

《吴越春秋》曰：「公子光伏甲於私室中，具酒。而王僚乃被棠夷之甲三重，使兵衛陳於道。專諸置魚腹而進之，刺王僚，貫脾〔胛〕達背。王僚立死。」（《太平御覽》卷三百二）

《吴越春秋》曰：「公子光伏甲士於私室，具酒而請王僚。王僚乃被棠夷之甲三重，使兵衛至光家之門。夾陛帶甲，左右皆王僚之親戚也。專諸置魚腸劍炙魚腹中而進之，刺王僚，貫達背。王僚立死。」（《太平御覽》卷三百五十六）

《吴越春秋》曰：「專諸刺王僚，貫胛達背。」（《太平御覽》卷三百六十九）

《吴越春秋》：公子光伏甲士於窟室中，具酒請王僚。僚白其母曰：「公子光爲我具酒，期無變乎？」母曰：「光心氣怏怏，常有愧恨之色，不可不防。」王僚乃被棠銕之甲二（景宋本作三）重，使兵衛陣於道，自宫門至於光之門。階席左右，皆王僚親戚。使坐立侍，皆操長戟交軹。酒酣，光佯爲足疾，入窟室，使專諸置魚腸劍炙魚中進之。既至王僚前，專諸擘炙魚，因推匕首。立戟交軹，倚專諸，胷斷臆開，匕首如故，以刺王僚，貫甲達背。王僚既死，左右共殺專諸，衆士擾動。光伏甲士，攻僚衆，盡滅之。遂自立，是爲吴王闔閭。以位遜季札。季札曰：「苟先君無廢祀，社稷有奉，乃吾君也。吾誰怨乎？哀死事生，以俟天命，非我生亂，立者從之，是前人之道。」復命，哭僚墓，復位。而公子蓋餘、燭庸二人，將兵遇圍於楚者，聞光殺王僚自立，乃以兵降楚。楚封之於舒。（《（紹定）吴郡志》卷五十《雜志》）

按《北堂書鈔》、《初學記》、《太平御覽》所引大致相同，且均較今本簡略。其遣詞用字又與今本異。如今本中「窋室」、「階席」，《太平御覽》作「私室」、「夾陛帶甲」。兩者所引應出自不同的傳本。《(紹定)吴郡志》所引與今本大致相同，惟「以位遜季札」之「遜」字今本作「讓」，係避宋英宗父允讓之名諱，而改「讓」爲「遜」。

卷四

16.《吴越春秋》：凡安國治民，從近制遠者，必先實之。（《初學記》卷二十四《庫藏第九》）

《吴越春秋》曰：「子胥爲吴造大城。陵門八，象天八風；水門八，法地八窗。」（《藝文類聚》卷六十三《門》）

《吴越春秋》曰：「大城立昌門者，象天通閶闔風，亦名破楚門也。」（《文選》卷二十八《吴趨行》注）

《吴越春秋》曰：「子胥爲吴造大城。陸門八，象天之八風；水門八，法地之八聽。立閶門者，象天門，通閶闔風也。立蛇門，以象地户。亦名破楚門。亦名蛇門者，吴位辰，屬龍，故小城南門作龍，以厭蛇氣也。」（《太平御覽》卷一百八十三）

《吴越春秋》曰：「伍子胥爲吴相土嘗水，象天法地，造築大城，周迴四十七里。陸門八，以象天之八風；水門八，以象地之八牕。築小城十里，陸門三。東面者，欲以絶越，明矣。立閶門者，以象天門，通閶闔風。立地門者，以象地户也。闔閭欲西破弢强楚，楚在西北，故立閶門以通天氣也，因復名破楚門。」（《太平御覽》卷一百九十三）

《吴越春秋》曰：「城立昌門者，象天通閶闔風也。」（《（紹定）吴郡志》卷三《城郭》）

《吴越春秋》又曰：「昌門亦名破楚門。」（《（紹定）吴郡志》卷三《城郭》）

按《藝文類聚》、《文選注》、《初學記》和《太平御覽》卷一百八十三、《（紹定）吴郡志》所引較今本簡略。內《太平御覽》所引較今本多「亦名蛇門者」和「以厭蛇氣也」二句，其「吴位辰，屬龍。故小城南門作龍」句亦與今本有較大的不同。《太平御覽》卷一百九十三所引與今本大同小異。

17.《吴越春秋》曰：「吴王闔閭請干將作劍。干將者，吴人。其妻曰莫邪。干將採五山之精，六金之英，候天地，伺陰陽，百神臨視，而金鐵之精未流。夫妻乃剪髮及爪而投之鑪中，金鐵乃濡，遂成二劍。陽曰干將，而作龜文；陰曰莫邪，而作漫理。干將匿其陽，出其陰以獻闔閭。闔閭甚寶重之。」（《世説新語》中之上《賞譽第八上》注）

《吴越春秋》曰：「干將者，吴人，造劍二枚：一曰干將，二曰莫耶。」（《文選》卷三《東都賦》注、卷四十七《聖主得賢臣頌》注）

《吴越春秋》曰：「干將者，吴人，造劍二枚：一曰干將，二曰莫耶。莫耶者，干將之妻名也。干將曰：『吾師之作冶也，金鐵之類不銷，夫妻俱入冶爐之中。』莫耶曰：『先師親爍身以成物，妾何難也。』於是干將夫妻乃斷髮揃爪，投入爐中，使童女三百，鼓橐裝炭，金鐵乃濡，遂以成劍。陽曰干將，而作龜文；陰曰莫耶，而漫理。干將匿其陽，出其陰而獻之闔閭。闔閭甚重之。」（《文選》卷三十五《七命》注）

《吴越春秋》曰：「干將者，與歐冶同師，俱作劍。闔閭得而寶之，以故使干將造劍二枚：一曰干將，二曰莫邪。莫邪，干將妻之名也。」（《文選》卷六十《吊屈原文》注）

《吴越春秋》云：「干將造劍，採五山之精，合六金之英，候天伺地，陰陽同光，百神臨觀，天精下降，歐冶子因天地之功，悉其伎巧，造爲此劍。」（《北堂書鈔》卷一百二十二《劍三十四》注）

《吴越春秋》云：「干將造劍，陰曰莫耶，而作縵理；陽曰干將，而作龜文。」（《北堂書鈔》卷一百二十二《劍三十四》注）

《吴越春秋》云：「吴子使干將造劍二枚：一曰干將，二曰莫耶。莫耶者，干將之妻名。陽曰干將，陰曰莫耶。干將匿其陽，出其陰而獻之。吴王甚重之。」（《北堂書鈔》卷一百二十二《劍三十四》注）

《吴越春秋》云：「干將造劍，陽曰干將，陰曰莫耶。干將匿其陽，出其陰進之闔閭。

闔閭甚重之。適會魯使季孫聘於吳，闔閭以莫耶進之季孫。季孫拔視其鍔，中缺者大如粱米。歎曰：「美哉斯劍也！夫劍之成也，吳霸；有缺，則亡矣。」（《北堂書鈔》卷一百二十二《劍三十四》注）

《吳越春秋》曰：「干將，吳人也。造二劍：一曰干將，二曰莫邪。莫邪者，干將之妻名也。干將作劍，採五山之精，合六金之英，百神臨觀，遂以成劍。」（《後漢書》卷八十二李賢《崔駰傳》注）

《吳越春秋》曰：「干將，吳人，與歐冶子同師。闔閭使造劍二枚，一曰干將，二曰鏌耶。鏌耶者，干將之妻也。干將作劍，金鐵之精未肯流。干將曰：『昔吾師作冶，金鐵不銷，夫妻俱入冶爐中，然後成物。』鏌耶曰：『師知爍身以成物，吾何難哉？』干將妻乃斷髮剪指，投鑪中，金鐵乃濡，遂以成劍。陽曰干將，陰曰鏌耶。干將匿其陽，而出其陰獻之闔閭。」（《初學記》卷二十二《劍第二》）

《吳越春秋》曰：「干將者，吳人，與歐冶同師，俱作劍。越前來獻劍三枚，闔閭得而寶之，故使干將造劍二枚。干將曰：『昔吾師之作冶也，金鐵之類不銷，夫妻俱入冶鑪之中。』」（《初學記》卷二十二《劍第二》）

《吳越春秋》曰：「吳使干將造劍二。陽曰干將，而作龜文。」（《初學記》卷二十二《劍第二》）

趙曄《吴越春秋》曰：「吴使干將造劍二枚：一曰干將，二曰鏌耶。鏌耶者，干將之妻名。干將造劍，採五山之鐵精，六合之金英，候天伺地，陰陽同光。」（《初學記》卷二十二《劍第二》）

《吴越春秋》：干將曰：「昔吾師之作冶也，金鐵之類不銷。夫妻乃斷髮剪指，投之爐中，使童子二百，鼓橐裝炭，金鐵乃濡。」（《初學記》卷二十二《劍第二》）

《吴越春秋》曰：「吴王使干將造劍二枚，一曰干將，二曰莫邪。」（《史記》卷八十四《屈原賈生列傳》索隱）

《吴越春秋》曰：「干將者，吴人，與歐冶同師，俱作劍。前獻劍壹枚，闔閭得而寶之，以故使干將造劍二枚：一曰干將，二曰莫耶。莫耶者，干將之妻名也。干將作劍，採五山之精，合六合之英，候天伺地，陰陽同光，百神臨觀，天氣下降，而金鐵之精未流。莫耶曰：『子以憘爲劍聞於王，王使子作劍，三年不成者，其有意乎？』干將曰：『吾不知其理。』莫耶曰：『夫神物之化，須人而成。今夫子作劍，得無當得人而後成？』干將曰：『昔吾師之作冶也，金鐵之類不消，夫妻俱入冶鑪之中。』莫耶曰：『先師親爍身以成物，妾何難也。』於是干將夫妻乃斷髮揃音剪。指，投之鑪中，使僮女一作子。三百，鼓橐裝炭，金鐵乃濡，遂以成劍。陽曰干將，而作龜文；陰曰莫耶，而作漫理。干將匿其陽，出其陰而獻之闔閭。闔閭甚惜之。」（《太平御覽》卷三百四十三）

《吳越春秋》曰：「干將作劍未成，乃曰：『昔吾師之作冶也，金鐵之類不消，夫妻俱入冶爐之中。』莫耶曰：『先師親鑠身以成物，妾何難也。』於是干將夫妻斷髮剪指，投之爐中，使童女三百，鼓橐裝炭，金鐵乃濡，遂以成劍。陽曰干將，而作龜文；陰曰莫耶，而作縵理。干將匿其陽，出其陰而獻之闔閭。」（《事類賦》卷十三《劍賦》注）

《吳越春秋》曰：「干將作劍，採五山之精，合六合之英，候天伺地，陰陽同光。」（《事類賦》卷十三《劍賦》注）

《吳越春秋》：干將，吳人，與歐冶子同師。莫耶，干將之妻。干將作劍，採五山之鐵精，六合之金英，候天伺地，陰陽同光，百神臨觀，天氣下降，而金鐵之精不銷。干將不知其由。莫耶曰：「子以善爲劍聞於王，王使作劍，三月不成，其有意乎？」干將曰：「吾不知其理也。」莫耶曰：「夫神物之化，須人而成。今夫子作劍，得無得其人而後成乎？」干將曰：「昔吾師作冶，金鐵之類不銷，夫妻俱入冶爐中，然後成物。後世即山作冶，麻絰蔾服，然後敢鑄金於山。今吾作劍不變化者，其若斯耶？」莫耶曰：「師知爍身以成物，吾何難哉？」於是干將妻乃斷髮翦爪，投於爐中，使童女、童男三百人，鼓橐裝炭，金鐵乃濡，遂以成劍。陽曰干將，陰曰莫耶。陽作龜文，陰作漫理。干將匿其陽，獻其陰。闔閭甚重之。會魯使季孫來，闔閭使掌劍大夫以莫耶獻之。季孫拔劍之，鍔中缺者大如黍米。歎曰：「美哉！劍也。雖上國之師，何能加之！夫劍之成也，吳霸；有缺，則亡矣。我雖好之，其可受乎？」不受而去。（《（紹定）吳郡志》卷二十九《土物》）

按《（紹定）吳郡志》所引與今本大致相同。《初學記》所引趙曄《吳越春秋》條文字略多於今本。其餘各書所引則較今本簡略。上述諸書所引，文字歧異之處頗多。如今本之「劍匠」，《世説新語注》，《初學記》第二、第三、第四段，和《文選》卷六十注、《北堂書鈔》、《史記索隱》、《太平御覽》所引均作「干將」。《初學記》首段、《（紹定）吳郡志》和今本之「干將之妻」，《後漢書》卷八十二注、《文選》卷三十五注和卷六十注、《北堂書鈔》、《初學記》第四段、《太平御覽》所引均作「干將之妻名」。《初學記》第四段、《（紹定）吳郡志》、今本之「鐵精」和「六合之金英」，《世説新語注》所引作「精」和「六金之英」，《北堂書鈔》、《後漢書》注所引作「精」和「合六金之英」，《太平御覽》、《事類賦注》則作「精」和「合六合之英」。《初學記》首段、《（紹定）吳郡志》、今本之「師知爍身」和「吾」，《文選》卷三十五注、《太平御覽》、《事類賦注》作「先師親爍身」和「妾」。《（紹定）吳郡志》、今本之「干將妻」和「剪爪」，《世説新語注》作「夫妻」和「剪髮及爪」，《文選》卷三十五注作「干將夫妻」和「揃爪」，《初學記》首段作「干將妻」和「剪指」，末段作「夫妻」和「剪指」，《太平御覽》、《事類賦注》則作「干將夫妻」和「剪（揃）指」。《（紹定）吳郡志》、今本之「陽曰干將，陰曰莫耶」，《世説新語注》、《初學記》第三段、《文選》卷三十五注、《太平御覽》、《事類賦注》皆作「陽曰干將，而作龜文」。據上所述，就文句而言，《初學記》首段、《（紹定）吳郡志》所引與今本較接近，其來源應大致相同。《初學記》所引來源不一，其第四段係録自趙曄十二卷本《吳越春秋》，首段似引自十卷本《吴越春秋》。《北堂書鈔》注、《後漢書》注所引則與《初學記》所引第四段接近，似引自曄書。《世説新語注》所引既與《初學記》第四段不同，又和《太平御覽》、《事類賦注》及今本存在較大差異，且較簡略，疑引自《吴越春秋削繁》。《文選》卷三十五注、《太平御覽》、《事類賦注》所引大同小異，與《初學記》第四段較接近，疑俱出自趙曄之書。《文選》卷三之注出自東漢末三國初人薛綜之手，又與《文選》卷三十五之注文字相同，應引自趙曄《吴越春秋》。這是目前所知，時代最早的一條《吴越春秋》引文（薛綜的生平事迹詳見《三國志》卷五十四《薛綜傳》）。

18.《吴越春秋》云：「闔閭作金鈎，令曰：『有善爲鈎者，賞之百金。』有人煞其兩子，以血釁金，遂成二鈎，而詣宫門求賞。王曰：『何以異於衆夫人之鈎？』鈎師向鈎而哭，呼其兩子之名曰：『吴鴻、扈稽！我在此，王不知女之神也。』聲未絶於口，而兩鈎俱飛着於父之胷。吴王大驚，乃賞之曰百金也。」（《北堂書鈔》卷一百二十四《鈎四十一》注）

《吴越春秋》曰：「闔閭作金鈎，令曰：『能爲善鈎者，賞之百金。』而有人貪賞之重，殺其兩子，以血釁金，遂成二鈎，獻之闔閭，而詣宫門求賞。王曰：『爲鈎者多，而子獨求賞，何以異於衆人之鈎乎？』作者曰：『吾之作鈎者，貪王之賞，殺吾二子，以成兩鈎。』以示之，曰：『何者是也？』時王鈎甚衆，形體相類，不知所在。於是鈎師向鈎而哭，呼其兩子名，曰：『吴鴻、泥稽，我在此，王不知汝之神也。』聲未絶於口，兩鈎俱飛着於父之胷。吴王大驚，乃賞之百金。」（《太平御覽》卷三百五十四）

《吴越春秋》曰：闔廬既得干將、莫耶，復命國中作金鈎。令曰：「能爲善鈎者，賞百金。」吴作鈎者甚衆，有人貪王重賞，殺其二子，以血釁金，遂成二鈎以獻，詣宫門求賞。王曰：「爲鈎者衆，子獨求賞，何以異於衆夫子之鈎乎？」作鈎者曰：「吾之作鈎也，貪而殺二子，釁成二鈎。」王舉衆鈎示之，曰：「何者是也？」鈎甚多，形相類，不知其所在。鈎師向鈎呼二子之名，曰：「吴鴻、扈稽！我在此，王不知汝之神也。」兩鈎俱飛着父胷。吴王大驚，賞百金。遂服鈎不離身。（《（紹定）吴郡志》卷二十九《土物》）

按《（紹定）吴郡志》所引最接近今本，除脱「聲絶於口」及「嗟乎！寡人誠負於子」外，引文與今本基本相同。《太平御覽》所引較今本少「吴作鉤者甚衆」、「王乃舉衆鉤」，和「嗟乎！寡人誠負於子」三句，其餘文字大致相同。《北堂書鈔》所引則文字最簡練。

19.《吴越春秋》曰：「帛否來奔於吴王。闔廬問伍子胥：『帛否何如人也？』伍子胥對：『帛否者，楚州犂孫。楚平王誅州犂，否因懼出奔，聞臣在吴而來。』吴王因子胥請帛否以爲大夫，與之謀於國事。」（《文選》卷五十五《廣絶交論》注）

《吳越春秋》曰：「伯嚭來奔於吳，子胥請以爲大夫。吳大夫被離承宴問子胥曰：『何見而信伯嚭乎？』子胥曰：『吾之怨，與嚭同。子聞《河上之歌》者乎？同病相憐，同憂相救。驚翔之鳥，相隨而集。瀨下之水，回復俱流。誰不愛其所近，悲其所思者乎？』」（《文選》卷五十五《廣絶交論》注）

按《文選》所引較今本少「胡馬」至「向日而熙」一段，且以「不聞《河上歌》乎」爲「聞《河上之歌》者乎」，其餘文字大致相同，所引較今本簡略。

20·《吳越春秋》稱：要離謂吳王夫差曰：「臣迎風則偃，背風則仆。」（《春秋左傳正義》卷五十五孔穎達疏）

《吳越春秋》曰：「吳公子慶忌，吳王僚子也。勇捷爲人所聞，筋力果勁，萬人之敵也。」（《太平御覽》卷二百七十九）

《吳越春秋》曰：「子胥與要離見於吳王，要離對曰：『臣吳國之東阡陌人，細微無力，迎風則偃，背風則仆。大王有命，臣不敢盡死。』」（《太平御覽》卷三百八十六）

《吳越春秋》曰：「慶忌，僚子也。勇爲人所聞，走及奔馬。」（《太平御覽》卷三百九十四）

《吳越春秋》曰：「要離爲王殺慶忌，曰：『請以罪出走，殺臣之妻子，焚之吳市，飛楊

〔揚〕其灰，購臣千金與百里之邑。詐往，慶忌必信臣也。』王曰：『諾。』要離以罪出走。王殺其妻子，焚之吴市，飛揚其灰，購之千金與百里之邑。」（《太平御覽》卷四百九十四）

《吴越春秋》曰：「吴王欲殺王子慶忌，而莫之能。要離謂吴王曰：『臣請殺之。』乃僞加罪焉，執其妻，焚而愓〔揚〕其灰。」（《太平御覽》卷八百七十一）

按《春秋左傳正義》孔疏、《太平御覽》所引與今本歧異之處頗多，且含義不同，又多今本所無之文句。例如今本之「慶忌之勇」、「萬人莫當」、「千里之人」、「迎風則僵」、「敢不盡力」、「走追奔獸」、「能殺之」等，《太平御覽》分别作「勇捷」、「萬人之敵」、「阡陌人」、「迎風則偃」、「不敢盡死」、「走及奔馬」和「請殺之」。後者所引「飛楊〔揚〕其灰，購臣千金與百里之邑。詐往」，「吴王欲殺王子慶忌，而莫之能」和「愓〔揚〕其灰」之句，則爲今本所無。兩者存在較大差别，應録自不同祖本。其中《太平御覽》卷八百七十一所引最爲簡略，似出自《吴越春秋削繁》；卷四百九十四所引文最富，且多爲今本所無，似録自十二卷本《吴越春秋》。

21.《吴越春秋》云：「孫子者，吴人也，善爲兵法，隱幽，世人莫能知。子胥明識人，知孫子可以折衝，乃七薦孫子。」（《北堂書鈔》卷三十三《薦賢十四》注）

《吴越春秋》曰：「吴王闔閭將欲伐楚，登臺向南風而嘯，有頃而嘆。群臣莫有曉王意

者。伍子胥深知王憂，乃薦孫武。善爲兵法，人莫知其能。」（《藝文類聚》卷十九《嘯》）

《吴越春秋》曰：「孫子者，吴人，名武，善爲兵法，僻隱幽居，世人莫知其能。子胥明於識人，乃薦孫子。吴王問以兵法，每陳一篇，王不覺口之稱善。」（《藝文類聚》卷五十三《薦舉》）

《吴越春秋》曰：「吴王闔閭將伐楚，登臺向風而嘯，有頃而歎。群臣莫有曉王意者。子胥乃薦孫子。孫子者，吴人也，名武，善爲兵法，僻隱幽居，世人莫知其能。」（《太平御覽》卷三百五）

《吴越春秋》曰：「吴王闔閭將欲伐楚，登臺南向而嘯，有頃而歎。群臣莫有曉王意者。子胥乃薦孫子。孫子者，吴人，名武，善爲兵法，僻隱幽居，世人莫知其能。」（《太平御覽》卷三百九十二）

按《北堂書鈔》、《藝文類聚》、《太平御覽》所引與今本大同小異，似録自同一類傳本。

22.《吴越春秋》：吴王闔閭有女子玉，葬于昌門外。乃舞白鶴于吴市，令萬民隨觀，還使男女與鶴俱入羨門，因墓之。殺生送死，國人悲之。（《北堂書鈔》卷九十二《葬三十二》注）

《吴越春秋》云：「吴王與夫人及女會，食蒸魚。王嘗半，女怨曰：『王食魚辱我，不久生。』乃自煞也。」（《北堂書鈔》卷一百四十五《蒸二十》注）

趙曄《吴越春秋》云：「闔閭有女，哀怨王先食蒸魚，乃自殺。王痛之，厚葬於閶門外。其女化爲白鶴，舞於吴市，千萬人隨觀之。後陷成湖，今號女墳湖。」（《吴地記》）

《吴越春秋》曰：「吴王闔閭葬女於郭西閶門外。鑿地爲池，積土爲山，文石爲椁，金鼎、玉杯、銀樽、珠襦之寶皆以送之。」（《藝文類聚》卷七十三《鼎》）

《吴越春秋》曰：「吴王闔廬有女。王伐楚，與夫人及女會，食蒸魚。王嘗半，女怒曰：『王食我殘魚，辱我，不忍久生。』乃自殺。闔廬痛之，葬於郡西閶門外。鑿地爲女墳，積土爲山，文石爲椁，金鼎、玉杯、銀樽、珠襦之寶皆以送女。乃舞白鶴於吴市，令萬民隨觀之，遂使與鶴俱入墓門，因塞之以送死」。（《藝文類聚》卷九十《鶴》）

《吴越春秋》曰：「吴王闔閭有小女。王與夫人、女會，食蒸魚。王嘗半，女怨曰：『王食魚辱我，不忍久生。』乃自殺。闔閭痛之，葬於邦西閶門外。鑿池積土爲山，石爲槨，金鼎、玉盃、銀樽、珠襦之寶以送女。乃舞白鶴於吴市中，萬人隨觀，遂使男女與鶴俱入墓門，因塞之以送死。」（《文選》卷十四《舞鶴賦》注）

趙曄《吴越春秋》曰：「吴王闔廬有女自殺。闔廬痛之甚，塟於邦西昌門外。鑿地爲池，積土爲山，文石爲棺椁。」（《初學記》卷十四《葬第九》）

趙曄《吴越春秋》曰：「吴王闔廬有女，怨王先食蒸魚，乃自殺。闔廬痛之，葬於邦西

昌門外。乃舞白鶴於吳市，令萬人隨觀。」（《初學記》卷二十四《市第十五》）

《吳越春秋》曰：「吳王闔閭有子女怨王，乃自殺。闔閭痛之甚，葬於昌門外。鑿地爲池，積土爲山，文石爲椁，金鼎、銀鐏、珠玉之寶皆以送女。乃舞白鵠於吳市中，令萬民隨觀，還使男女與鵠俱入門，因塞之。」（《太平御覽》卷五百五十六）

《吳越春秋》曰：「吳王闔閭葬女以珠襦之寶。」（《太平御覽》卷六百九十五）

《吳越春秋》曰：「闔閭女自殺，以玉杯送之。」（《太平御覽》卷七百五十九）

《吳越春秋》曰：「闔閭女自殺，以銀樽送之。」（《太平御覽》卷七百六十一）

《吳越春秋》曰：「吳王闔閭有女，王伐楚，與夫人及女會，食蒸魚。王嘗半，以與女。女怨曰：『王食我殘魚，辱我，不忍久生。』乃自殺。闔閭痛之，葬於邦西昌門。鑿地爲女墳，積土爲山，文石爲郭，金鼎、玉杯、銀樽、株襦之寶皆以送女。乃儛白鶴於吳市中，令萬民隨觀之，遂使與鶴俱入羨門，因塞之以送死。」（《太平御覽》卷九百一十六）

《吳越春秋》曰：「吳王闔閭與夫人及女食蒸魚。王嘗半，以與女。女怨曰：『王食我殘魚，辱我，我不忍久生。』乃自殺。闔閭痛之，葬於邦西。金鼎、玉杯、銀樽、珠襦之寶皆以送女。舞白鶴於吳市中，令萬民隨觀之，遂使與鶴俱入羨門，因塞之以送死。」（《事類賦》卷十八《鶴賦》注）

《吴越春秋》：吴王小女因王食蒸魚辱之，不忍久生，乃自殺。（《（元豐）吴郡圖經續記》卷下《冢墓》）

《吴越春秋》：闔廬女曰滕玉。王與夫人及女會，食蒸魚。王前嘗半，而與女。女怒曰：「王食魚辱我。」乃自殺。闔閭痛之，葬於國西閶門外。鑿池積土，文石爲椁，題湊爲中，以金鼎、玉杯、銀樽、珠襦之寶送女。乃舞白鶴於吴市中，令民隨而觀之，使男女與鶴俱入羨門，因發機以掩之。殺生以送死，國人非之。（《（紹定）吴郡志》卷三十九《塚墓》）

按《北堂書鈔》、《（紹定）吴郡志》所引與今本大致相同。其餘各書所引則與今本相去頗遠。如今本之「王前嘗半」，《吴地記》、《初學記》卷二十四所引作「王先食蒸魚」。今本之「闔閭」、「鑿池積土」，《初學記》則作「闔廬」和「鑿地爲池，積土爲山」。今本之「葬於國西閶門外」，《吴地記》、《初學記》作「葬于邦西昌門外」和「厚葬於閶門外」。後二者所引係出自趙曄之書。但《吴地記》所云「女化爲白鶴」、「後陷成湖，今號女墳湖」之文，今本及《初學記》俱不載，恐係後人增入。《藝文類聚》卷七十三、《太平御覽》卷五百五十六所引近於《初學記》和《吴地記》，亦應録自趙曄所作。又今本之「王食魚辱我，不忘久生」和「國西」、「鑿池積土」，《藝文類聚》卷九十、《太平御覽》卷九百一十六、《事類賦注》所引作「王食我殘魚，辱我，不忍久生」、「邦西」、「郡西」和「鑿地爲女墳，積土爲山」，《文選注》所引則作「王食魚辱我，不忍久生」、「邦西」、「鑿池積土爲山」。以上四書所引文字較接近，疑出自不同於今本和趙曄之書的另一種《吴越春秋》。《北堂書鈔》所引文字簡練，今本吴王女「滕玉」作「子玉」，疑出自楊方之書。

23.《吴越春秋》：歐冶錮〔治〕，以成五劍。（《水經注》卷四十《漸江水》）

《吴越春秋》：越王允常以湛盧示秦客，薛蜀曰：「善哉！銜金鐵之英，吐銀錫之精，寄氣託靈，有遊出之神。服此劍者，可以折衝伐敵。君有逆謀，則去之他國。」（《北堂書鈔》卷一百二十二《劍三十四》注）

《吴越春秋》云：「秦客薛蜀見純鈎之劍曰：『臣聞王之初造此劍，赤堇之山破而出錫，若耶之溪涸而出銅，時雨師灑道，雷公鼓橐，蛟龍捧鑪，天帝裝炭，太一下觀。天精下降，於是歐冶子因天地之精，悉其伎巧，造爲此劍。』」（《北堂書鈔》卷一百二十二《劍三十四》注）

《吴越春秋》云：「越王允常鑄劍，秦客薛蜀善相劍，越王示純鈎，薛蜀望之曰：『光乎！屈揚之華，沈沈如芙蓉始生于湖。觀其文，如列星。觀其光，如水之溢塘。觀其斷割，嚴如鑠石之芒。觀其文色，涣涣若冰將釋，見日之光。此純鉤也。』王曰：『是也。』」又云：「越王以魚腸示薛蜀，蜀曰：『夫寶劍者，金精順理，至本不逆。鍔中生光，從文不起。今魚腸倒本順末，逆理之劍也。服是者，臣弑其君，子弑其父也。』」（《北堂書鈔》卷一百二十二《劍三十四》注）

《吴越春秋》云：「昔越王取鉅闕示乎薛蜀，曰：『非寶劍也。夫寶劍金錫和同，一精同光，氣如雲煙。今其光已離矣。』」

又云：「越王允常聘歐冶子作名劍五枚，三大，二小。一曰純鉤。二曰湛盧。三曰豪曹，或曰盤郢。四曰魚腸。五曰巨闕。」（《北堂書鈔》卷一百二十二《劍三十四》注）

《吴越春秋》云：「越王允常聘歐冶子作劍五枚，秦客薛蜀善相劍，王取豪曹示之。薛蜀曰：『非寶劍也。此劍雖於飲中矣。』王曰：『寡人劍過竹盧之上，過而隨之，斷唐之頭，飲於其刃，吾以爲利也，而服不捨。』」（《北堂書鈔》卷一百二十二《劍三十四》注）

《吴越春秋》云：「越王允常鑄劍，秦客薛蜀善相劍，王取豪曹示之。薛蜀曰：『非寶劍也。夫寶劍五色，今黯然無華，殞其光，亡其神。』」（《北堂書鈔》卷一百二十二《劍三十四》注）

《吴越春秋》曰：「越王允常聘歐冶子作名劍五枚。一曰純鉤。二曰湛盧。三曰豪曹，或曰盤郢。四曰魚腸。五曰巨闕。秦客薛燭善相劍。王取純鉤示之。薛燭矍然望之，曰：『沉沉如芙蓉始生於湖。觀其文，如列星之行。觀其光，如水之溢塘。觀其文色，焕焕如冰將釋，見日之光。』王曰：『客有賣（買）此劍者，有市之鄉三十、駿馬千疋、千户之都二，其可與乎？』薛燭曰：『不可！臣聞王之造此劍，赤堇之山破而出錫，若耶之谿涸而出銅，吉日良時，雨師灑道，雷公發鼓，蛟龍捧鑪，天帝壯炭，太一下觀。於是歐冶子因天地之精，造爲此劍。』取湛盧視之。薛燭曰：『善哉！銜金鐵之英，行氣託靈。服此劍者，可以折衝伐敵。人君有逆謀，則去之。』允常以魚腸、湛盧、豪曹獻吴王僚。後闔閭爲一女殺生以送死，湛盧之劍惡其無道，乃去如楚。昭王寐而得之，召風胡子問之：『此劍值幾何？』對曰：『赤堇之山已合，若耶之谿深而不測，群神上天，歐冶子已死，雖有傾城量金珠玉，猶不可與。況駿馬、萬户之都乎！』」（《藝文類聚》卷六十《劍》）

《吴越春秋》曰：「越王允常聘歐冶子作名劍五枚。一曰純鈎。二曰湛盧。三曰豪曹。四曰魚腸。五曰巨闕。秦客薛燭善相劍，越王取豪曹、巨闕、魚腸等示之。薛燭皆曰：『非寶劍也。』取純鈎示。薛燭曰：『光乎如屈陽之華，沈沈如芙蓉始生於湖。觀其文，如列星之行。觀其光，如水溢於塘。此純鈎也。』取湛盧示之。薛燭曰：『善哉！銜金鐵之英，吐銀錫之精，寄氣託靈，有遊出之神。服此劍可以折衝伐敵。人君有逆謀，則去之他國。』允常乃以湛盧獻吴。吴公子光弑吴王僚，湛盧去如楚。」（《初學記》卷二十二《劍第二》）

《吴越春秋》曰：「秦客薛燭善相劍。楚王取湛盧示之。燭曰：『善哉！銜金鐵之英，吐銀錫之精。』」（《初學記》卷二十二《劍第二》）

趙曄《吴越春秋》曰：「越王允常聘歐冶子作劍五枚，三大，二小。三曰豪曹。秦客薛燭曰善相劍。王取豪曹示之。薛燭曰：『實非寶劍也。今豪曹五色黯然無華，已殞其光，亡其神。此劍不登斬而辱，則墮於飲中矣。』王曰：『寡人置劍竹盧上，過而墜之，斷金獸之頸，飲濡其刃，以爲利也。』」（《初學記》卷二十二《劍第二》）

趙曄《吴越春秋》曰：「王允常聘歐冶子作劍。赤墐之山破而出錫，若耶之溪涸而出銅，雷公擊橐，蛟龍捧鑪，天帝裝炭，太一下觀。」（《初學記》卷三十《龍第九》）

《吴越春秋》曰：「歐冶子作劍，赤墐山破而出錫，若邪之溪涸而出鋼〔銅〕，雷公擊橐，蛟龍捧鑪，天帝、太一下觀之。」（《白孔六帖》卷九十五《龍》「御燭捧鑪」條）

《吴越春秋》曰：「越王允常聘歐冶子作名劍五枚，三大，二小。一曰純鈞。二曰湛盧。三曰豪曹，或曰盤郢。四曰魚腸。五曰鉅闕。秦客薛燭善相劍。王取豪曹示之。薛燭曰：『非寶劍也。夫寶劍五色並見。今豪曹五色黯然無華，殞其光，亡其神矣。』王復取鉅闕示之。薛燭曰：『非寶劍也。夫寶劍金錫和同，氣如雲煙。今其光已離矣。』王復取魚腸示之。薛燭曰：『夫寶劍者，金精從理，至本不逆。今魚腸倒本從末，逆理之劍也。服此者，臣弑其君，子弑其父。』王取純鈞示之。薛燭矍然而望之，曰：『光乎如屈陽之華，沈沈如芙蓉始生於湘〔湖〕。觀其文，如列星之芒；觀其光，如水之溢塘；觀其色，涣如冰將釋，見日之光。此純鈞者也。』王曰：『是也。客有買此劍者，市之鄉三十、駿馬千疋、千户之都二，其可與乎？』薛燭曰：『不可！臣聞王之初造此劍，赤董〔堇〕之山破而出錫，若耶之溪涸而出銅，雨師灑道，雷公發鼓，蛟龍捧爐，天帝壯炭，太一下觀。於是歐冶子曰：天地之精，悉其伎巧，造爲此劍。吉者宜王，凶者可以遺人。凶者尚直萬金，況純鈞者耶？』取湛盧，薛燭曰：『善哉，銜金鐵之英，吐銀錫之精，奇氣託靈，有遊出之神。服此劍者，可以折衝伐敵。人君有逆謀，則去之他國。』允常乃以湛盧獻吴。吴公子光殺吴王僚，湛盧去如楚。昭王寤而得之，召風胡子問之：『此劍直幾何？』對曰：『赤堇（菫）之山已合，若耶之溪深而不測，群神上天，歐冶已死，雖有傾城量金珠玉不可與，況駿馬、萬户之都乎！』」（《太平御覽》卷三百四十三）

《吴越春秋》曰：「越王允常聘歐冶子造五劍，秦客薛燭善相劍，示之。燭曰：『雖傾城量珠玉，猶未可與也。』」（《太平御覽》卷八百三）

《吴越春秋》曰：「越王允常聘歐冶子造五劍。秦客薛燭善相劍。示之。燭曰：『雖傾城量珠玉，猶未可與也』。」（《事類賦》卷九《珠賦》注）

《吴越春秋》曰：「越王允常聘歐冶子作名劍五枚，三大，二小。一曰純鈞。二曰湛盧。三曰豪曹，或曰磐郢。四曰魚腸。五曰巨闕。」（《事類賦》卷十三《劍賦》注）

《吴越春秋》曰：「越王允常聘歐冶子作名劍五枚，以豪曹示薛燭。燭曰：『夫寶劍五色。今見豪曹黯然無華，殞其光芒，其神亡矣。』示之巨闕。薛燭曰：『非寶劍也。夫寶劍金錫和同，氣如雲煙。今其光已離矣。』示之魚腸。燭曰：『金精從理，至本不逆。今魚腸倒本從末，逆理之劍也。』示之純鉤。燭矍然曰：『恍乎如屈陽之華，沈沈如芙蓉始生於湖。其文如列星之行，其光如水之溢塘。此純鉤也。』王曰：『客有以鄉三十、駿馬千匹、千户之都二買此劍，可乎？』薛燭曰：『不可！臣聞初造此劍，赤堇之山破而出錫，若耶之谿涸而出銅，雨師灑道，雷公發鼓，天帝裝炭，太一下觀。』示之湛盧。燭曰：『善哉！銜金鐵之英，吐銀錫之精，可以折衝伐敵。人君有逆謀，則去之他國。』允常以湛盧獻吴。吴公子光弑吴王僚，湛盧去如楚。昭王寤而得之，召風胡子問之：『此劍直幾何？』對曰：『赤堇之山已合，若耶之谿深而不測，群神上天，歐冶已死，雖傾城量金，珠玉滿河，不借一觀。況駿馬、萬户之都乎！』」（《事類賦》卷十三《劍賦》注）

《吴越春秋》云：「闔盧失道，湛盧去，而水行以如楚。楚昭王卧而寤，得劍於牀，召風湖子問焉。風湖子曰：『此謂湛盧之劍。吴王得越所獻三寶劍：一曰魚腸，二曰磐郢，三曰湛盧。魚腸已用殺吴王僚。磐郢以送其死女。今湛盧則入楚也。昔越王元常使歐冶子造劍五枚，以示薛燭。燭曰：魚腸，劍逆理不順，不可服。故闔閭以殺王僚。磐郢，亦豪曹，不法之物，無益於人。故以送死。湛盧，五金之英，太陽之精，寄氣託靈，出之有神，伏之有威，可以折衝。然人君有逆理之謀，其劍則出。故去無道，以就有道也。」（《（紹定）吴郡志》卷四十七《異聞》）

《吴越春秋》云：「赤堇之山已合無雲，若邪之溪深而莫測。」（《（嘉泰）會稽志》卷十《水》）

按《（紹定）吴郡志》所引與今本大致相同，而稍簡略，應同出一源。其餘各書所引與今本相去頗遠。内《北堂書鈔》、《太平御覽》所引基本相同。《事類賦注》所引與以上二書大致相同，而稍簡略。三者所引均較今本多出涉及純鉤和鉅闕的一部分内容。其言及豪曹、魚腸、湛盧三段文字，亦與今本有較大差異。又三者均將允常和薛燭討論寶劍價值之語繫於純鉤條下，將「傾城量金」條繫於允常名下。今本則將前者繫於湛盧條下，將後者置於風湖子名下。《初學記》所引亦與上述三書接近，較《北堂書鈔》、《太平御覽》稍簡略，且多「此劍」至「以爲利也」數句。其引文亦較今本多出言及「純鉤」之語。涉及豪曹、湛盧之言亦和今本存在較大區别。《藝文類聚》所引與今本及《北堂書鈔》等四書均有較大差别。其引文較今本多出言及純鉤之文。涉及湛盧之語亦與今本有較大不同，且較簡略。同時亦將討論寶劍價值之言繫於純鉤而非湛盧條下，將敘述買客酬直之語置於允常而非風湖子名下。其引文又較《北堂書鈔》等四書簡略，且將湛盧去如楚的原因歸結爲吴王爲一女殺生以送死，《北堂書鈔》等四書均將此事歸諸公子光殺吴王僚。今本則將其歸之於殺生以送死及殺君謀楚。據此，可知《北堂書鈔》、《初學記》、《太平御覽》和《事類賦注》所引，當出自《初學記》所明言之「趙曄《吴越春秋》」。《藝文類聚》所引應録自楊方《吴越春秋削繁》。今本應出於綜合上述二家，最晚出的皇甫遵《吴越春秋》。

24.《吴越春秋》曰：「子胥鞭平王尸三百，右手抉其目，左手〔足〕踐其腹。」（《太平御覽》卷

三百七十一）

25.《吴越春秋》曰：「吴師入郢，引軍擊鄭。定公前既殺楚太子建，而困子胥，故怨鄭。兵將入境，定公大懼，乃令於鄭邦中，曰：『有能還吴軍者，吾與之分邦而治。』漁者子聞而進之，曰：『臣能還之。不用兵戈升糧，得一橈行歌道中，即還矣。』定公大悦，乃與一橈。子胥軍將至，漁者子當路叩橈行歌，辭曰：『蘆中人！蘆中人！』子胥聞之，大驚，曰：『何等人者？』即請與語。曰：『吾是漁者子。吾國君怖懼，令於國中：有能還吴軍，吾與之分國而治。臣念先人與君相遭於途，今從君乞鄭之罪也。』子胥曰：『吾蒙子先人之恩，自致於此。上天蒼蒼，豈敢忘子之功乎！』於是乃釋鄭不伐。」（《太平御覽》卷四百七十九）《吴越春秋》曰：「子胥伐楚，因引軍襲鄭治。漁者之子在鄭，乃還。」（《太平御覽》卷七百七十二）

按《太平御覽》卷四百七十九所引與今本相比，多出「兵將入境」和「定公大悦」之句，又少「公爲何誰矣」、「悲哉」之語。其文字較今本略繁。如今本之「國中」、「何等謂」、「國」、「豈敢忘也」，《太平御覽》分別作「鄭邦中」、「何等人者，即請」、「國中」、「豈敢忘子之功乎」。兩者遺詞用字亦頗多差異。如今本之「國」、「應募」、「尺兵斗糧」、「國」、「前人」等，《太平御覽》則作「邦」、「聞而進之」、「兵戈升糧」、「罪」、「先人」。《太平御覽》卷四百七十九所引應出於十二卷本《吴越春秋》。同書卷七百七十一所引文句簡略,所用「襲」字又與卷四百七十九和今本不同,應録自《吴越春秋削繁》。

26.《吴越春秋》云:「日夕途遠,吾故倒行逆旅之于道也。」(《能改齋漫録》卷三《倒行逆旅》)

27.《吴越春秋》云:「楚昭王敗,楚國之君臣傷王困迫,乃援琴作《窮劫之曲》。」(《北堂書鈔》卷一百六《歌篇二》注)

28.《吴越春秋》曰:「伍子胥伐楚還,過溧陽瀨水之上,長歎息曰:『吾嘗飢於此,乞食而殺一婦人。』將欲報之百金,不知其家,遂投金瀨水之中而去。」(《藝文類聚》卷三十三《報恩》)

《吴越春秋》曰:「後子胥伐楚,師還,過溧陽瀨上,欲報以百金,不知其家,乃投金瀨水而去。後有嫗行哭而來,曰:『吾女年三十,不嫁,擊縹於此,遇窮人,飯之。恐事泄,投水而死。』乃取金歸。」(《太平御覽》卷五十九)

《吴越春秋》曰:「伍子胥伐楚,還溧陽瀨水之上,長嘆曰:『吾嘗飢於此,乞食而殺一婦人。』將欲報之金,不知其家,遂投金瀨水之中而去。有頃,一嫗行哭而來。問曰:『嫗何哭之悲也？』嫗曰：『吾有女守吾，年三十，不嫁。往年擊漂於此，遇人窮，飯之。而恐泄事，自投於瀨水中而死。今聞伍君來，不得其家，自傷空而無爲報者，故行哭之悲也。』人曰：『子胥欲報嫗以百金，不知嫗所在，投金水中而去。』嫗乃取金以歸也。」（《太平御覽》卷四百七十九）

《吴越春秋》曰：「伍子胥伐楚，還溧陽瀨水上，欲報自殺婦人百金，不知其家，投金瀨水中而去。須臾，有一姥哭而來，自言是女母，取金而去。」（《太平御覽》卷八百一十一）

《吴越春秋》云：「子胥伐楚，師還，過溧陽瀨上，欲報以百金，不知其家，乃投金瀨水而去。後有嫗行哭而來，曰：『吾女三十，不嫁，擊縹于此。遇窮人，飯之。恐事洩，投水而死。』乃取金歸之。」（《太平寰宇記》卷九十）

《吴越春秋》曰：「伍子胥伐楚，還溧陽瀨水上，欲報自殺婦人百金，不知其家，投金瀨水中而去。須臾，有一姥哭而來，自言是女母，取金而去。」（《事類賦》卷九《金賦》注）

按今本與以上各書所引有較大不同。今本之「子胥等過溧陽瀨水之上」、「有頃」、「老嫗」、「守居三十」、「綿」、「一窮途君子」等，《太平御覽》卷四百七十九分别作「伍子胥伐楚，還溧湯瀨水之上」、「有頃」、「嫗」、「守吾，年三十」、「漂」、「人窮」；《太平御覽》卷五十九、《太平寰宇記》卷九十分别作「子胥伐楚，師還，過溧陽瀨上」、「後」、「嫗」、「吾女年三十」（或「吾女三十」）、「縹」、「窮人」；《事類賦注》、《太平御覽》卷八百一十一則分別作「伍子胥伐楚，還溧陽瀨水上」、「須臾」、「姥」，且多「自言是女母」之句。今本之「女子飼我，遂投水而亡」、「償」、「虚死」，《太平御覽》卷四百七十九分別作「而殺一婦人」、「家」、「空而無爲報者」。據此，可知《太平御覽》卷四百七十九所引與今本頗多差異，而與《藝文類聚》卷三十三、《太平御覽》卷五十九、《太平寰宇記》卷九十所引接近。此四書應引自不同於今本祖本的另一傳本。《太平御覽》卷八百一十一、《事類賦注》則應引自有別於以上兩者的又一種傳本。

29.《吴越春秋》云：「子胥伐楚還，將至，闔閭治魚作膾。」（《北堂書鈔》卷一百四十五《膾十九注》）

《吴越春秋》曰：「伍子胥伐楚，末（未）還。闔閭治魚作膾。作膾過時不至，魚臭，猶須子胥之至也。三師到，闔閭膾而食之，不知其臰。後王重作之，其味如故。人作魚須膾者，闔閭之時造也。」（《太平御覽》卷八百六十二）

《吴越春秋》：「吴王聞三師將至，治魚爲鱠。將到之日，過時不至，魚臭。須臾，子胥至。闔閭出鱠而食，不知其臭。復重爲之。吴人作鱠自闔閭始也。」（《（紹定）吴郡志》卷二十九《土物》）

按《北堂書鈔》、《（紹定）吴郡志》所引與今本大致相同，應同出一源。《太平御覽》所引與今本則有較大差别，似録自另一系統之傳本。

30.《吴越春秋》曰：「吴王闔閭爲太子騁〔聘〕齊女。齊女思於齊，日夜號泣，因而爲疾。闔閭乃爲起北門，名曰望齊門，作樓，令女往登遊其上。」（《太平御覽》卷一百八十三）

《吴越春秋》曰：「吴謀伐齊，齊景公使子女爲質於吴，吴王因爲太子聘齊女。齊女少，思齊，日夜哭泣，發病。闔閭乃起北門，名曰齊門，令女往遊其上。女思不止，病日益甚，至且死，女曰：『令死有知，必葬我於虞山之顛，以望齊國。』闔閭傷之甚，用其言，葬於虞山之嶺，以瞻望齊國。是時，太子亦病而死。」（《太平御覽》卷五百五十六）

《吴越春秋》云：「吴謀伐齊，齊使女質吴，吴因爲太子聘之。女少，思齊，因病。闔閭乃起北門，名曰望齊門，令女往遊其上。女思不止，病益甚。女曰：『死必葬我虞山之巔，以望齊國。』闔閭傷之，如其言。」（《太平寰宇記》卷九十一）

《吴越春秋》：吴太子娶齊女，女思齊而病。將死，曰：「令死者有知，必葬我於虞山之巔，以望齊國。」闔閭傷之，如其言，葬虞山之巔。（《（紹定）吴郡志》卷三十九《塚墓》）

《吴越春秋》云：「吴太子娶齊女。女思齊而病。將死，曰：『必葬我於虞山之巔，以望齊國。』闔閭傷之，如其言，葬虞山之巔。」（《（寶祐）琴川志》卷十《冢墓》）

《吴越春秋》云：「吴王謀伐齊，齊子使女爲質于吴，吴王因爲太子波聘齊女。女少，思齊，日夜號泣，因乃爲病。闔閭乃起北門，名曰望齊門，令女往遊其上。女思不止，病日益甚，乃至殂落。女曰：『令死者有知，必葬我于虞山之巔，以望齊國。』闔閭傷之，正如其言，乃葬虞山之巔。是時，太子亦病而死。」（《（寶祐）琴川志》卷十《冢墓》）

按《太平御覽》卷五百五十六所引有别於今本，《（寶祐）琴川志》所引則與今本相同。前書引文中之「齊景公」、「太子」、「發病」、「齊門」、「至且死」、「海虞山」、「甚，用其言」、「以瞻望齊國」，後二書分别作「齊子」、「太子波」、「因乃爲病」、「望齊門」、「乃至殂落」、「虞山」、「正如其言」。兩者所引存在較大區别，應分别出自不同的傳本。前者文句略繁，當出自十二卷本。後者文句稍簡，應録自十卷本。《太平御覽》卷一百八十三所引較前兩者簡略。引文中「太子」、「因而爲疾」、「望齊門」和「作樓，令女往登遊其上」等語既和前兩者各有相同處，又各有不同之處。所引應出自《吴越春秋削繁》。《太平寰宇記》所引有「齊」、「太子」、「因病」、「望齊門」、「虞山」、「如其言」之語，引文接近於今本而稍簡略。

31.《吴越春秋》曰：「吴王闔閭治宫室，立射臺於安里，華池在平昌，南城宫在長樂。闔閭出遊卧，秋冬治於城中，春夏治於姑胥之臺。且〔旦〕食䱉山，晝遊胥臺，射於鷗陂，馳於遊臺，興樂石城。」（《太平御覽》卷一百七十七）

《吴越春秋》云：「闔廬既立夫差爲太子，使將兵屯守，而自治宫室。立射臺於安平里，華池在平昌，南海宫在長樂里。闔閭出入游卧，秋冬治於城中，春夏治於城外姑蘇之臺。旦食䱹山，晝游蘇臺，射於鷗陂，馳於游臺，興樂石城，走犬長洲焉。」（《（紹定）吴郡志》卷八《古蹟》）

卷五

32.《吴越春秋》曰：「越王用屈盧之矛、步光之劍獻之吴王。」（《北堂書鈔》卷一百二十三《矛三十八》注）

《吴越春秋》曰：「勾踐使大夫文種於吴，曰：『竊聞大王興大義，誅强救弱。越使賤臣種以先人藏器及甲二十領以賀君。』」（《初學記》卷二十二《甲第六》）

《吴越春秋》曰：「越屈盧之矛、步光之劍獻吴王。」（《太平御覽》卷三百五十三）

《吴越春秋》曰：「勾踐使大夫種於吴，曰：『竊聞大王興大義，誅彊救弱，越使賤臣種以先人藏器及甲二十領以賀君。』」（《太平御覽》卷三百五十六）

按以上四書所引均與今本不同。今本之「前王所藏甲二十領、屈盧之矛、步光之劍」，《北堂書鈔》、《太平御覽》卷三百五十三所引無「前王所藏甲二十領」之文。《初學記》卷二十二、《太平御覽》卷三百五十六所引作「先人藏器及甲二十領」，且無「屈盧之矛、步光之劍」之文。據此分析，《北堂書鈔》、《太平御覽》卷三百五十三所引文句簡略，似引自《吴越春秋削繁》。《初學記》卷二十二、《太平御覽》卷三百五十六應引自最早出的趙曄《吴越春秋》。今本應源於兼採以上二家、最晚出的皇甫遵《吴越春秋》。

33.《吴越春秋》曰：「夫差使王孫聖占夢。聖曰：『占之，不吉。』王怒，使力士石蕃，以鐵椎椎殺聖。」（《文選》卷三十五《七命》注）

《吴越春秋》曰：「吴王伐齊，請公孫聖，告之。聖諫：『願大王勿伐齊。』王大怒，曰：『吾天之所生，神之所助。』使力士石番，擊以鐵槌，身絶爲五。」（《太平御覽》卷四百八十三）

《吴越春秋》曰：「夫差使力士石番，以鐵椎椎殺王孫聖。」（《太平御覽》卷七百六十三）

《吴越春秋》：吴王夫差興九郡之兵，將與齊戰。道出胥門，假寐於姑胥之臺。夢入章明宫，見兩鑩蒸而不炊，兩黑犬嘷以南、嘷以北，兩鋘殖宫牆，流水湯湯，越其宫堂，後房鼓震篋篋，有鍛工，前園横生梧桐。謂太宰嚭曰：「子爲寡人占之。」嚭曰：「美哉！王之伐齊也。章者，德鏘鏘也；明者，破敵聲聞，昭明也；兩鑩蒸而不炊者，大王聖德，氣有餘也；兩黑犬嘷以南、嘷以北者，四夷服，朝諸侯也；兩鋘殖宫牆者，農夫就成，田夫耕也；流水湯湯，越宫堂者，鄰國貢獻，財有餘也；後房篋篋鼓震，有鍛工者，宫女悦樂，琴瑟和也；前園横生梧桐者，樂府鼓聲也。」吴王大悦，而其心不已，復召王孫駱問之。駱曰：「臣鄙淺，不能占王夢。東掖門亭長長城公弟公孫聖，多見博觀，知鬼神之情狀。願王問之。」王乃遣駱往，請公孫聖急詣姑胥之臺。聖伏地而泣。其妻謂聖：「子何性鄙！人主急召，乃涕泣如雨乎？」聖曰：「悲哉！非子所知。今日壬午，時加南方，命屬上天，不得逃亡。非但自哀，誠傷吴王。吾受道十年，隱身辟害，欲紹壽命。不意卒約急召，中世自棄，故悲與子相離耳。」遂詣姑胥臺。吴王曰：「寡人將北伐齊、魯，道出胥門，過姑胥之臺，忽然晝夢，子爲占之。」聖曰：「臣不言，身名全。言之，必死百段於王前。臣聞章者，戰不勝，敗走傽偟也；明者，去昭就冥冥也；入門見鑩蒸而不炊者，不得火食也；兩黑犬嘷以南、嘷以北者，黑者，陰也，北者，匿也；兩鋘殖宫牆者，越軍入吴國，伐宗廟，掘社稷也；流水湯湯，越宫堂者，宫室墟也；後房鼓震篋篋者，坐太息也；前園横生梧桐者，梧桐心空，不爲用器，但爲盲僮，與死人俱葬也。願大王按兵修德，遣下吏太宰嚭、王孫駱解冠肉袒，徒跣稽首謝勾踐，國可安存，身可不死。」吴王怒曰：「吾天之所生，神之所使。」顧力士石番，以鐵鎚擊殺之。（《（紹定）吴郡志》卷四十三《方技》）

按《（紹定）吴郡志》所引與今本基本一致，同出一源。其餘二書所引則相去頗遠。如今本之「公孫聖」、「所使」、「顧」、「以鐵鎚擊殺之」，《文選》和《太平御覽》卷七百六十三作「王孫聖」、「以鐵（鐵）椎椎殺（王孫）聖」，《太平御覽》卷四百八十三則作「公孫聖」、「所助」、「使」、「擊以鐵槌，身絶爲五」。

三者所引係取自三種不同的傳本。

34.《吴越春秋》：吴王夫差坐殿上，獨見四人向庭，相背而倚。王怪，問群臣：「吾見四人相背而倚，聞人言，則四分走矣。」伍子胥曰：「如王言，將失衆矣。」吴王怒曰：「言不祥。」子胥曰：「非唯不祥，王亦亡矣。」後五日，王復坐殿上，望見兩人相對，北向人殺南向人。王問群臣：「見乎？」曰：「無。」後見子胥，曰：「四人走，叛也。北向殺南向，臣殺君也。」王不應。（《(紹定)吴郡志》卷四十七《異聞》）

35.《吴越春秋》云：「吴王賜子胥劍，遂伏劍而死。吴王乃取子胥之尸，盛以鴟夷之器，投之江海。子胥因隨流揚波，成濤激岸，隨潮來往。」（《藝文類聚》卷九《濤》）

《吴越春秋》曰：「子胥諫吴王。王怒，賜以钃鏤之劍，盛以鴟夷之器，投之于江。」（《太平御覽》卷四百八十三）

《吴越春秋》曰：「子胥諫，吴王怒。子胥伏劍而死。王乃取子胥尸，盛以鴟夷，投之于江。斷其頭，置百尺之上，謂曰：『日月炙汝肉，熛風飄汝眼，炎火燒汝骨，盡成灰土，何有所見？』」（《太平御覽》卷四百九十二）

按今本之「依潮來往，蕩激崩岸」，《藝文類聚》作「成濤激岸，隨潮來往」。今本之「高樓」、「飄風」、「炎光」、「汝骨變形灰」和「有何」，《太平御覽》分別作「百尺」、「熛風」、「炎火」、「盡成灰土」和「何有」，且少「魚鼈食汝肉」之句。今本和上述二書應出自不同的傳本。

36.《吴越春秋》云：「吴王夫差興兵伐齊，堀爲漁溝，通於商、魯之間，北屬之沂，西屬之濟，欲以會晉。」（《群書治要》卷十二《吴越春秋》）

趙曄《吴越春秋》曰：「吴王夫差興兵伐齊，掘爲深溝，通於商、魯之間，北屬之濟。」（《初學記》卷六《濟第六》）

《吴越春秋》曰：「吴將伐齊，自廣陵掘溝通江、淮。」（《太平御覽》卷一百六十九）

《吴越春秋》云：「吴將代齊，自高陵掘江通淮。」（《太平寰宇記》卷一百二十四）

《吴越春秋》云：「吴將伐齊，北霸中國，自廣陵掘江通淮，運糧之水路也。」（《太平寰宇記》卷一百二十四）

按《群書治要》、《初學記》所引大同小異。二書所引與今本頗多差異。其餘二書所引則與今本相去更遠。三者應分别出自三種不同的傳本。

37.《吳越春秋》云：「吳王夫差興兵伐齊。……恐群臣之諫也，乃令於邦中，曰：『寡人伐齊，敢有諫者，死。』太子友乃風諫，以發激吳王之心。以清朝時，懷丸挾彈，從後園而來，衣洽履濡。吳王怪而問之，曰：『何爲如此也？』友曰：『遊於後園，聞秋蟬之鳴，往而觀之。夫秋蟬登高樹，飲清露，其鳴悲吟，自以爲安，不知螳螂超枝緣條，申要舉刃，纆其形也。夫螳螂愈心財進，志在利蟬，不知黃雀徘徊枝葉，欲啄之也。夫黃雀伹〔但〕知伺螳螂，不知臣飛丸之集其背也。伹〔但〕臣知虛心念在黃雀，不知穽埳在於前，掩忽陷墜於深井也。』王曰：『天下之愚，莫過於斯。知貪前之利，不睹其後之患也。』對曰：『天下之愚，非伹〔但〕直於是也，復有甚者。』王曰：『豈復有甚於是者乎？』友曰：『夫魯守文抱德，無欲於隣國，而齊伐之。齊徒知舉兵伐魯，不知吳悉境內之士，盡府庫之財，暴師千里而攻之也。吳徒知踰境貪敵往伐齊，不知越王將選其死士，出三江之口，入五湖之中，屠滅吳國也。臣竊觀禍之端，天下之危，莫過於斯也。』王喟然而歎，默無所言。遂往伐齊，不用太子之諫。越王勾踐聞吳王北伐，乃帥軍泝江以襲吳，遂入吳國，焚其姑蘇之臺。」（《群書治要》卷十二《吳越春秋》）

《吳越春秋》曰：「夫差令於邦中，曰：『寡人欲伐齊，敢有諫者，死。』太子友請朝，時懷丸挾彈，從後園而來，衣沾履濡。吳王夫差怪而問之。太子友對曰：『臣遊後園，聞秋蟬之鳴，往而觀之。秋蟬登高樹，飲清露，悲吟以爲安，不知螳螂超枝緣條，曳腰舉刃，欲援其形也。螳螂貪心時進，志在有利，不知黄雀緣茂林，徘徊枝葉，欲啄螳螂也。夫黄雀知伺螳螂之有味，不知臣躊躇引彈，蜚丸之集其背也。』」（《太平御覽》卷三百五）

《吴越春秋》曰：「吴王夫差令於邦中，曰：『寡人欲伐齊，敢有諫者，死。』太子友因諷諫以激於王，以清且〔旦〕懷丸挾彈，從後園而來，衣洟履濡。吴王夫差怪而問之。太子對曰：『臣遊後園，聞秋蟬之鳴，往而觀之。秋蟬登高樹，自以爲安，不知螳螂超枝緣條，曳要舉刃，欲哺其形也。螳螂貪心務進，志在有利，不知黄雀盛緣茂林，徘徊枝葉，欲啄螳螂也。』」（《太平御覽》卷九百四十六）

按《群書治要》、《太平御覽》所引和今本三者彼此有别，係取自不同的傳本。今本之「國中」、「有敢」、「持」、「蜩」、「聲」，餘二書均作「邦中」、「敢有」、「挾」、「蟬」、「鳴」。今本之「袷」，《群書治要》作「洽」，《太平御覽》卷九百四十六作「洟」。今本之「激於王」，《群書治要》作「以發激吴王之心」，《太平御覽》作「以激於王」。今本之「長吟悲鳴」，餘二書分别作「其鳴悲吟」、「悲吟」。今本之「曳腰聳距」，二書分别作「申要舉刃」和「曳腰（要）舉刃」。今本之「稷」，二書作「纓」和「援」、「哺」。今本之「翕心而進」，二書分别作「愈心財進」和「貪心時進」、「貪心務進」。今本之「盈緑林，徘徊枝陰」，二書分别作「徘徊枝葉」和「緣茂林，徘徊枝葉」。今本之「挾彈危擲，蹭蹬飛丸」，二書分别作「飛丸」和「躊躇引彈，蜚丸」。今本之「空埳其旁」，《群書治要》作「穽埳在於前」。今本之「守仁」、「不聽」，《群書治要》則分别作「守文」、「不用」。《太平御覽》所引文句最簡，與其餘二書均有若干不同，似録自《吴越春秋削繁》。《群書治要》所引與今本頗多不同，有不少今本所不載之文句，應出自趙曄之書。

38.《吴越春秋》曰：「越王勾踐復興師伐吴。吴王敗，晝夜馳走三日，飢，頋見生稻而取食之。」(《太平御覽》卷八百三十九)

《吴越春秋》：越破吴，夫差遁去，晝馳夜走，三日三夜，達于秦餘杭山。餒甚，顧得生稻而食之，伏北而飲水焉。(《(紹定)吴郡志》卷八《古蹟》)

按《(紹定)吴郡志》所引與今本基本一致，《太平御覽》所引與今本頗多區别，兩者應引自不同的傳本。

39.《吴越春秋》曰：「吴王夫差爲越所敗，遁而去，得自生之瓜食之也。」(《藝文類聚》卷八十七《瓜》)

《吴越春秋》曰：「吴夫差爲越所敗，遁而去。得自生之瓜，其實已熟，掇而食之。問左右曰：『是乃冬，有瓜，近道而人不食，何也？』左右曰：『盛夏之時，人食生瓜，起居道

傍，瓜子復生，故人惡食。』」（《太平御覽》卷九百七十八）

《吴越春秋》曰：「吴夫差爲越所敗，遁而去。得自生之瓜，撰〔掇〕而食之。問左右曰：『是乃冬，有瓜，近道而人不取，何也？』左右曰：『盛夏之時，人食生瓜，起居道傍，瓜子復生，故人惡食之。』」（《事類賦》卷二十七《瓜賦》注）

按《太平御覽》所引較《事類賦注》多「其實已熟」一句，其餘文句基本相同。今本之「生瓜已熟」和「秋霜惡之，故不食」，《太平御覽》作「自生之瓜，其實已熟」和「故人惡食」，《事類賦注》則作「自生之瓜」和「故人惡食之」。三者均存在若干不同之處。

40.《吴越春秋》曰：「越伐吴，吴王率其賢良投於胥山。越兵大至，圍吴三重。大夫文種、相拜〔邦〕范蠡左手提鼓，右手操桴而鼓之。於是吴王書其弓矢，而射種、蠡之軍，其辭曰：『臣聞：狡兔已死，良犬烹；敵國已滅，謀臣亡。今吴已病也，子大夫何不慮之？』」（《太平御覽》卷四百八十六）

41.《吴越春秋》曰：「吴王死，辭曰：『不忍見伍子胥，吾死，必結璧連組以幕吾目。恐其不蔽，即復重羅繡三幅，以爲奄明。生不昭我身，死不見我形。吾何言哉！』」（《太平御覽》

卷八百一十五）

《吴越春秋》曰：「吴王將死，曰：『吾以不用子胥言，以至於此。死者無知則已，死者有知，何面目見子胥也。』遂蒙絮覆面而自刎。」（《太平御覽》卷八百一十九）

按《太平御覽》卷八百一十九所引與今本相去甚遠。其首尾二句係今本所無。其「死者無知，則已」，今本作「使其無知，吾負於生」。「何面目見」，今本作「不忍覩」。「無知」、「有知」先後次序，二書又互倒。《太平御覽》卷八百一十五所引則與今本較接近。不過其「見」、「結壁連組」、「幕」、「惓」、「言」，今本作「覩」、「連繄組」、「罩」、「幅」、「可」。兩者仍存在不少差異。

42.《吴越春秋》云：「越王葬夫差於秦餘杭山卑猶。」（《（元豐）吴郡圖經續記》卷中《山》）

《吴越春秋》云：「夫差既伏劍，越王以禮葬之秦餘杭山卑猶。宰嚭亦葬其傍。」（《（紹定）吴郡志》卷三十九《塚墓》）

卷六

43.《吴越春秋》：山覆釜之中，有金簡玉字之書，黄帝之遺讖也。（《水經注》卷四十《漸江水》）

趙曄《吴越春秋》曰：「禹繼鯀治水，傷父功不成，乃案《黄帝中經》，蓋見聖人所記，曰：『在於九疑上，東南天柱，號曰宛委，承以文玉，覆以盤石。其書金簡，青玉爲字，編以白銀，皆瑑其文。』禹乃退齋。三月，以庚子之日登宛委山，發石取書，案金簡玉字，得通水之理。」（《北堂書鈔》卷一百六十《衡山三十八》）

《吴越春秋》曰：「禹案《黄帝中經》，見聖人所記，曰：『在九疑山，東南天柱，號曰宛委，承以文玉，覆以盤石。其書金簡，青玉爲字，編以白銀，皆瑑其文。』禹乃東巡，登衡山求之。赤繡文衣男子自稱玄夷蒼水使者，來候禹，令齋三日，更求之。禹乃三日齋，登宛委山，取得書，得通水之理。遂周行天下，使益疏記之，名《山海經》也。」（《藝文類聚》卷十一《帝禹夏后氏》）

《吴越春秋》曰：「禹案《黄帝中經》，見聖經所記，曰：『在乎九疑上東南，號曰宛委，承以文玉，覆以盤石。其書金簡玉字。』禹乃退，齋三日，發石取書。」（《初學記》卷五《石第九》）

趙華（曄）《吴越春秋》曰：「禹傷父功不成，乃案《黄帝中經曆》，蓋見聖人所記，曰：『在于九疑山，東南天柱，號曰宛委山，赤帝左闕，其岩之巔，承以文玉，覆以盤石。其書金簡，青玉爲字，編以白銀，皆琢其文。』禹乃東巡，登衡山，血白馬以祭之，仰天而嘯，忽然而卧。夢見赤繡文衣男子，稱玄夷蒼水使者，顧謂禹曰：『欲得我山神書者，清齋於黄帝之岳，嵒嵒之下。』禹乃退，齋。三月庚子，登宛委山，發金簡之書。」（《初學記》卷五《衡山第四》）

《吳越春秋》云：「禹案《黄帝中經》，九山東南天柱，號曰宛委，赤帝左闕之填，承以文玉，覆以盤石，其書金簡，青玉爲字，編以白銀，皆瑑其文。禹乃東巡，登衡山，血白馬以祭。禹乃登山，仰天而笑，忽然而卧，夢見繡衣男子，自稱玄夷倉水使者，卻倚覆釜之山，東顧謂禹曰：『欲得我山神書者，齋於黄帝之岳，岩岩（嶽）之下，三月季庚，登山發石。』禹乃登宛委之山，發石，乃得金簡玉字，以水泉之脈。」（《史記》卷一百三十《太史公自序》正義）

《吳越春秋》曰：「禹傷父功不成，登衡山，血白馬以祭之。忽然而卧，夢赤繡文衣男子，稱玄夷蒼水使者，謂禹曰：『欲得我山書者，齋於黄帝之嶽。』禹乃退，齋三日，登宛委，發石得金簡玉字之書，得治水之要也。」（《太平御覽》卷三十九）

《吳越春秋》曰：「禹案《黄帝中經》，見聖人所記，曰：『在乎九疑上東南，號曰宛委，承以文玉，覆以盤石。其書金簡玉字。』禹乃退，齋三日，發石取書。」（《太平御覽》卷五十一）

《吳越春秋》曰：「禹案《黄帝中經》，見聖人所記，曰：『在九疑山，東南天柱，號曰宛委，承以文玉，覆以盤石。其書簡青玉爲字，編以白銀。』禹乃東巡狩，登衡山求之。卧見赤繡衣男子，自稱玄夷倉水使者，來候禹，令禹齋三月，更求之。禹乃齋三月，登宛委山，取得書，通水經。遂周行天下，使益疏記之，名曰《山海經》。」（《太平御覽》卷八十二）

《吳越春秋》曰：「禹登委山，得五金簡，青玉爲字，編以白銀。」（《太平御覽》卷八百十二）

《吴越春秋》云：「在于九山東南天柱，號曰宛委山，其岩之巔，承以文玉，覆以磐石。其書金簡，青玉爲字，編以白銀，皆篆其文。禹乃東巡，登衡嶽，血祭白馬。因夢見赤繡衣男子，自稱元〔玄〕夷倉水使者，謂禹曰：『欲得我山神書者，齋于黄帝之嶽岩之下。』禹乃齋三月，登宛委山，發金簡之書，得通水之理。遂巡行四瀆，行到名山大澤，召其神問之，使益疏而記，名之曰《山海經》。」（《太平寰宇記》卷九十六）

《吴越春秋》曰：「禹按《黄帝中經》，見聖人所記，曰：『在乎九疑上東南，號曰宛委，承以文玉，覆以磐石。其書金簡。』禹乃退，齋三日，發石取書。」（《事類賦》卷七《石賦》注）

《吴越春秋》曰：「禹傷父功不成，登衡山，血白馬而祭之。夢赤繡文衣男子，稱玄夷蒼水使者，謂禹曰：『欲得我山書者，齋於黄帝之嶽。』禹乃退，齋三日，登宛委，發石，得金簡玉字之書，言治水之要。」（《事類賦》卷七《山賦》注）

《吴越春秋》稱：山覆釜盎盎，中有金簡玉書，黄帝之遺緘也。（《事類賦》卷七《山賦》注）

《吴越春秋》引《黄帝中經》云：「東南天柱曰宛委，赤帝在闕，其巖之巔，承以文玉，覆以磐石。其書金簡玉字，編以白銀，皆瑑其文。」及禹巡衡岳，血白馬而祭之，夢見赤繡衣男子，自稱玄夷使者，聞帝使文命於斯，故來候之。倚歌覆釜之山，顧謂禹曰：「欲得我神書者，齋於黄帝皇岳之下。」三月庚子，登宛委山，發金簡之書，案金簡玉字，得通治水之

理。（《（嘉泰）會稽志》卷九《山》）

按各書所引頗多歧異。以今本之「中經曆」、「蓋聖人」、「于」、「九山」、「宛委」、「在闕」、「衡嶽」、「赤繡衣」、「山神」、「岩嶽」、「三月庚子」、「發金簡之書」、「通水之理」、「東南天柱」爲標準，並參照其他文句，逐一對照各書所引，便可發現《太平御覽》卷五十一、《初學記》第一段、《事類賦注》第一段所引應同出一源，《北堂書鈔》、《藝文類聚》、《太平御覽》卷八十二所引應同出一書，《太平御覽》卷三十九、《事類賦注》第二段所引亦同出一源，《初學記》第二段、《史記正義》所引大致相同，《（嘉泰）會稽志》、《太平寰宇記》所引則與今本較接近。內《初學記》第二段、《史記正義》所引，較今本多「忽然而臥」和「以水泉之脈」等句。按《初學記》所言，上述三段引文係録自趙曄《吳越春秋》。《北堂書鈔》、《藝文類聚》、《太平御覽》卷八十二所引文句最簡，但仍含有今本所無之「周行天下」。其所引疑出自《吳越春秋削繁》。又《水經注》和《事類賦注》末段所引爲今本所無，很可能出自趙曄之《吳越春秋》。不過，引自《吳越春秋削繁》的可能性亦不能排除。

44．趙曄《吳越春秋》曰：「禹年三十，未娶。行塗山，恐時暮失嗣，曰：『吾之娶也，必有應矣。』乃有白狐九尾，而造於禹。曰：『白者，吾服也。九尾者，王證也。』於是塗山人歌曰：『綏綏白狐，九尾龐龐。成于家室，我都攸昌。』禹曰：『娶塗山女。』」（《初學記》卷二十九《狐第十三》）

趙曄《吴越春秋》曰：「禹年三十，未娶。行塗山，恐時暮失辭〔嗣〕，曰：『吾之娶也，必有應已矣。』乃有白狐九尾，而造於禹。禹曰：『白者，吾服也。九尾者，王證也。』於是塗山人歌曰：『綏綏白狐，九尾厖厖。成于家室，我都彼昌。』禹乃娶塗山女。」（《太平御覽》卷九百九）

按《初學記》、《太平御覽》所引大致相同，而與今本存在不少差異。二書係引自趙曄十二卷本《吴越春秋》。今本則應引自十卷本《吴越春秋》。

45.《吴越春秋》曰：「禹周行宇内，竭洛涸濟，瀝淮於澤。」（《文選》卷二十七《新安江水至清淺深見底貽京邑游好》注）

按《文選注》所引與今本顯然有別，兩者應出自不同的傳本。

46.《吴越春秋》曰：「舜崩，禹服喪三年，朝夕號泣，形體枯槁，面目黎黑。」（《太平御覽》卷八十二）

按《太平御覽》所引與今本頗多區別，兩者係引自不同的傳本。

47.《吴越春秋》曰：「禹登茅山，大會計理國之道，故更名其山曰會稽也」。（《後漢書》卷

八十九《張衡傳》「從伯禹於稽山」李賢注）

《吳越春秋》云：「禹周行天下，還歸大越，登茅山以朝四方群臣，封有功，爵有德，崩而葬焉。至少康，恐禹迹宗廟祭祀之絶，乃封其庶子於越，號曰無餘。」（《史記》卷四十一《越王勾踐世家》正義）

《吳越春秋》曰：「禹巡天下，歸還越，會稽脩國之道，以會計名山。」又曰：「禹巡行天下，歸還大越，登茅山，以朝四方群臣，觀中州。諸侯防風後至，斬以徇衆，示天下悉以臣屬也。乃大會計治國之道，更名茅山曰會稽。」（《太平御覽》卷四十一）

《吳越春秋》曰：「禹巡行天下，歸還大越，會計脩國之道，以會計名山，仍爲地號也。」（《太平御覽》卷一百七十一）

《吳越春秋》云：「禹巡行天下，還歸會稽，大會脩方國之道，以會計名山，仍爲地道。」（《太平寰宇記》卷九十六）

《吳越春秋》曰：「禹巡越，大會計治國之道，更名茅山曰會計。」（《事類賦》卷七《山賦》注）

《吳越春秋》：「禹還大越，登茅山，以朝四方群臣。乃大會計治國之道，內美釜山別鎮之功，外演聖德，以應天心。遂更名茅山曰會稽之山。」（《（嘉泰）會稽志》卷九《山》）

按《（嘉泰）會稽志》所引與今本較接近，其餘各書所引則與今本頗多歧異。如今本之「歸還」，

《史記正義》和《太平寰宇記》均作「還歸」。今本之「周行」和「遂更名茅山曰會稽之山」，《太平御覽》、《太平寰宇記》均作「巡行」和「以會計名山」，且較今本多「仍爲地號（道）」一句。今本之「示」和「屬禹」，《太平御覽》作「徇」和「以臣屬」。又今本之「禹祭之絶祀」，《史記正義》則作「禹迹宗廟祭祀之絶」。《史記正義》、《太平御覽》、《太平寰宇記》所引應出自不同於今本祖本的另一傳本。

48.《吴越春秋》：禹老，歎曰：「吾年壽將盡，止死斯乎？」乃命群臣：「葬我於會稽之山。」（《文選》卷五《吴都賦》注）

按《文選注》所引較今本簡略，歧異處不少，疑引自《吴越春秋削繁》。

49.《吴越春秋》云：「啟使歲時祭禹於越，立宗廟南山之上，封少康庶子無餘於越，使祠禹，至句踐遷都山陰，立禹廟爲始祖廟，越亡遂廢也。」（《史記》卷一百三十《太史公自序》正義）

按《史記正義》所引與今本不同，又多句踐遷都立廟和亡廢之内容，應出自與今本來源不同的另一傳本。

卷七

50.《吴越春秋》曰：「群臣送句踐至於江上，臨水祖道。大夫種爲祝，句踐舉杯垂

涕。」(《藝文類聚》卷二十九《别上》)

趙曄《吴越春秋》曰：「勾踐入臣於吴，群臣送至浙江上，臨水祖送。」(《初學記》卷十八《離别第七》)

《吴越春秋》曰：「勾踐五年夏五月，將與大夫種、范蠡入臣於吴。群臣皆送，臨水祖道。大夫種前爲祝，其辭曰：『皇天祐助，先沉後揚。禍爲德根，憂爲福堂。威人者滅，服從者昌。王雖牽致，其後無殃。君臣生離，感動上皇。衆夫哀悲，莫不感傷。臣謹再拜，伏稱萬歲，上洒(酒)三觴。』勾踐仰天大息，舉杯垂涕，嘿無所言。」(《太平御覽》卷七百三十六)

《吴越春秋》曰：「越王勾踐伐吴，將與大夫范蠡入臣於吴，群臣皆送浙江。大夫文種前爲祝，其辭曰：「皇天祐助，先沉後揚。禍爲德根，憂爲福堂。」(《太平御覽》卷四百八十九)

《吴越春秋》云：「勾踐五年，入臣於吴。群臣祖道，至淛江上。」(《(元豐)吴郡圖經續記》卷上《封域》)

按今本之「五月」、「前沉」、「堂」和「請薦脯，行酒二觴」，《太平御覽》卷七百三十六所引分别作「夏五月」、「先沉」、「嘗」和「謹再拜，伏稱萬歲，上酒三觴」。兩書係引自不同的傳本。《初學記》所引則出自趙曄之書。

51.《吴越春秋》云：「截骨之劍，無削掇之利。」(《北堂書鈔》卷一百二十二《劍三十四》)

52.《吴越春秋》云：「越王入吴，與諸大夫别於浙江之上。越王夫人據(援)舡顧見烏巢啄蝦，即承之以歌。其辭曰：『兩鳥飛兮鳶烏，哭迴鄉兮翕蘇。何居食兮江湖？水中蟲兮白蝦，去復還兮嗚呼！』」(《北堂書鈔》卷一百六《歌篇二》注)

《吴越春秋》曰：「越王入吴，與諸大夫别於浙江。遂登舡徑去，終不反顧。越王夫人乃授(援)舡而哭，復見啄江涯之蝦，飛去者復來。哭訖，即承之以歌。其辭曰：『兩飛鳥兮戴作載，何居食兮江湖？水中蟲子曰蝦，去復反兮嗚呼！始事君兮去家，終我命兮君都。中年過兮何辜？離我國兮入吴。妻爲婢兮夫爲奴，歲昭昭兮難極。冤痛悲兮心惻，嗚呼哀兮不食。』」(《太平御覽》卷五百七十一)

按《北堂書鈔》、《太平御覽》所引與今本頗多出入。今本之「船」，《北堂書鈔》、《太平御覽》所引作「舡」。今本之「烏鵲」，《北堂書鈔》所引作「烏巢」。今本之「渚」，《太平御覽》所引作「涯」。今本之「因哭而歌之，曰」，《北堂書鈔》、《太平御覽》所引作「(哭訖，)即承之以歌，其辭曰」。今本之「彼飛鳥」、「已迴翔」，《北堂書鈔》所引作「兩鳥飛」、「哭迴鄉」，《太平御覽》所引作「兩飛鳥兮戴作載」。今本之「徊復翔兮游颺」、「終來遇兮何辜」和「去」、「遥遥」、「忘」，《太平御覽》相應作：「水中蟲子曰蝦」、「中年過兮何辜」和「入」、「昭昭」、「不」。後者所引應出自與今本祖本不同的另一傳本。

53.《吴越春秋》曰：「勾踐與妻入臣吴。王衣獨鼻幓頭，夫人衣無緣衣裳，左開之襦，以養馬。」(《太平御覽》卷六百八十八)

《吴越春秋》曰：「勾踐與妻入臣吴。夫人衣無緣之裳，左開之襦，筮以養馬。」(《太平御覽》卷六百九十五)

按《太平御覽》所引文字簡略，與今本出入甚多，應出自另一傳本。

54.趙曄《吴越春秋》曰：「越王出石室，召范蠡謂之曰：『吴王疾病，三月不愈。孤聞人臣之道，主疾臣憂。且吴王遇孤，恩澤甚厚。恐疾之無瘳也，唯先生卜焉。』范蠡曰：『今日日辰，陰陽上下和親，無相入者。法曰：天一救，且何憂？吴王不死，明矣。到己巳，當有瘳也。』」(《太平御覽》卷七百三十八)

按今本之「疾」、「吾」、「恩」、「疾」、「公」和「瘳」，《太平御覽》相應作「疾病」、「孤」、「恩澤」、「恐疾」、「先生」和「有瘳」。後者所引又較今本多「謂之」、「今日日辰」至「且何憂」若干字。《太平御覽》所引係出自趙曄之書，今本則應出自另一種傳本。

55.《吴越春秋》曰：「吴王拘越王勾踐與大夫范蠡於石室。吴王疾，越王謂太宰嚭曰：『囚臣請一見問疾。』太宰入言，吴王乃見越王也。」（《初學記》卷二十《囚第十》）

《吴越春秋》曰：「吴王拘越王勾踐與大夫范蠡於石室。吴王疾，越王謂太宰嚭曰：『囚臣請一見問疾。』太宰入言，吴王乃見越王也。」（《太平御覽》卷六百四十二）

按以上二書所引較今本簡略，係出自不同於今本的另一種傳本。

56.《吴越春秋》曰：「越王勾踐入臣於吴。吴王病，大便，太宰嚭奉溲惡以出。勾踐嘗之，後病口臭，范蠡令左右食芩草以亂其氣。」（《太平御覽》卷三百六十七）

57.《吴越春秋》曰：「吴赦越王，使歸國，送之蛇門之外，大縱酒，群臣祖道。」（《太平御覽》卷一百八十三）

按《太平御覽》所引較今本多「大縱酒」三字，係引自另一傳本。

58.《吴越春秋》曰：「句踐入吴，吴王遣之。越王伏，不敢起。吴王遂引上車。范蠡爲執御。至三津之上，仰天而歎，淚下沾襟，曰：『嗟乎！孤厄也，不意復生渡此津。』」（《太

平御覽》卷七十一）

按《太平御覽》所引較今本多「淚下沾襟」之句。今本之「再拜跪伏」、「乃」、「登」、「執御」、「屯厄」和「誰念」，《太平御覽》作「伏，不敢起」、「遂」、「上」、「爲執御」、「厄也」、「不意」。《太平御覽》所引應出自與今本不同的另一傳本。

卷八

59.《吴越春秋》云：「吴王封勾踐於越百里之地，東至炭瀆。」（《水經注》卷四十《漸江水》）

《吴越春秋》曰：「吴封地百里於越，東至炭瀆，西止周宗，南造於山，北薄於海。」（《（嘉泰）會稽志》卷一《古城》）

60.《吴越春秋》曰：「范蠡爲句踐立飛翼樓，以象天門。」（《藝文類聚》卷六十三《樓》）

《吴越春秋》曰：「勾踐立飛翼樓。」（《初學記》卷二十四《樓第五》）

《吴越春秋》曰：「范蠡爲勾踐立飛翼樓，以象天門；爲兩蟉繞棟，以象龍角。」（《太平御覽》卷一百七十六）

《吴越春秋》曰：「范蠡觀天文，法於紫宮，築作小城，周千一百二十二步，一員三方。西北立飛翼之樓，以象天門。東南服漏石竇，以象地户。陵門四達，以象八風。外郭築城，而缺西北，示服事吴也，不敢壅塞。内以取吴，故缺西北，而吴不知也。」（《太平御覽》卷一百九十三）

《吴越春秋》云：「小城周千一百二十步，一圓三方。西北飛翼樓，以象天門。東南伏漏石竇，以象地户。陵門四達，以象八風。」（《（嘉泰）會稽志》卷一《子城》）

《吴越春秋》曰：「越王曰：『寡人欲築城立郭，分設里閭，欲委屬於相國。』於是范蠡乃觀天文，擬法於紫宫，築作小城，周千一百二十步，一圓三方。西北立爲飛翼之樓，以象天門。東南伏漏石竇，以象地户。陵門四達，以象四一作「八」。風。外郭築城而缺西北，示服事吴也。」（《（嘉泰）會稽志》卷一《古城》）

按《（嘉泰）會稽志》、《太平御覽》卷一百九十三所引與今本大致相同，三者應同出一源。《太平御覽》卷一百七十六所引較今本多「爲兩蟉繞棟，以象龍角」之句，文字接近《藝文類聚》、《初學記》，而與今本相去頗遠。三者所引應出自與今本祖本不同的另一傳本。

61.《吴越春秋》稱：怪山者，康（東）武海中山也，一名自來山，百姓怪之，號曰怪山。（《水經注》卷四十《漸江水》）

《吴越春秋》曰：「句踐築城已成，怪山自至。怪山者，琅邪海中山也。一夕自來，故

名怪山。（《後漢書·志第二十二·郡國四·會稽郡》「山陰」注）

《吳越春秋》曰：「范蠡作城訖，怪山自至。怪山者，琅邪東武海中山也。一夕自來，百姓怪之，故曰怪山。」（《藝文類聚》卷八《會稽諸山》）

《吳越春秋》曰：「怪山者，琅邪東武海中山也。一夕自來，百姓怪之，故曰怪山。形似龜體，故謂龜山。」（《太平御覽》卷四十七）

《吳越春秋》又云：「勾踐築城邑已成，怪山自至。怪山者，瑯琊東武縣山，海中一宿自來，故曰怪山。山形似龜，亦呼爲龜山。」（《太平寰宇記》卷九十六）

《吳越春秋》云：「城既成，琅邪東武海中山，一夕自來，故名怪山。」（《（嘉泰）會稽志》卷九《山》）

按《（嘉泰）會稽志》所引與今本基本一致，其餘諸書所引則與今本很不相同。如今本之「自生」，《藝文類聚》和《太平寰宇記》作「自至」；《水經注》、《後漢書補注》、《太平御覽》作「自來」。今本之「故名」，《水經注》作「號曰」，《藝文類聚》、《太平御覽》和《太平寰宇記》則均作「故曰」。今本之「城既成」，《後漢書》補注作「築城已成」，《藝文類聚》作「作城訖」，《太平寰宇記》作「築城邑已成」。此外，《藝文類聚》較今本多「百姓怪之」一句，《太平御覽》較今本多「百姓怪之」和「形似龜體，故謂龜山」之句，《太平寰宇記》較今本多「山形似龜，亦呼爲龜山」諸字，《水經注》則較今本多「一名自來山，百姓怪之」數字。可見除《（嘉泰）會稽志》外，各書當引自與今本不同的傳本。其中《藝文類聚》與《太平御覽》、《水經注》應同出一源，《太平寰宇記》所引則似取自有別於上述各書的又一傳本。

62．《吴越春秋》：越王曰：「崐崘乃天地之鎮柱也。五帝處其陽陸。」（《文選》卷二十二《應詔觀北湖田收詩》注）

63．趙曄《吴越春秋》曰：「范蠡起游臺於怪山，以爲靈臺，仰觀天文，候日月之變怪。」（《初學記》卷二十四《臺第六》）

《吴越春秋》曰：「范蠡於東武山起遊臺其上。東南爲司馬門。立增樓，冠其山巔，以爲靈臺。起離宫於淮陽。中宿臺在於高平。駕臺在於成丘。立苑於樂野。燕臺在於石室。齊臺在於襟山。勾踐之出遊也，休息石臺，食於冷廚。」（《太平御覽》卷一百七十七）

《吴越春秋》：（鹿野山，）越之麋苑也。（《水經注》卷四十《漸江水》）

《吴越春秋》：「勾踐立苑于樂野。」（《太平寰宇記》卷九十六）

按《太平御覽》、《太平寰宇記》所引與今本幾完全一致，應同出一源。《初學記》所引與今本相去甚遠，且多「仰觀天文，候日月之變怪」之句。兩書應出自不同的傳本。

64．《吴越春秋》曰：「越王召范蠡而問：『孤竊自欲以今日一登上明堂，布恩致令，以撫百姓也。』」（《藝文類聚》卷三十八《明堂》）

趙曅《吴越春秋》曰：「越王召范蠡問：『孤竊自志，欲以今日一登上明堂，布恩致令，以撫百姓。』」（《初學記》卷十三《明堂第六》）

趙曄《吴越春秋》曰：「越王召范蠡問曰：『孤竊自志，欲以今日一登上明堂，布恩致令，以撫百姓。』」（《太平御覽》卷五百三十三）

按今本「欲」字前，《初學記》、《太平御覽》所引多「竊自志」三字，《藝文類聚》所引多「竊自」二字。今本「上」字前，以上三書所引又多「一登」二字。三書所引係據趙曄《吴越春秋》，今本應出自皇甫遵之十卷本《吴越春秋》。

65．《吴越春秋》曰：「越王念吴欲復怨，非一旦也。苦思勞心，夜以接日。冬寒則抱冰，夏熱則握火。愁心苦志，懸膽於户，出入嘗之，不絶於口。」（《藝文類聚》卷九《冰》）

《吴越春秋》曰：「越王欲報怨，懸膽於户，出入嘗之。」（《藝文類聚》卷十七《膽》）

《吴越春秋》曰：「越王念吴欲復讎。愁心苦志，中夜抱柱而哭，承之以嘯。群臣聞之，曰：『君王何愁心之甚也？夫復讎謀敵，非君王之憂，自臣小之急務也。』」（《藝文類聚》卷

三十五《愁》）

《吴越春秋》曰：「越王思報吴。冬則抱冰，夏則握火。」（《藝文類聚》卷八十《火》）

《吴越春秋》曰：「越王念吴欲復怨，非一日也。苦思勞心，夜以接日。卧則切之以蓼。」（《藝文類聚》卷八十二《蓼》）

《吴越春秋》曰：「越王念吴欲復之。中夜抱柱而哭。群臣曰：『君何愁之甚？復讐，臣下之急也。』」（《白孔六帖》卷十《屋室》「柱」條）

《吴越春秋》曰：「越王念吴之復，夏則握火。」（《太平御覽》卷二十一）

《吴越春秋》曰：「越王念復吴怨，非一旦也。苦身勞心，夜以接日。卧則切之以蓼，足漬之以水。冬則抱冰。」（《太平御覽》卷二十六）

《吴越春秋》曰：「越王念復吴怨，非一旦也。苦思勞心，夜以接日。冬寒則抱冰，夏熱則握火。」（《太平御覽》卷六十八）

《吴越春秋》曰：「越王念吴欲復承之，乃中夜抱柱而哭。訖，復承之以嘯。於是群臣咸曰：『君王何愁心之甚？夫復讎謀敵，非君王之憂，自臣下急務也。』」（《太平御覽》卷三百五）

《吴越春秋》曰：「越王念吴欲復怨，非一旦也。苦思勞心，夜以接日。足清則漬之以水。冬寒則抱冰，夏熱則握火。愁心苦志，縣膽於户，出入嘗之，不絶於口。」（《太平御覽》卷三

百七十二）

《吴越春秋》曰：「越王念吴欲復之，乃中夜抱拄而哭。哭訖，承之以嘯。於是群臣咸曰：『君王何愁心之甚也？ 夫復讎誅敵，非君王之憂，自是臣下之急務。』」（《太平御覽》卷三百九十二）

《吴越春秋》曰：「越王欲復怨於吴。冬寒則抱冰，夏熱則握火。憂苦其志，懸膽於户，出入嘗之，不絶於口。」（《太平御覽》卷四百六十八）

趙曄《吴越春秋》曰：「越王念吴欲復怨，非一旦也。冬寒則抱冰，夏熱則握火。愁心苦思，懸膽於户，出入嘗之，不絶於口。乃中夜抱柱而哭。哭訖，復承之以嘯。於是群臣聞之，咸曰：『夫復讎謀敵，非君王之憂，自臣下之急務也。』二十一年，興師滅吴。」（《太平御覽》卷四百八十二）

《吴越春秋》曰：「越王思報吴，冬則抱冰，夏則握火。」（《太平御覽》卷八百六十八）

按《太平御覽》卷二十六所引與今本相近。《藝文類聚》卷九、卷八十二、《太平御覽》卷六十八、卷三百七十二、卷四百六十八所引同出一源，且與今本有不少差異。如今本之「苦身」、「冬常」、「夏還」，此幾處分別作「苦思」、「冬寒則」和「夏熱則」。《藝文類聚》卷三十五，《白孔六帖》，《太平御覽》卷三百五、卷三百九十二、卷四百八十二所引則同出一源，均較今本多「抱柱而哭」以下數句，係引自與今本祖本顯然有别的趙曄《吴越春秋》。又由《藝文類聚》卷九,《太平御覽》卷六十八、卷三百七十二、卷四百六十八和卷四百八十二均有「冬寒則抱冰,夏熱則握火」等不同於今本之文,可知前幾處和後五者所引較接近。

66.《吴越春秋》曰:「越王允常使民男女入山採葛,作黄絲布獻之。」(《藝文類聚》卷八十五《布》)

67.《吴越春秋》曰:「以文笥七枚獻于吴王。」(《北堂書鈔》卷一百三十五《笥四十六》注)

《吴越春秋》云:「越以甘蜜九欓報吴增封之禮。」(《北堂書鈔》卷一百四十七《蜜四十一》注)

《吴越春秋》曰:「吴王聞勾踐盡心自守,增之以封。越王乃使大夫種賫葛布十萬,甘蜜九欓,文笥七枚,狐皮五雙,以報增封之禮。」(《太平御覽》卷一百九十八)

《吴越春秋》曰:「越以文笥七枚獻吴王。」(《太平御覽》卷七百一十一)

《吴越春秋》曰:「越以甘蜜九欓報吴增封之禮。」(《太平御覽》卷七百五十九)

《吴越春秋》曰:「吴王聞越王盡心自守,賜之以書,增之以封。越王乃使大夫賫葛布十萬,狐皮五雙,晉竹十庾,以答封禮。」(《太平御覽》卷九百六十三)

《吴越春秋》：勾踐七年，既釋囚返國，厚獻吴王夫差。夫差悦之，於是賜書增之以封：東至句甬，西至檇李，南至姑末，北至平原，縱横八百餘里。子胥諫之，不聽。（《元豐吴郡圖經續記》卷上《封域》）

68.《吴越春秋》云：「越採葛之婦傷越王用心之苦，乃作《苦何之歌》。」（《北堂書鈔》卷一百六《歌篇二》注）

《吴越春秋》曰：「採葛越之婦人傷越王用心，乃作《若何之歌》，辭曰：『嘗膽不苦味若飴，令我採葛以作絲。』」（《太平御覽》卷五百七十一）

《吴越春秋》曰：「採葛之婦人傷越王用心之苦也，作《苦何之歌》，其辭曰：『葛不連蔓葉台台，嘗膽不苦味苦飴，令我採葛以作絲。』」（《太平御覽》卷九百九十五）

《吴越春秋》曰：「採葛越之婦人傷越王用心，乃作《若何之歌》曰：『嘗膽不苦味若飴，令我採葛以作絲。』」（《事類賦》卷十一《歌賦》注）

《吴越春秋》云：「句踐種葛於此。採葛人歌曰：『嘗膽不苦味若飴，令我採葛以作絲。』」（《（嘉泰）會稽志》卷九《山》）

按今本之「之婦」、「苦之詩」，《太平御覽》卷五百七十一、《事類賦注》均作「越之婦人」和「若何之歌」，《北堂書鈔》、《太平御覽》卷九百九十五作「之婦」、「之婦人」和「苦何之歌」。今本之「曰」、「菜」，《太平御覽》分別作「辭曰」、「其辭曰」和「葉」。上述各書所引，似出自與今本祖本不同的另一傳本。

卷九

69.《吴越春秋》：大夫種曰：「深川之魚，死於芳餌。」（《文選》卷二十五《贈何劭王濟》注）

《吴越春秋》：大夫種曰：「深川之魚，死於芳餌。」（《文選》卷三十四《七啟》注）

70.《吴越春秋》曰：「越得神木一雙，大二十圍，長五十尋。陽爲文梓，陰爲楩柟。巧工施校，制以規繩。雕治圓轉，刻削磨礱。分以丹青，錯畫文章。嬰以白璧，鏤以黄金。狀類龍蛇，文彩生光。乃使大夫種獻之於吴王，曰：『東海役臣，臣孤勾踐，使臣種，敢因下吏，聞於左右：賴大王之力，竊爲小殿，有餘材，再拜獻之。』吴王大悦。子胥諫曰：『王勿受。昔者桀爲靈臺，紂起鹿臺，陰陽不和，寒暑不時，五穀不熟，自取其灾，民虚國變，遂取滅亡。大王受之，後必爲越所戮。』吴王不聽，遂受而起姑胥之臺。三年聚材，五年乃成，高見二百里。行步之人，道死巷哭，不輟嗟嘻之聲。民疲士苦，人不聊生。」（《太平御覽》卷一百七十七）

按今本之「天與」、「姑蘇」、「行路」、「絶」等，《太平御覽》分别作「自取」、「姑胥」、「行步」和「輟」。二者文句大同小異，恐同出一源。

71.《吴越春秋》曰：「越王勾踐請大夫種曰：『孤聞吴王淫而好色，因此而壞其謀，可也？』大夫種曰：『可。唯君王選擇美女二人而進之。』於是越王曰：『善哉！』乃使相工索國中，得苧羅山賣薪之女，名西施、鄭旦，而獻於吴。」（《太平御覽》卷三百五）

《吴越春秋》：越王使相者求美女於國中，得之苧羅山鬻薪之女西施、鄭旦，飾以羅縠，教以行步，習於土城，教於都巷，三年學服，而獻吴王。（《（嘉泰）會稽志》卷九《山》）

按《太平御覽》、《（嘉泰）會稽志》所引與今本有不少歧異之處。如今本之「謀」、「可破」、「善」和「相者」，《太平御覽》分别作「壞其謀」、「可」、「善哉」和「相工索」。今本之「容」和「臨」，《（嘉泰）會稽志》分别作「行」和「教」。

72.《吴越春秋》曰：「越有處女，出於南林之中。越王使使聘，問以劍戟之事。處女將北見於越王，道逢老翁，自稱素袁公。問處女：『吾聞子善爲劍術，願一觀之。』女曰：『妾不敢有所隱，唯公試之。』於是，袁公即跳於林竹，槁折墮地。處女即接末。袁公操

本以刺處女。女應節入。三入，因舉枝擊之。袁公即飛上樹，化爲白猿，遂引去。」（《文選》卷五《吴都賦》注）

《吴越春秋》云：「越王問范蠡用兵行陣軍鼓之事，對曰：『越有處子，出于南林之中，願君王問以守戰之道，立可見也。』處子將見，道逢老人，自謂袁公。公問曰：『吾聞子善爲劍，願一觀之。』女曰：『唯公試之。』袁公即跪拔林之竹，處子即據其末，公操其本而刺，處女因舉杖擊之。道頌之不休。越王軍人當此之時皆稱越女之劍。」（《北堂書鈔》卷一百二十二《劍三十四》注）

《吴越春秋》曰：「越王問范蠡用兵，對曰：『越有處女，願君王問之。』處女北行見王，道逢老人，自稱袁公。跪拔林於竹，末折墮地。處女即接其末。公操其本，而刺處女。處女舉杖擊之。公飛上樹，變爲白猿。」（《藝文類聚》卷八十九《竹》）

《吴越春秋》曰：「越王問范蠡手戰之術，范蠡曰：『臣聞越有處女，國人稱之。願王請問手戰之道。』於是，王乃請女。女將北見王，道逢老人，自稱袁公。袁公問女：『聞子善爲劍，願得一觀之。』處女曰：『妾不敢有所隱也，唯公所試。』公即挽林内之竹，似枯槁，末折墮地。女接取其末。袁公操其本，而刺處女。處女應即入之。三入，因舉杖擊袁公。袁公則飛上樹，化爲白猨。」（《藝文類聚》卷九十五《猨》）

《吴越春秋》曰：「越王問范蠡手戰之術。范蠡答曰：『臣聞越有處女，國人稱之。願王請問手戰之道也。』於是，王乃請女。女將北見王，道逢老人，自稱袁公，問女曰：『聞子善爲劍，得一觀之乎？』處女曰：『妾不敢有所隱也，唯公所試。』公即挽林内之竹，似枯槁，末折墮地。女接取其末。袁公操其本，而刺處女。處女應節入之三。女因舉杖擊之。袁公飛上樹，化爲白猿。」（《太平廣記》卷四百四十四《白猿》）

《吴越春秋》曰：「越王問范蠡用兵行陣，對曰：『越有處女，出於南林之中。願君王問以手戰之道，立可見也。』處女將見，道逢老人，自稱袁公。袁公曰：『聞子善爲劍，願一觀之。』女曰：『妾不敢有隱。』袁公即跪拔林之竹，處女即捷其末。公操其本而刺處女，處女因舉杖擊之。袁公即飛上樹，變爲白猿。女別去，見越王。越王大悦，乃命五校之隊長、高才習之，以教軍人。當此之時，皆稱越女劍。」（《太平御覽》卷三百四十三）

《吴越春秋》曰：「趙〔越〕王問范蠡手戰之術，范蠡答曰：『臣聞趙〔越〕有處女，國人稱之。願王請問之手戰之道也。』於是，王乃請女。女將北見王，道逢老人，自稱袁公。袁公問女曰：『聞子善爲劍，願得一觀之。』處女曰：『妾不敢有所隱也，惟公所試。』公即挽林抄之竹，似桔槔，末折墮地。女接取其末。袁公操其本而刺，處女應節入之。三入，女因舉杖擊之。袁公則飛上樹，化爲白猨。」（《太平御覽》卷九百十）

《吴越春秋》曰：「越王問范蠡用兵，對曰：『越有處女，願君王問之。』處女北見於王，道逢老人，自稱袁公。跪拔林杪竹，末折墮地。處女即捷其末。公操其本而刺處女，處女舉杖擊之。飛上樹，變爲白猿。」（《太平御覽》卷九百六十二）

《吴越春秋》：范蠡云：「越之處女，出于南林。」（《太平寰宇記》卷九十六）

《吴越春秋》曰：「范蠡謂越王曰：『越有處女，出於南林之中。願君問以手戰之道。』女將見，道逢老人，自稱袁公。曰：『聞子善爲劍，願一觀之。』因拔竹林。女即捷其末。公操其本而刺女，女因舉杖擊之。袁公飛上樹，變爲白猿。女去，見越王。王命五校之高才習之。當此之時，皆稱越女劍。」（《事類賦》卷十三《劍賦》注）

按今本之「願王請之」、「道逢一翁」、「願一見之」、「袁公即杖箖箊竹」至「女即捷末」諸句，各書所引均與今本不同，且彼此亦有差異。又對照今本之「使使聘」、「北見於王」、「有所隱」、「試之」、「即捷末」、「變」、「五板之墮長高」和「當世勝越女之劍」諸句，以及其他文句，可知《藝文類聚》卷九十五、《太平御覽》卷九百十、《太平廣記》所引應同出一源，且與《文選注》所引接近。《北堂書鈔》、《太平御覽》卷三百四十三、《事類賦注》所引同出一源，且與《藝文類聚》卷八十九、《太平御覽》卷九百六十二所引接近。據此，可知《文選注》、《藝文類聚》卷九十五、《太平廣記》、《太平御覽》卷九百十所引，以及《北堂書鈔》、《藝文類聚》卷八十九、《太平御覽》卷九百六十二、卷三百四十三、《事類賦注》所引，應出自與今本不同的另外兩個版本系統。

73.《吴越春秋》：音死，葬於國西山上。（《水經注》卷四十《漸江水》）

《吴越春秋》云：「陳音對越王曰：『臣聞弩生於弓，弓生於彈，彈生於古之孝子。古者質樸，死則投野。孝子不忍父母爲禽獸所食，作彈以守之。故古人歌曰『斷竹屬木，飛土逐肉』也。』」（《北堂書鈔》卷一百二十四《彈四十五》注）

《吴越春秋》云：「陳音對越王曰：『弩生於弓，弓生于彈。』」（《北堂書鈔》卷一百二十五《弩四十七》注）

《吴越春秋》云：「『弩之狀皆何法？』『陳音曰：『臂爲道路，通所使也。牙爲執法，守吏卒也。』」

又云：「越王曰：『弩之狀皆何法？』陳音曰：『弦爲軍師，禦戰士也；關爲守禦，檢去止也。』」（《北堂書鈔》卷一百二十五《弩四十七》注）

《吴越春秋》云：「陳音對越王曰：『舉弩望敵，翕心咽煙，與氣俱發。右手發機，左手不知。一身異教，豈但雄雌。此正由射，持弩之道也。』」（《北堂書鈔》卷一百二十五《弩四十七》注）

《吴越春秋》云：「越王曰：『弩之狀皆何法？』陳音曰：『弩之所向，無不恐者。臣之愚

劣，道術於此。』越王曰：『善哉！子之説弩。』」（《北堂書鈔》卷一百二十五《弩四十七》注）

《吴越春秋》曰：「陳音對越王云：『弩生於弓，弓生於彈，彈生於古之孝子。古者人民質樸，死裹以白茅，投之中野。孝子不忍父母爲禽獸所食，則作彈以守之。故古人歌之：斷竹續竹，飛土逐宍。』」（《藝文類聚》卷六十《彈》）

《吴越春秋》曰：「黄帝作弓。後有楚狐父，以其道傳羿。羿傳逢蒙。」（《文選》卷八《羽獵賦》注）

《吴越春秋》曰：「越王欲伐吴，范蠡進善射者陳音。越王問其射所起焉，音曰：『黄帝作弓，以備四方。後有楚狐父，以其道傳羿。羿傳逢蒙。蒙傳楚琴氏。琴氏傳大魏。大魏傳楚三侯：麇侯、翼侯、魏侯也。』」（《文選》卷三十四《七啟》注）

《吴越春秋》：陳音曰：「黄帝作弓。後有楚狐父，以道傳羿。羿傳逢蒙。」（《文選》卷三十九《上書諫獵》注）

《吴越春秋》：陳章〔音〕曰：「黄帝作弓。後有楚狐父，以其道傳羿。羿傳逢蒙。」（《文選》卷四十五《答賓戲》注）

《吴越春秋》：陳音曰：「黄帝作弓。後有楚狐父，以其道傳羿。羿傳蓬蒙。」（《文選》卷四十七《聖主得賢臣頌》注）

《吴越春秋》：陳音對越王云：「弩生於弓，弓生於彈，彈生於古之孝子。古者人民質樸，死裹以白茅，投之中野。孝子不忍父母爲禽獸所傷，則作彈以守之。故古人歌之曰：斷竹屬木，飛土逐肉。」（《白孔六帖》卷十四《彈》「彈生於古之孝子」條）

《吴越春秋》曰：「陳音對越王曰：『弩生於弓，弓生於彈，彈生於古之孝子。臣聞楚琴氏以弓矢之勢不足以威天下，遂乃横弓着臂，施機設郭，加之以力。郭爲方城，守臣子也；敖爲人君，命所起也；關爲守禦，撿去止也；錡音奇，又音蟻。爲侍從，聽人主也；辭爲道路，通所使也；弓爲將軍，主重負也；弦爲軍師，禦戰士也；矢爲飛容，主教使也；金爲穿敵，往不止也；衛爲副使，正道里也；驃爲都尉，執左右也。鳥不得飛，獸不得走。弩之所向，無不恐者。』王曰：『善，子之説弩也。願復聞正射之道。』陳音對曰：『臣聞射之道，左足縱，右足横。左手若附枝，右手若抱兒。右手發，右〔左〕手不知。此正射持弩之道也。』」（《太平御覽》卷三百四十八）

《吴越春秋》曰：「陳音對越王云：『弩生於弓，弓生於彈，彈生於古之孝子。古者人民質樸，死則裹以白茅，投之中野。孝子不忍父母爲禽獸所食，則作彈以守之。故古人歌之曰：斷竹屬木，飛土逐肉。遂令死者不犯鳥狐之殘也。』」（《太平御覽》卷三百五十）

《吴越春秋》曰：「陳音對越王曰：『弩生於弓，弓生於彈，彈生於古之孝子。古者，人

死投之中野。孝子不忍父母爲禽獸所食，則作彈以守之。故古人歌之曰：斷竹屬木，飛土逐肉。』」（《太平御覽》卷七百五十五）

《吴越春秋》云：「范蠡進善射者陳音，楚人也。王曰：『善，子之道。願子悉以教吾國人。』音曰：『道出於天，事在於人。人之所習，無有不神。』於是，乃使音教士習射於北郊之外。三月，軍士皆能用弓弩之巧。音死，王傷之，葬於國西，號其葬所曰陳音之山。」（《（嘉泰）會稽志》卷九《山》）

按今本之「彈起」、「樸質」、「投於」、「不忍見」、「歌」、「續竹」諸語，《北堂書鈔》、《白孔六帖》和《太平御覽》卷三百五十、卷七百五十五均作「彈生於」、「質樸」、「投之」、「不忍」、「古人歌」、「屬木」。後四者所引係同出一源。又由《太平御覽》卷三百五十所引較今本多「遂令死者不犯鳥狐之殘也」之句，可知上述三者所引應出自與今本祖本不同的另一傳本。《藝文類聚》所引則介於此二者之間。又今本之「以爲弓矢」、「樞」、「教」、「臂」、「賔」、「及」、「暇」、「死」和「左蹉」，《太平御覽》卷三百四十八作「以弓矢之勢」、「郭」、「敖」、「辭」、「穿」、「得」、「得」、「恐」和「左足縱」。後者亦應引自有別於今本系統的另一傳本。此外，今本之「神農皇帝弦木爲弧」、「楚有弧父」、「琴氏傳之楚三侯」三句，《文選注》所引作「黄帝作弓」、「後有楚狐父」和「琴氏傳大魏，大魏傳楚三侯」。今本之「葬於國西」，《水經注》所引作「葬於國西山上」。二書所引亦應出自與今本不同的傳本。《北堂書鈔》、《（嘉泰）會稽志》所引與今本大致相同。二者應同出一源。

卷十

74.《吴越春秋》曰：「勾踐載飯與羹以遊國中。行子戲之，遇孤，孤即餔而啜之。」（《太平御覽》卷八百五十）

75.《吴越春秋》曰：「越將伐吴，越王命於夫人。王背屏，夫人向屏而立。王曰：『自今日之後，内政無出，外政無入。各守其職，已盡其信。内中辱者，則是子；境外千里辱者，則是予也。吾見子於是，已明試〔誠〕矣。』王出宫，夫人送王，不過屏。因反闔其門，填之以土。」（《太平御覽》卷一百八十五）

76.《吴越春秋》曰：「句踐伐吴，乃命國中與之訣。而國人悲哀，皆作離别之聲。」（《藝文類聚》卷二十九《别上》）

77.《吴越春秋》曰：「越王追攻吴兵，欲入胥門。未至六里，望吴南城，見伍子頭眉若車輪，目垂光烈，髮鬢四張，耀於十數里。大懼，留兵。即日夜半，暴風疾雨，雷電鳴，沙石

飛射，疾於弓弩。越軍壞敗。」（《太平御覽》卷三百二十九）

按《太平御覽》所引與今本頗多歧異。如今本之「來至六、七」、「頭巨」、「目若耀電」、「鬚髮」、「射於十里」、「雷奔電激」、「飛石揚砂」，《太平御覽》所引分別作「未至六」、「頭眉」、「目垂光烈」、「髮鬢」、「耀於十數里」、「雷電鳴」，「沙石飛射」。二書應源自不同的傳本。

78.《吴越春秋》：樂師曰：「君主之德，可託於管絃。」（《文選》卷六《魏都賦》注）

《吴越春秋》：樂師謂越王曰：「君王德可刻之於金石，聲可託之於管絃。」（《文選》卷十七《文賦》注）

《吴越春秋》：樂師謂越王曰：「君王德可刻之於金石。」（《文選》卷五十《宋書·謝靈運傳論》注）

《吴越春秋》：樂師謂越王曰：「君王德可以刻之金石。」（《文選》卷五十九《齊故安陸昭王碑文》注）

《吴越春秋》：樂師曰：「君王之德可刻之於金石。」（《文選》卷六十《祭屈原文》注）

79.《吴越春秋》稱：范蠡去越，乘舟出三江之口，入五湖之中。（《水經注》卷二十八）

《吴越春秋》曰：「范蠡既滅吴，乃乘扁舟，出三江，入五湖，人莫知其所適。」（《太平御覽》卷七百六十九）

《吴越春秋》云：「范蠡去越，乘舟出三江之口，入五湖之中。」（《（元豐）吴郡圖經續記》卷中

出自不同於今本的另一傳本。

《吴越春秋》云:「范蠡去越,出三江之口,入五湖之中。」(《(嘉泰)會稽志》卷四《斗門》)

按《太平御覽》所引與今本一致,應同出一源。餘三書所引相同,均較今本多「之口」、「之中」,似出自不同於今本的另一傳本。

80.《吴越春秋》云:「越王句踐二十五年,徙都琅邪,立觀臺以望東海,遂號令秦、晉、齊、楚,以尊輔周室,歃血盟。」(《史記》卷六《秦始皇本紀》正義)

《吴越春秋》曰:「越王勾踐二十五年,徙都瑯琊,立觀臺,周旋七里,以望東海。」(《太平御覽》卷一百六十)

《吴越春秋》云:「越王於此起觀臺,周七里,以望東海。」(《(嘉泰)會稽志》卷一《越》)

按《(嘉泰)會稽志》所引與今本一致,二者應同出一源。餘二書所引則與今本不同。今本之「從」、「起」,二書均作「徙都」、「立」。今本之「瑯邪」,二書分别作「琅邪」和「瑯琊」。今本之「周」,《太平御覽》所引作「周旋」。二書應引自不同於今本的另一傳本。

81. 趙曄《吴越春秋》曰:「越王使人如木洛山取允常之喪,欲徙葬瑯琊。越人三穿允常之墓,墓中生熛風,飛沙石射人,人莫能入。」(《北堂書鈔》卷一百六十《石十六》注)

附録二　吴越春秋佚文輯録

凡例

一、所謂佚文，是指諸書所引《吴越春秋》中今本《吴越春秋》所無之文。

二、佚文係據《四部叢刊》景宋本《六臣注文選》卷三張衡《東京賦》薛綜注，中華書局標點本裴駰《史記集解》，上海人民出版社一九八四年版酈道元、王國維《水經注校》，《四部叢刊》景明袁氏嘉趣堂本劉竣《世説新語注》，中華書局標點本劉昭《後漢書補注》，光緒十四年萬卷堂刻虞世南《北堂書鈔》，清文淵閣《四庫全書》本歐陽詢等《藝文類聚》，《四部叢刊》景日本本魏徵等《群書治要》，中華書局影印清阮元刻《十三經注疏》本《春秋左傳正義》孔穎達疏，李善等《文選注》，上海古籍出版社影印本《後漢書》李賢注，文淵閣《四庫全書》本和明九州書屋覆刻錫山安國本徐堅等《初學記》，中華書局標點本司馬貞《史記索隱》、張守節《史記正義》，文淵閣《四庫全書》本白居易《白孔六帖》、陸廣微《吴地記》，民國景印明嘉靖談愷刻李昉等《太平廣記》，中華書局影印景宋本李昉等《太平御覽》，文淵閣

《四庫全書》本樂史《太平寰宇記》，文淵閣《四庫全書》本和宋紹興十六年刻吴淑《事類賦注》，文淵閣《四庫全書》本吴曾《能改齋漫録》，文淵閣《四庫全書》本馬驌《繹史》，中華書局影印本《宋元方志叢刊》景宋本朱長文《(元豐)吴郡圖經續記》、景宋本和宋紹定刻元修本范成大《(紹定)吴郡志》，宛委別藏本孫應時等《(寶祐)琴川志》，嘉慶十三年刻施宿等《(嘉泰)會稽志》所引之《吴越春秋》輯録而成。

三、佚文出處一律於引文後以小一號字加圓括號(　)爲標識。

四、佚文如有訛舛，即在其字後逕予訂正，並加〔　〕以爲標識。按語引文如有歧出之文，則加圓括號(　)以爲標識。

五、異文後所加按語按比正文低一格、小號字的原則處理。

1．《吴越春秋》云：「延陵季子見路有遺金，謂薪者：『取金。』對曰：『五月被裘負薪，豈取遺金者哉！』」（《北堂書鈔》卷一百二十九《裘二十三》注）

《吴越春秋》曰：「季札去徐而歸。行道，逢男子五月被裘，採薪於道，傍有委金。季札見之，謂薪者曰：『子來，取此金。』薪者曰：『何子居之高，視之卑？五月被裘採薪，寧是拾金者乎？』」（《藝文類聚》卷八十《薪炭灰》）

《吴越春秋》曰：「延陵季子出遊於齊，見路有遺金，有披裘採薪者。季呼薪者，取彼地金。薪者曰：『吾當夏五月披裘而薪，豈取金者哉！』」（《藝文類聚》卷八十三《金》）

《吴越春秋》曰：「季扎去徐而歸。行於道，逢男子五月被裘，採薪於道，傍有委金一器。季扎見之，忽不入意，顧爲薪者曰：『來，取此金。』薪者曰：『君舉止何高，視何下也！五月被裘採薪，寧是拾金者乎？』扎慚於斯言，下車禮之，曰：『何子衣之鄙，而言之雅也？子姓爲何？』薪者曰：『君皮相之士，何足以告姓字乎？』季扎有慚色。」（《太平御覽》卷四百九十一）

《吴越春秋》曰：「延陵季子適齊，見路有遺金。當夏五月，有披裘而薪者，季子呼取金。薪者曰：『吾五月披裘而薪，資以金者哉！』」（《太平御覽》卷六百九十四）

按《藝文類聚》卷八十、《太平御覽》卷四百九十一所引似同出一源，餘三者所引應同出一源。今本《吴王壽夢傳第二》載有季札事蹟，而無此文句。徐天祜《〈吴越春秋〉序》云：「《文選注》引季子見遺金事。」中華書局影印本《文選》、《四部叢刊》景宋本《六臣注文選》均不見有此引文。

2.《吴越春秋》曰：「楚平王遣使者封函印綬，追召子胥。子胥以夜半時卧覺，忽而仰天悲歎，言曰：『父兄俱死，當誰歸乎！』泣下交流。恐爲楚所得，乃貫弓執矢，步出東郭。」（《太平御覽》卷三百九十三）

按今本《王僚使公子光傳第三》有楚得子尚，復遣追捕子胥之句，而無此「遣使者，封函印綬，追召子胥」之文。上述引文應出自趙曄等人之書。

3.《吴越春秋》曰：「鯀築城以衛君，造郭以守民。此城郭之始也。」（《初學記》卷二十四《城郭第二》）

趙曄《吴越春秋》曰：「堯聽四岳之言，用鯀修水。鯀曰：『帝遭天災，厥黎不康。』乃築城造郭，以爲固國。」（《初學記》卷二十四《城郭第二》）

《吴越春秋》曰：「鯀築城以衛君，造郭以居人。此城郭之始也。」（《太平御覽》卷一百九十三）

按今本《闔閭内傳第四》有闔閭、子胥討論築城郭之語，而不載以上文句。以上引文應出自趙曄及另一傳本之《吴越春秋》。

4．《吴越春秋》曰：「越王允常聘歐冶子，不能鑄鉛錫爲干將。」（《太平御覽》卷八百一十二）

按今本《闔閭内傳第四》有允常使歐冶子造劍五枚之語，而不載以上引文。此當録自另一傳本。

5．《吴越春秋》曰：「楚王召風胡子而告之曰：『寡人聞吴有干將，越有歐冶，寡人欲因子請此二人作劍，可乎？』風胡子曰：『可。』乃往見二人，作劍，一曰龍淵，二曰太阿。」（《史記》卷六十九《蘇秦列傳》集解）

《吴越春秋》：楚王令風胡子請吴干將、越歐冶作劍二，其一曰龍泉，二曰大阿。（《史記》卷六十九《蘇秦列傳》索隱）

按今本《闔閭内傳第四》有楚王和風湖子問答之語，而不載楚王請干將、歐冶作劍之事。《史記集解》、《索隱》所引應録自不同於今本的傳本。

6．《吴越春秋》曰：「眉間尺逃楚，入山，道逢一客。客問曰：『子眉間尺乎？』答曰：『是也。』『吾能爲子報讎。』尺曰：『父無分寸之罪，枉被荼毒。君今惠念，何所用耶？』客曰：『須子之頭，并子之劍。』尺乃與頭。客與王，王大賞之，即以鑊煑其頭，七日七夜不爛。客曰：『此頭不爛者，王親臨之。』王即看之，客於後以劍斬王頭入鑊中。二頭相齧，客恐尺不勝，自以劍擬頭入鑊中。三頭相咬，七日後一時俱爛。乃分葬汝南宜春縣，并三家。」（《太平御覽》卷三百六十四）

按《搜神記》卷十一載有干將作劍以獻楚王，爲楚王所殺，其子赤比爲父報讎之事。今本《闔閭内傳第四》僅載干將作劍以獻吴王，而無眉間尺之父獻劍，楚王殺之，其子爲父復讎之文。此文應引自不同於今本的另一種傳本。

7.《吴越春秋》曰：「吴師入郢，闔閭既妻昭王夫人，又及於伯嬴。伯嬴，秦康公之女，平王之夫人，昭王之母也。伯嬴操刃曰：『妾聞天子，天下之表也。公侯，一國之儀也。天子失制，則天下亂；諸侯失節，則國危。今夫婦之道，固人倫之始，王教之端也。今吴去儀表之行，從亂亡之欲，犯誅絶之事，何以行訓民乎？妾聞生以辱者，不如死以榮者。使吴王棄儀表，則無以生存，一舉而兩儀辱，妾以死守之，不敢命也。且凡欲近妾者，爲樂也。近妾而死，何樂之有？先殺妾，又何益於君王？』於是吴王慙耻，遂退還舍。」（《太平御覽》卷四百九十一）

按今本《闔閭内傳第四》載吴破楚入郢，吴王妻楚王夫人事，而失載伯嬴之言及吴王慙耻事。上述引文應出自趙曄等人之書，位於闔閭妻昭王夫人，伍胥等妻子常等妻，以辱楚君臣之文後，及吴引軍擊鄭之條前。

8．《吴越春秋》曰：「闔閭葬虎丘，會士千萬人。積壤爲高墳，以水銀爲池，黄金、珠玉爲鳧鴈，扁諸之劍三千，盤郢、魚腸在焉。已葬，金精上爲白虎。」（《北堂書鈔》卷九十二《葬三十二》注）

《吴越春秋》曰：「闔廬死，葬於國西北，名虎丘。穿土爲川，積壤爲丘。發五都之士十萬人，共治千里，使象摙土。冢池四周，水深丈餘。槨三重，傾水銀爲池。池廣六十步，黄金珠玉爲鳧鴈，專諸之劍、魚腸三千在焉。葬之已三日，金精上陽，爲白虎據墳，故曰虎丘。」（《藝文類聚》卷八《虎丘山》）

《吴越春秋》云：「闔閭葬虎丘，十萬人治葬。經三日，金精化爲白虎，蹲其上，因號虎丘。」（《吴地記》）

《吴越春秋》曰：「虎丘者，吴王闔閭墓也。下池廣六十步，深一丈五赤，銅椁三重。中池廣六尺，金鴈、玉鳧、諸腸、魚腸之劍以送焉。取士〔土〕臨海潮，千萬人築治之。以葬後，金精上地〔化〕，爲白虎據墳，故以爲虎丘。」（《太平御覽》卷五百五十八）

《吴越春秋》曰：「闔閭葬，墓中澒地廣六丈。」（《太平御覽》卷八百一十二）

《吴越春秋》曰：「吴王塟昌門外，金玉精上爲白虎。」（《太平御覽》卷八百九十一）

《吴越春秋》：闔閭葬於國西北，積壤爲丘，揵〔揕〕土臨湖。以葬三日，金精上揚，爲白虎據墳，故曰虎丘山。（《太平寰宇記》卷九十一）

《吴越春秋》曰：「闔閭死，葬於國西北虎丘。穿土爲山，積壤爲丘。」（《（紹定）吴郡志》卷十六《虎丘》）

《吴越春秋》云：「闔閭葬於國西北虎丘，穿土爲山，積壤爲丘。發五郡之士十萬人，共治千里，使象揕土。鑿池四周，水深丈餘。銅槨三重，澒水銀爲池。池廣六十步，黄金、珠玉爲鳧鴈，扁諸之劍、魚腸之〔三〕千在焉。葬之三日，金精上揚，爲白虎據墳，故曰虎丘。」（《（紹定）吴郡志》卷三十九《塚墓》）

按今本《闔閭内傳第四》不載闔閭之死及其下葬事。各書所引應在「南伐於越」之後，《夫差内傳第五》之前。其中《藝文類聚》、《（紹定）吴郡志》所引大同小異，應同出一源。二書及《太平御覽》卷五百五十八所引應分别出自趙曄、楊方或皇甫遵之書。

9.《吴越春秋》云：「吴王夫差聞孔子與子貢游於吴，出求觀其形，變服而行，爲或人所戲，而傷其指。夫差還，發兵索於國中，欲誅或人。子胥諫曰：『臣聞昔上帝之少子，下游青泠之淵，化爲鯉魚，隨流而戲。漁者豫沮〔且〕射而中之。上訴天帝。天帝曰：汝方游之時，何衣而行？少子曰：我爲鯉魚。上帝曰：汝乃白龍也，而變爲魚，漁者射汝，是其宜也。又何怨焉？今夫大王棄萬乘之服，而從匹夫之禮，而爲或人所刑，亦其宜也。』於是吴王默然不言。」（《群書治要》卷十二《吴越春秋》）

《吴越春秋》曰：「夫差聞孔子至吴，微服觀之，或人傷其指。王怒，欲索國而誅之。子胥諫，乃止。」（《太平御覽》卷三百七十）

按今本《夫差内傳第五》不載此事，其文應引自與今本不同的另一傳本。

10．（《吴越春秋》云：）「子胥暮歸，舉衣出宮。群臣皆驚，曰：『天無霖雨，宮内無泥，相君舉衣行適〔高〕何爲？』子胥曰：『吾欲以越諫王，王不聽吾言。宮中皆生草棘，霧露沾吾之衣也。』」（《北堂書鈔》卷一百五十二《露二十》注）

《吴越春秋》曰：「子胥諫吴王，王怒。暮歸，舉衣出宮。宮中群臣皆曰：『天無霖雨，宮中無泥露，相君舉衣行高何爲？』子胥曰：『吾以越諫王，王心迷，不聽吾言。宮中生草棘，霧露沾吾衣。』群臣聞之，莫不悲傷。」（《太平御覽》卷十二）

《吴越春秋》曰：「子胥諫吴王，王怒。胥暮歸，舉衣出宫中，曰：『宫中生草棘，霧露沾吾衣。』」(《事類賦》卷三《露賦》注)

按今本《夫差内傳第五》不載此事，此文應引自另一傳本，位於伍子胥死之前。

11.《吴越春秋》云：「二月癸未，夫差帥諸群臣，祠子胥於江濱。夫差曰：『昔不聽相國之言，用讒佞之辭，令遠没江濱。自亡以來，莫誰與言。』」(《北堂書鈔》卷八十八《祭祀總上十八》注)

趙曄《吴越春秋》曰：「吴王既煞子胥，問太宰曰：『子胥數以越諫，遂以喪身。從死以來，若有所亡。今欲祠之，何日可也？』曰：『三月癸未可也。』及夫差出國，祠子胥江水之濱，乃言曰：『寡人昔日不聽相國之言，至令相國遠投江海自亡。』」(《太平御覽》卷四百五十六)

《吴越春秋》曰：「夫差帥諸群臣出國東，祠子胥江水濱。諸臣並在，夫差乃言曰：『寡人蒙先王之遺恩，爲千乘之主。昔不聽相國之言，乃用讒佞之辭，至令相國遠没江海。自亡已來，濛濛惑惑，如霧蔽日，莫誰與言。』泣下沾衿，哀不自勝。左右群僚，莫不悲傷。」(《太平御覽》卷五百二十六)

《吴越春秋》云：「夫差設祭，杯動酒盡焉。」(《太平寰宇記》卷九十一)

《吴越春秋》：「夫差帥諸群臣出國東，祀子胥江水濱。諸臣併在，夫差乃言曰：『寡人蒙先王之遺恩，爲千乘之主。昔不聽相國之言，乃用讒佞之辭，至令相國遠投江海。自亡以來，濛濛惑惑，如霧蔽日，莫誰與言。』泣下沾衿，不自勝。忽見欒自觸酒，又言曰：『相國其可留神，一與寡人相見。』胥即從中出，曰：『生時爲人，死時爲神。嚮遠大王，復重祭臣。』諸臣持杯，杯動酒盡。左右群臣，莫不見之。」（《繹史》卷九十六下）

按今本《夫差内傳第五》不載夫差祀子胥事。各書所引應出自不同於今本的其他傳本。據《太平御覽》所載，其文多出自趙曄之書。

12.《吴越春秋》曰：「周改爲陽羨。」（《太平御覽》卷一百七十）

按此句應爲「陽羨」或「荆溪」一詞之注。今本不載。

13.《吴越春秋》曰：「早平門外麋湖西城者，麋王城也。與越王遥戰，越王殺麋王。麋王無頭，騎馬還武里乃死，因留葬武里城中。以午日死，至今武里午日不舉火。」（《太平御覽》卷五百五十六）

14.《吴越春秋》曰：「婁門外雞墟者，吴王牧雞處。」（《太平御覽》卷八百三十三）

《吴越春秋》曰：「婁門外雞陂墟者，吴王牧雞處。」（《太平御覽》卷九百一十八）

《吴越春秋》曰：「婁門外雞坡墟者，吴王牧雞處。」（《事類賦》卷十八《雞賦》注）

按以上五條今本各卷均不載。諸書所引，應出自與今本不同之傳本。引文在書中之位置，據現有資料，尚無法確定。

15.《吴越春秋》曰：「太官舍，春由（申）君所造殿。後殿名逃夏宫，春申子假君宫也。數失火，因塗雌黄，故曰黄堂。臨海水。」（《太平御覽》卷九百八十八）

16.《吴越春秋》曰：「夏禹廟以梅木爲梁。」（《白孔六帖》卷十《屋室》「梅梁」條）

《吴越春秋》曰：「夏禹廟以梅木爲梁。」（《太平御覽》卷一百八十七）

按今本《越王無余外傳第六》無此文。二書所引，應出自不同於今本之傳本，似在啟「立宗廟於南山之上」一語後。

17.《吴越春秋》：范蠡曰：「夫人君，勇者，逆德也；兵者，凶器也；争者，國之末也。」

（《文選》卷二十八《飲馬長城窟行》注）

按《史記》卷四十一《越王勾踐世家》，勾踐聞夫差將伐越，欲先吴未發往伐之。范蠡諫曰：「不可。臣聞兵者，凶器也；戰者，逆德也；争者，事之末也。」勾踐不聽而興師，敗於夫椒。今本不載勾踐欲伐吴及范蠡進諫事。《文選注》所引應出自趙曄或楊方等人之書。其文當在書中所記無余之事後，句踐兵敗入臣於吴之文前。

18.《吴越春秋》曰：「越王既棲會稽，范蠡等曰：『臣竊見會稽之山有魚池上下二處，水中有三江、四瀆之流，九溪、六谷之廣。上池宜於君王，下池宜於臣民。畜魚三年，其利可以致千萬，越國當富盈。』」（《藝文類聚》卷九十六《魚》）

《吴越春秋》曰：「越王既棲會稽，范蠡等曰：『臣竊見會稽之山有魚池上下二處，水中有三江、四瀆之流，九溪、六谷之廣。上池宜於君王，下池宜於民臣。畜魚三年，其利可以致千萬，越國當富盈。』」（《太平御覽》卷九百三十五）

《吴越春秋》曰：「越王棲會稽，范蠡等曰：『會稽之山有魚池上下二處，水中有三江、四瀆之流，九溪、六谷之廣。上池宜於君王。下池宜於民臣。畜魚三年，其利可以致千萬，越國當富盈。』」（《事類賦》卷二十九《魚賦》注）

按今本不載勾踐兵敗，保棲會稽事，亦無范蠡等論魚池之文。三書所引應同出不同於今本系統的另一傳本。引文在書中應位於勾踐敗棲會稽後，入臣吴國前。

19.《吴越春秋》曰：「文種者，本楚南郢人也。姓文，字少禽。」（《文選》卷四十六《豪士賦序》注）

《吴越春秋》云：「文種，荆平王時爲宛令，不治官職，有若狂顛，惟歎笑也。」（《北堂書鈔》卷七十八《縣令》一百七十六注）

《吴越春秋》云：「大夫種姓文名種，字子禽。荆平王時爲宛令，之三户之里，范蠡從犬竇蹲而吠之，從吏恐文種慙，令人引衣而鄣之。文種曰：『無障也。吾聞犬之所吠者人，今吾到此，有聖人之氣，行而求之，來至於此。且人身而犬吠者，謂我是人也。』乃下車拜。蠡不爲禮。」（《史記》卷四十一《越王勾踐世家》正義）

20.《吴越春秋》云：「蠡字少伯，乃楚宛三户人也。」（《史記》卷四十一《越王勾踐世家》正義）

按上述二部分引文今本不載，應出自不同於今本的傳本。引文在書中似位於勾踐即位之後，伐吴兵敗之前。

21.《吴越春秋》曰:「大夫種善圖始,范蠡善慮終。」(《文選》卷五十四《五等諸侯論》注)

按上述引文今本不載,應出自不同於今本的另一傳本。

22.《吴越春秋》載伍子胥之言曰:「吴、越之國,三江環之,民無所移。」(《(嘉泰)會稽志》卷四《斗門》)

23.《吴楚〔越〕春秋》曰:「勾踐與妻入臣吴。妻奉針縷,北面爲妾。」(《太平御覽》卷八百三十)

按今本《勾踐入臣外傳第七》不載此文。引文係出自另一傳本。其在書中應位於勾踐入臣吴之後,遇赦返國之前。

24.《吴越春秋》云:「勾踐語范蠡曰:『先君無餘國在南山之陽,社稷宗廟在湖之南。』」(《水經注》卷四十《漸江水》)

《吴越春秋》云:「越王無餘國在南山之陽,社稷宗廟在湖之南。」(《(嘉泰)會稽志》卷九《山》)

25.《吴越春秋》:「越王都埤中。」(《水經注》卷四十《漸江水》)

按上列引文今本《勾踐歸國外傳第八》不載，應出自與今本不同的另一傳本。引文在書中位於勾踐向范蠡請教定國立城事之後，及范蠡築城立郭之文前。

26.《吴越春秋》云：「城南近湖，去湖百餘步。會稽治山陰以來，此城即爲郡城。」（《（嘉泰）會稽志》卷一《子城》）

27.《吴越春秋》云：「〔練塘里，〕勾踐錬冶銅錫之處，採炭於南山。」（《水經注》卷四十《漸江水》）

按以上引文今本《勾踐歸國外傳第八》不載，應出自與今本不同的傳本。引文在書中應位於築城立郭之文後。

28.《吴越春秋》曰：「樂野者，越王所弋獵處也，故曰樂野。」（《太平御覽》卷八百三十二）

按此文今本不載，應爲「樂野」一詞之注。

29.《吴越春秋》：「賜以甘菓。」（《北堂書鈔》卷十九《賞賜六十三》）

按以上引文今本《勾踐歸國外傳第八》不載，似引自不同於今本的另一傳本。其在書中應位於越以黄絲之布獻吴王之後。

30.《吴越春秋》:「吴亡後,越浮西施於江,令隨鴟夷以終。」(《繹史》卷九十六下引《修文御覽》所引《吴越春秋》)

31.《吴越春秋》曰:「越王平吴後,立賀臺於越。」(《初學記》卷二十四《臺第六》)

按以上二條今本《勾踐伐吴外傳第八》不載,應引自與今本不同之傳本。引文應在吴王伏劍自殺之後。

32.《吴越春秋》:「越鴈,陣名。」(《白孔六帖》卷五十四《陣》「越鴈」條)

33.《吴越春秋》曰:「獨女山者,諸寡婦女淫佚犯過,皆輸此山上。越王將伐吴,其士有憂思者,令遊山上,以喜其意。」(《太平御覽》卷四十七)

34.趙曄《吴越春秋》:「海鹽縣淪爲招〔柘〕湖,徙居武原鄉,故越地也。」(《初學記》卷七《湖

第一》）

35.《吴越春秋》謂：「平王都于固城。」（《太平寰宇記》卷九十）

36.《吴越春秋》：「秦徙大越鳥語之人，置替（晉）。」（《太平寰宇記》卷九十三）

按上述五條引文今本各卷均不載，應出自與今本不同的趙曄等人之書。據現有資料，目前尚無法確定各條引文在書中的位置。

附録《吴地記》：闔閭十年，國東有夷人侵逼吴境。吴王大驚，令所司點軍。王乃宴會，親行。平明，出城十里，頓軍憩歇，今憩橋是也。王曰：「進軍。」所司又奏，食時已至。令臨頓。吴軍宴設之處，今臨頓是也。夷人聞王親征，不敢敵，收軍入海，據東洲沙上。吴亦入海逐之，據沙洲上，相守一月。屬時風濤，糧不得度。王焚香禱天。言訖，東風大震，水上見金色逼海而來，遶吴王沙洲百匝。所司撈漉得魚，食之美。三軍踊躍。夷人一魚不獲，遂獻寶物，送降款。吴王亦以禮報之，仍將魚腹腸肚以鹹水淹之，送與夷人，因號逐夷。夷亭之名昉此。吴王回軍，會群臣，思海中所食魚，問所餘何在？所司奏云：並曝乾。吴王索之，其味美。因書美下着魚，是爲鯗字。今從失，非也。魚出海中，作金色，不知其名。吴王見腦中有骨如白石，號爲石首魚。（《〈紹定〉吴郡志》卷五十《雜志》）

按徐天祜《〈吴越春秋〉序》云：「《吴地記》載闔廬時夷亭事……類皆援據《吴越春秋》。」姑鈔録附此，以備稽考。

附録三　歷代序跋題記

隋書經籍志

《吴越春秋》十二卷趙曄撰。

《吴越春秋削繁》五卷楊方撰。

《吴越春秋》十卷皇甫遵撰。

自秦撥去古文，篇籍遺散。漢初，得《戰國策》，蓋戰國遊士記其策謀。其後陸賈作《楚漢春秋》，以述誅鋤秦、項之事。又有《越絶》，相承以爲子貢所作。後漢趙曄又爲《吴越春秋》。其屬辭比事，皆不與《春秋》、《史記》、《漢書》相似，蓋率爾而作，非史策之正也。靈、獻之世，天下大亂，史官失其常守。博達之士，愍其廢絶，各記聞見，以備遺亡。是後群才景慕，作者甚衆。又自後漢已來，學者多鈔撮舊史，自爲一書，或起自人皇，或斷之近代，亦各其志，而體制不經。又有委巷之説，迂怪妄誕，真虚莫測。然其大

抵皆帝王之事，通人君子，必博採廣覽，以酌其要。故備而存之，謂之雜史。（《隋書》卷三十三《經籍二・史・雜史》）

舊唐書經籍志

《吴越春秋》十二卷趙曄撰。

《吴越春秋削煩》五卷楊方撰。

《吴越春秋傳》十卷皇甫遵撰。（《舊唐書》卷四十六《經籍上・史録・雜史》）

册府元龜

趙畢（曄），會稽人，舉有道，不就，著《吴越春秋》十卷。（《册府元龜》卷五百五十五《國史部・採撰一》）

崇文總目

《吴越春秋》十卷

《吴越春秋傳》十卷

唐皇甫遵注。初，趙曄爲《吴越春秋》十卷，其後有楊方者，以曄所撰爲煩，又刊削之，爲五卷。遵乃合二家之書，考定而注之。（《崇文總目》卷三《雜史類》）

新唐書藝文志

趙曄《吴越春秋》十二卷

楊方《吴越春秋削煩》五卷

皇甫遵《吴越春秋傳》十卷（《新唐書》卷五十八《藝文二·史録·雜史類》）

晁公武郡齋讀書志

《吴越春秋》十二卷

右後漢趙曄撰。吴起太伯，盡夫差。越起无余，盡勾踐。内吴外越，本末咸備。（《郡齋讀書志》卷二上《雜史類》）

王應麟玉海

《吴越春秋》

《後漢·趙曄傳》：著《吴越春秋》、《詩細歷神淵》。蔡邕至會稽，讀《詩細》而歎息，以爲長於《論衡》。邕還京師，傳之，學者咸誦習焉。《晉書》：楊方補高梁凉太守，在郡積年，著《五經鈎沉》，更撰《吴越春秋》并雜文，行於世。《隋志·雜史類》：《吴越春秋》十二卷，趙曄撰。《吴越春秋削繁》五卷，楊方撰。《唐志》云「削煩」。《吴越春秋》十卷，皇甫遵撰。《唐志》云「吴越春秋傳」。……趙曄又爲《吴越春秋》，其屬辭比事，皆不與《春秋》、《史記》、《漢書》相似，蓋率爾而作，非史策之正也。《中興書目》：《吴越春秋》十卷，内吴外越，以紀其事。吴起太伯，止闔閭；越起無余，止句踐。（《玉海》卷四十一《續春秋》）

馬端臨文獻通考

《吴越春秋》十二卷

鼂氏曰：後漢趙曄撰。吴起太伯，盡夫差；越起無餘，盡勾踐。内吴外越，本末咸備。

《吴越春秋傳》十卷

《崇文總目》：唐皇甫遵注。初，趙曄爲《吴越春秋》十二卷，其後有楊方者，以曄所撰爲煩，又刊削之，爲五卷。遵乃合二家之書，考定而注之。（《文獻通考》卷一百九十五《雜史》）

宋史藝文志

趙曄《吴越春秋》十卷

皇甫遵注《吴越春秋》十卷（《宋史》卷二百三《藝文二·史類·别史類》）

趙曄《吴越春秋》十卷（《宋史》卷二百四《藝文三·史類·霸史類》）

錢福重刊吴越春秋序

古者列國皆有史官，以掌記時事，若孔子因魯史以脩《春秋》者是也。《吴越春秋》乃作於東漢趙曄，後世補亡之書耳。大抵本《國語》、《史記》，而附以所傳聞者爲之。元徐天祜謂其去古未遠，又越人宜知越之故，視他書所記二國事爲詳，得之矣。天祜之所考注亦精當。第謂其不類漢文者，其字句間或似小説家。觀《儒林傳》，稱其所著復有所謂《詩細》者，蔡邕讀而歎息，以爲長於《論衡》。今《論衡》故在也，鄙俚怪誕者不少，則東漢末亦自有此文氣矣。謂其非全書，則吴、越顛末亦備矣。《隋》、《唐·經籍志》多一卷，意者西施之至吴，范蠡之去越乎？若附會於讖緯夢卜之説，則固當時所尚，而左氏傳《春秋》亦多述焉，不可盡謂其無據也。其大旨誇越之多賢，以矜其故都，而所編傳乃内吴而外越，則又不可曉矣。

自科舉聲律之學興，而古書散佚無留意者。雖好古博雅之士，歷代《經籍志》所載亦或不能舉其篇目。故有志於集古者，皆在所取也。去年秋，監察御史寧鄉袁公大倫奉命來按吴，體正而蠹剔，威加而惠流，乃本古觀風之法，訪吴之故於吴邑侯任丘酈廷瑞。侯素稱稽古尚文，歷舉郡乘所載者以對。公問其所本始，侯辭焉。公乃手出是編授之。侯讀之曰：「命之矣。古者使於其國，仕於其邦，不能舉其地之故，君子耻焉。吾乃今知吴山川城郭之所名也，吾乃今知封疆因革之所始也，吾乃今知民情土俗之所由也。吾不忍自私，當重梓以行於吴人，俾無忘厥本。」乃屬郡史馮弋等録而刻之。既成，走書屬予序。蓋侯第進士時，以予爲知己，而袁公亦吾榜進士之傑也。

嗚呼！孟軻氏稱：「入則無法家拂士，出則無敵國外患者，國恒亡。然後知生於憂患，而死於安樂也。」觀二國之興而僨，僨而興，斯昭昭矣。驕畏之殊，興亡所繫。忠讒之判，禍福攸分。可畏哉！予竊怪夫大言無術，自暇以怠人者曰：「大數已定，無庸人力。」

又曰：「天子有道，守在四夷。」此英雄駕馭之言，非臣子思患預防之策也。禹、益儆惕於三苗之師，成、康不忘乎戎兵之詰，其見遠矣。是書所載，若胥之忠，蠡之智，種之謀，包胥之論戰，孫武之論兵，越女之論劍，陳音之論弩，句踐之畏天自苦，臣吴之別辭，伐吴之戒語，五大夫之自效，世亦胡可少哉？所載孔子、子貢事不可據，而其謀則在當時遊説之至高者也。相傳《越絶書》爲子貢撰，抑亦有所本云。噫！書稱軾怒鼃尚足以激士，而況讀其書，論其世，能不少動於衷者，其亦非夫也夫！至於司職方，掌外史，地里所在，必有所因而名。附會以成其説者，多不可辯驗。然與其信乎今，不若傳諸古；與其徵諸遠，不若考乎近。是又今日鄺、侯崇信此書之意，而袁公博古之功不可誣也。因附子所欲言爲序。

弘治十四年，歲在辛酉，夏五朔旦。

賜進士及第、翰林國史脩撰、儒林郎、華亭錢福與謙序。（弘治本《吴越春秋》）

四庫全書總目

《吴越春秋》十卷兵部侍郎紀昀家藏本。

漢趙煜撰。煜，山陰人，見《後漢書·儒林傳》。是書前有舊序，稱《隋》、《唐·經籍志》皆云十二卷，今存者十卷，殆非全書。又云楊方撰《吴越春秋削繁》五卷，皇甫遵撰《吴越春秋傳》十卷。此二書今人罕見,獨煜書行於世。《史記》注有徐廣所引《吴越春秋》語,而《索隱》以爲今無此語。他如《文選注》引季札見遺金事,《吴地記》載闔閭時夷亭事,及《水經注》嘗載越事數條,類皆援據《吴越春秋》,今煜本咸無其文云云。考證頗爲詳悉,然不著名姓。《漢魏叢書》所載合十卷爲六卷,而削去此序併注,亦不題撰人,彌失其初。此本爲元大德十年丙午所刊。後有《題識》云,前有文林郎、國子監書庫官徐天祜音注,然後知注中稱「徐天祜曰」者,即注者之自名,非援引他書之語。惟其後又列紹興路儒學學録留堅、學正陳昺伯、教授梁相、正議大夫紹興路總管提調學校官劉克昌四人,不知序出誰手耳。煜所述雖稍傷曼衍,而詞頗豐蔚。其中如伍尚占甲子之日,時加於巳;范蠡占戊寅之日,時加日出,有螣蛇青龍之語;文種占陰畫六,陽畫三,有元武、天空、天關、天梁、天一、神光諸神名,皆非三代卜筮之法,未免多所附會。至於處女試劍、老人化猿、公孫聖三呼三應之類,尤近小説家言。然自是漢、晉閒稗官雜記之體。徐天祜以爲不類漢文,是以馬、班史法求之,非其倫也。天祜注於事迹異同頗有考證。其中如季孫使越、子期私與吴爲市之類,雖猶有未及詳辨者,而原書失實之處,能糾正者爲多。其旁核衆説,不徇本書,猶有劉孝標注《世説新語》之遺意焉。(《四庫全書總目》卷六十六《史部·載記類》)

吴壽暘拜經樓藏書題跋記

《吴越春秋》

右《漢魏叢書》中《吴越春秋》六卷，先子從元刻補鈔目録十卷，并徐天祐〔祜〕序，及天祐〔祜〕補注九條。後有大德十年校刊姓氏。題後云：《吴越春秋》十卷，本元徐天祐〔祜〕音注，刻《漢魏叢書》者削去天祐〔祜〕之名，又併其卷爲六，盡失本來面目。明人刻書，往往如此，可歎也。兹從元刻《吴越春秋》補鈔序、目，附釘於前。而大德年中校刊諸人姓名、官閥，亦附録于後。庶使觀者知舊本之可貴云。乾隆丙午夏，吴某記。（《拜經樓藏書題跋記》卷二《吴越春秋》）

顧廣圻思適齋書跋

《吴越春秋》十卷校宋本。

嘉定甲申《吴越春秋》景鈔本也。初閲第九卷越女劍事，「女即捷末」下多「袁公操其末案：「本」字之誤。而刺處女；女應即入之；三入，處女因舉杖擊之」共廿三字，與《御覽》、《類聚》、《選》注所引合〔一〕。遂全勘一過。其他佳處似無過此者，然較諸此本固勝矣。乾

隆甲寅九月十六日，顧廣圻記。（《思適齋書跋》卷二《史部》）

瞿鏞鐵琴銅劍樓藏書目録

《吴越春秋》十卷校宋本。

後漢趙曄撰。此明刊本，顧潤蕢氏以影鈔宋本校過。第一卷頗高子「勾畢」，宋本作「勾卑」，與《史記·吴世家》合。第九卷越女劍事「女即捷末」下宋本多「袁公操其本而刺處女；女應即入之；三入，處女因舉杖擊之」廿三字，與《文選注》、《太平御覽》、《藝文類聚》所引合。元、明刻本皆遺之。宋本嘉定中新安汪綱所刻，有跋。每半葉九行，行十八字。卷首有顧潤蕢手校朱記。

《吴越春秋》十卷元刊本。

此本卷末有「大德十年，歲在丙午；三月，音注；越六月，書成，刊板；十二月畢工」二行。又有「前文林郎、國子監書庫官徐天祜音注」一行。前有天祜序。明弘治間鄺璠所刻，即依此本。（《鐵琴銅劍樓藏書目録》卷十《史部三·載記類》）

張金吾愛日精廬藏書志

《吴越春秋》十卷影寫宋刊本。

後漢趙曄撰。

右《吴越春秋》十卷，後漢趙曄所著。予既刻《越絶書》，遂併刻之。蓋二書實相表裏，而曄又爲郡人，其書固宜廣。第訛舛特甚，惜無從可以是正云。嘉定甲申八月望日，新安汪綱書。

《吴越春秋》十卷明初刊本。

後漢趙曄撰，元徐天祐〔祜〕音注。前有天祐〔祜〕序，題「舊序」，蓋明初重刊本也。

吴、越古稱東南僻遠之邦，然當其盛彊，往往抗衡上國。黄池之會，夫差欲尊天子，自去其僭號，稱子以告令諸侯。及越既有吴，句踐大盟四國，以共輔王室。要其志，皆歸於尊周，其知所天矣。孔子作《春秋》，雖小國猶録而書之。而況以世言，則禹、稷之裔；以地言，則會稽、具區；其川其浸，《周・職方氏》列爲九州之首，皆足以望天下。故記可闕而不傳乎？

《吴越春秋》，趙曄所著，《隋》、《唐·經籍志》皆云十二卷，今存者十卷，殆非全書。二《志》又云楊方撰《吴越春秋削繁》五卷，皇甫遵撰《吴越春秋傳》十卷。此二書今人罕見，獨曄書行於世。《曄傳》在《儒林》中，觀其所作，乃不類漢文。按邯鄲李氏《圖書十志目》，亦謂楊方嘗刊削曄所爲書，至皇甫遵，遂合二家，考正爲之傳注。又按《史記》注有徐廣所引《吴越春秋》語，而《索隱》以爲今無此語者。他如《文選注》引季子見遺金事，《吴地記》載闔廬時夷亭事，及《水經注》嘗載越事數條，類皆援據《吴越春秋》。今曄本咸無其文，亦無所謂傳注，豈楊方所已刊削，而皇甫所未考正者耶？曄書最先出東都，時去古未甚遠，曄又山陰人，故綜述視他書所紀二國事爲詳，取節焉可也。其言上稽天時，下測物變，明微推遠，憭若蓍蔡。至於盛衰成敗之迹，則彼己君臣反覆上下其論議，種、蠡諸大夫之謀迭用則霸，子胥之諫一不聽則亡，皆鑿鑿然可以勸戒萬世，豈獨爲是邦二千年故實哉！

曄書越舊嘗鋟梓，歲久不復存。汴梁劉侯來治越，獎勵學校，蒐遺文，修墜典，乃輟義田，廩羡財，重刻于學。不鄙謏聞，屬以考訂，且命序其左端。夫越人宜知越之故，則是舉也，於所闕不爲無補，遂不得辭。厥既刊正疑訛，過不自量，復爲之音注，併考其與傳、記同異者，附見于下而互存之。惜其間文義猶有滯礙，不可訓知，不敢盡用臆見更定，又無皇甫本可證，姑從其舊，以俟後之君子考焉。

侯名克昌，世大其字云。郡人前進士徐天祐〔祜〕受之序。

大德十年，歲在丙午，三月音注；越六月，書成刊板，十二月畢工。

前文林郎國子監書庫官徐天祐〔祜〕音注。（《愛日精廬藏書志》卷十四《史部・載記類》）

周中孚鄭堂讀書記

《吳越春秋》六卷《漢魏叢書》本。

漢趙煜撰。煜字長君，山陰人。《四庫全書》著録作十卷，《崇文目》、《宋志》俱同。《隋志》、新、舊《唐志》、《讀書志》、《通考》俱作十二卷。是本及《祕書二十一種》本俱作六卷，蓋併二卷爲一。至作十卷，則以一篇爲一卷也。吳起太伯，迄夫差，凡五篇。越起無餘，迄句踐，亦五篇。内吳外越，本末咸備。然其屬辭比事，皆不與《春秋》内外《傳》、《史記》、《漢書》相似。蓋率爾而作，非史策之正也。所載孔子、子貢事，尤多不可據，而其謀則在當時游説之至高者也。長君去古未遠，又山陰人，故其大旨誇越之多賢，以矜其故都，而所編乃内吳而外越，則又不可曉矣。

是本與《祕書二十一種》本所列音注，俱不著其名氏。考之《提要》所載元大德本，知爲元徐天祐〔祜〕音注。天祐〔祜〕字受之，紹興人，任國子監書庫官。倪氏、錢氏《補元志》

俱載之。其考證異同，頗多糾正，亦讀是書之一助云。（《鄭堂讀書記》卷二十六《載記類》）

蔣光煦吴越春秋校

影宋本《吴越春秋》，宋本每半葉九行，行十八字，無注。（《斠補隅録・吴越春秋校》）

陸心源儀顧堂題跋、續跋

元板《吴越春秋》跋

《吴越春秋》十卷，題曰後漢趙曄撰。前有徐天祐〔祜〕序，卷十末有：「大德十年，歲在丙午，三月音注，越六月，書成刊板；十二月畢工」兩行，「前文林郎、國子監書庫官徐天祐〔祜〕音注」一行，正議大夫、紹興路總管、提調學校官劉克昌，及儒學梁相等銜名四行。每頁十八行，每行十八字。小字雙行，每行廿六、七字不等。版心分上、下兩卷。明覆本款式及卷末題名同，惟每頁十六行，每行十七字，板心分十卷，異于元槧耳。是書有宋汪綱刊本，行數、字數與元刻同。卷九「女即捷末」下多「操其本而刺處女；女應即入之；三入，處女因杖擊之」二十字。今不得見。

《四庫》所收序存而缺徐天祐〔祜〕姓名，致不辨爲何人所作。《漢魏叢書》本、《古今逸史》本皆并爲六卷，仍用天祐〔祜〕注，不箸其名，並削其序，最不足據。此本首尾完具，模印精良，雖不及宋本，亦是書之善本也。卷中有張紹仁印，白文方印；學安，朱文方印。蓋吴中張學安舊藏也。（《儀顧堂題跋》卷四《元板〈吴越春秋〉跋》）

明程榮、何鏜刻《漢魏叢書》，吴琯刊《古今逸史》，皆削其名。若非元本及鄺璠翻本尚存，不將湮没不彰乎！甚矣！明人刻書之謬也。（《儀顧堂續跋》卷七《元槧〈吴越春秋〉跋二》）

姚振宗隋書經籍志考證

《吴越春秋》十二卷，趙曄撰。

趙曄有《韓詩譜》，見《經部·詩類》。

《後漢書·儒林傳》：曄著《吴越春秋》。

本《志》篇叙曰：漢初，得《戰國策》。其後，陸賈作《楚漢春秋》。又有《越絶》，相承以爲子貢所作。後漢趙曄又爲《吴越春秋》。其屬辭比事，皆不與《春秋》、《史記》、《漢書》相似，蓋率爾而作，非史策之正也。

《唐書・經籍志》：《吴越春秋》十二卷趙曄撰。

《唐書・藝文志》：趙曄《吴越春秋》十二卷。

《宋史・藝文志・别史類》：趙曄《吴越春秋》十卷。又見《霸史類》。

晁氏《讀書志》：《吴越春秋》十二卷。後漢趙曄撰。吴起泰伯，盡夫差。越起無余，盡句踐。内吴外越，本末咸備。

《文獻・經籍考・中興書目》：《吴越春秋》十卷。内吴外越，以紀其事。吴起泰伯，至闔廬。越起無余，止句踐。按十卷本止闔廬者，殆缺後句踐二卷也。

元國子監書庫官徐天祐〔祜〕音注序曰：曄去古未遠，又山陰人，故其綜述視他書所記二國事爲詳。然不類漢文。

《經義考・擬經篇》錢福曰：《吴越春秋》作於東漢趙曄，後世補亡之書耳。大抵本《國語》、《史記》，而附以所傳聞者爲之。其大旨誇越之多賢，以矜其故都。而所編傳乃内吴而外越，則又不可曉矣。所載孔子、子貢事不可據，而其謀則在當時游説之至高者也。若胥之忠，蠡之智，種之謀，包胥之論策，孫武之論兵，越女之論劍，陳音之論弩，句踐臣吴之别辭，伐吴之戒語，五大夫之自效，世亦何可少哉！

《四庫・載記類》提要曰：是書前有舊序，稱《隋》、《唐志》皆十二卷，今存者十卷，殆非全書。又云《史記》注有徐廣所引《吴越春秋》語，而《索隱》以爲今無此語。他如《文選注》引季札見遺金事，《吴地記》載闔廬時夷亭事，及《水經注》嘗載越事數條，類皆援據《吴越春秋》。今煜本咸無其文云云。考證頗爲詳悉。煜所述雖稍傷曼衍，而詞頗豐蔚。其中有近于小説家言，自是漢、晉間稗官雜記之體。徐天祐〔祜〕以爲不類漢文，是以馬、班史法求之，非其倫也。

又《簡明目録》曰：記吴、越二國興亡始末，中或參以小説家言。《隋志》十二卷，今佚二卷。《漢魏叢書》併爲六卷，彌失其真。

《吴越春秋削繁》五卷，楊方撰。

楊方有《五經鉤沈》，見《經部·論語類》。

《晉書》本傳：方補高梁太守，在郡積年，著《五經鉤沈》，更撰《吴越春秋》，皆行於世。

《唐書·經籍志》：《吴越春秋削煩》五卷楊方撰。

《唐書·藝文志》：楊方《吴越春秋削煩》五卷。

《吴越春秋》十卷，皇甫遵撰。

皇甫遵始末未詳。

《唐書·經籍志》：《吴越春秋傳》十卷，皇甫遵撰。

《唐書·藝文志》：皇甫遵《吴越春秋傳》十卷。

《宋史·藝文志·别史類》：皇甫遵注《吴越春秋》十卷。

《崇文總目》：《吴越春秋傳》十卷。唐皇甫遵注。初，趙曄爲《吴越春秋》十卷，其後有楊方者，以曄所撰爲繁，又刊削之，爲五卷。遵乃合二家之書，考定而注之。

無名氏序趙氏《吴越春秋》曰：楊方有《吴越春秋削繁》五卷，皇甫遵有《吴越春秋傳》十卷，此二書今人罕見。

按：皇甫遵，《崇文總目》以爲唐人，而本《志》載其書。《唐·藝文志》列之褚無量、盧彦卿之間，則唐初人也。（《隋書經籍志考證》卷十三《史部·雜史類》）

江標宋元本書目行格表

宋本《吴越春秋》，行十八字，無注。十卷。

《斠補餘〔隅〕録》、《儀顧堂跋》有元板，行格同，雙行，每行廿六、七字不等。板心分上、下兩卷。明覆本每頁十六行，行十七字。元版有音注。

元本《吴越春秋》，行十七字。十卷。

後有大德十年等廿四字。《平津館記》。（《宋元本書目行格表》卷上《宋本〈吴越春秋〉》、《元本〈吴越春秋〉》）

徐乃昌吴越春秋題識

《吴越春秋》十卷，明繙元大德本。題曰後漢趙曄撰。前有徐天祜序。卷十末有「大德十年，歲在丙午，三月音注。越六月，書成刊板，十二月畢工」兩行。「前文林郎、國子監書庫官徐天祜音注」一行。正議大夫、紹興路總管、提調學校官劉克昌，及儒學梁相等銜名四行。每葉十八行，行大小十七字。板心分十卷。字樣、款式、題名均與大德本同。訛字甚少，佳刻也。而與元刻不同者，一字數：元小字二十六、七字不等，此大小十七字。一板心：元分上、下二册，此分十卷而已。另有明刻本。每葉十六行，行二十七字。亦有銜名，款式亦雅。乃昌得此書，愛其古雅，就交鄂工繙雕，並爲校讎。本書如餘祭、夷昧之年，鄭定公、波太子之事，均異他書。則漢人所見之書，非今日所能强證。徐注亦時時訂之。今取蔣氏所據宋本、宋本每葉十八行，行十七字〔二〕，無注。上卷一至卷五，下卷六至卷十。元本仿此。盧抱經校本、顧尚之《校勘記》、俞曲園《讀〈吳越春秋〉》、孫仲容《札迻》，類聚而折衷之。間有己意，亦附列焉。不尚新奇，務求其是。成《札記》一卷、《逸文》一卷。各書所引，互有增損，無關宏恉者不録。此書刻成，較之他刻，似乎較勝。願與海内讀書者參之。丙午十二月，東坡生日，南陵徐乃昌識。

徐天祜，字受之，山陰人，景定三年進士。父耜，知惠州。天祜初以父任爲將仕郎，銓試詞賦第一。注歸安尉，地近事煩，試以吏事，衆皆驚服。及第進士，爲大州教授，日與諸生講經義，聽者感發。德祐二年，以國子監書庫官召，不赴。宋亡，退歸城南，杜門讀書。與人交，終始不變。四方學者至越，必進謁。天祜高冠大帶，議論卓卓，見者咸以爲儀型。見《萬姓統譜》。書成於元，故署曰「前」。《四庫提要》稱其旁核衆説，不徇本書，有劉孝標注《世説》遺意，誠爲定論。明程榮、何鏜刻《漢魏叢書》，吳琯刊《古今逸史》，皆削其名。若非元本及鄺璠翻本尚存，不將湮没不彰乎！甚矣！明人刻書之謬也。《儀顧堂題跋》。

陸氏盛稱明鄺廷瑞本。此本有盧抱經手跋，云：乾隆四十九年，歲在甲辰，盧文弨在常州，借莊葆琛家明弘治十四年巡按袁經大倫授吳縣令鄺廷瑞重刻元大德本。十月十八日攜舟中對校，二十二日至攝山校訖。然則此刻非鄺本也。（南陵徐氏《隨盦叢書》本《〈吳越春秋〉識》）

余嘉錫四庫提要辨證

《吴越春秋》十卷

漢趙煜撰。煜，山陰人，見《後漢書·儒林傳》。是書前有舊序，稱《隋》、《唐·經籍志》皆云十二卷，今存者十卷，殆非全書。又云楊方撰《吴越春秋削繁》五卷、皇甫遵撰《吴越春秋傳》十卷，今人罕見，獨煜書行於世。《史記》注有徐廣所引《吴越春秋》語，而《索隱》以爲今無此語，他如《文選注》引季札見遺金事，《吴地記》載闔閭時夷亭事，及《水經注》嘗載越事數條，類皆援據《吴越春秋》，今煜本咸無其文云云，考證頗爲詳悉，然不著名姓。《漢魏叢書》所載合十卷爲六卷，而削去此序并注，亦不題撰人，彌失其初。此本爲元大德十年丙午所刊，後有《題識》云，前有文林郎、國子監書庫官徐天祜音注。然後知注中稱「徐天祜曰」者，即注者之自名，非援引他書之語。惟其後又列紹興路儒學學録留堅、學正陳昺伯、教授梁相、紹興路總管提調學校官劉克昌四人，不知序出誰手耳。

嘉錫案：吴壽暘《拜經樓題跋記》，言其先人曾從元刻補鈔徐天祜序並補注九條云云。今案音注，即是天祜所作，則序自宜出於天祜之手，吴氏之説蓋是也。至於後列之留堅等四人姓名，不過因書刻於郡庠，因而幸附驥尾耳，惡得作此序乎？《提要》於天祜事蹟不詳。考《（寶慶）續會稽志》卷六《進士題名》云：「嘉〔景〕定三年壬戌，方山京榜徐天祐。」《萬姓統譜》卷七云：「徐天祐祐誤祐字受之。父耜，朝奉大夫知惠州。天祐〔祐〕初有慧質，穎悟夙成，以惠州任爲將仕郎，銓試爲詞賦第一。注歸安尉，地近事煩，而尉職猶劇。天祐〔祐〕既試以吏事，衆皆驚服。貴人居邑者，將囑事，出謂人曰：『吾見尉，自不敢有所請。』中進士第，時年尚英妙，聲華籍藉〔籍〕，爲大州教授，日與諸生講經義，聽者感發。德祐二年，以文林郎、國庫書監召，不赴，退歸城南杜門讀書，與人交終不變。四方學者至越，必進謁。天祐〔祐〕高冠大帶，議論卓卓，見者咸以爲儀形。」《宋詩紀事》卷六十八云：「徐天祐字受之，山陰人，嘉〔景〕定三年進士，與王修竹齊名。」至於天祐之序，其所考證，實不甚精，今特舉正之於此。案《隋書·經籍志》有《吴越春秋》十二卷，趙曄撰；又有《吴越春秋削繁》五卷，楊方撰；《吴越春秋》十卷，皇甫遵撰。天祐序謂此二書今人罕見，獨曄書行於世，蓋因《隋志》楊及皇甫二書均題撰字，遂疑二人別有所撰，與趙書不同也。今考皇甫遵之《吴越春秋》十卷，《唐志》作《吴越春秋傳》，《通考·經籍考》同，並引《崇文總目》云：「唐皇甫遵注唐字誤。初趙曄爲《吴越春秋》十二卷，其後有楊方者，以曄撰爲煩，又刊削之爲五卷。遵乃合二家之書，考定而注之」云云。愚案楊方《晉書》附《賀循傳》後，云：「字方回，會稽人，官至高梁太守，更撰《吴越春秋》行於世。」《崇文總目》第云：「其後有楊方者」，而不言方爲何時人，殆未檢《晉書》歟？《傳》所言更撰云者，即指削繁而言，非別撰一書也。皇甫遵之書，名之爲傳，即是書之注，第既合曄與皇甫之書〔三〕，其意必以爲曄書太繁，遵書太簡〔四〕，故合二書斟酌乎繁簡之間以求適乎其中，故較原書少二卷。二人之書即曄書，而云獨曄書行於世，誤之甚矣。此書十二卷之本，至宋時尚存，《新唐志》、《讀書志》、《通考》並著於録，《宋史·藝文志·别史類》有此書，已作十卷。考蔣光煦《斠補偶〔隅〕録》，有所校影宋本亦止十卷，則此二卷，當亡於宋末，皇甫遵之書正是十卷。宋本，疑即用皇甫之本，而去其注。然則當云獨皇甫遵書行於世，不當如序所云獨曄書行於世也。序又云：「徐廣《史記》注引《吴越春秋》，而《索隱》以爲無其語。」考《吴世家》索隱云：「徐廣引《吴越春秋》云，王僚，夷昧子，今檢《吴越春秋》無此語」，序蓋即指此條。考之本書《吴王壽夢傳》云：「吴人立餘昧子州于，號爲吴王僚也。」餘昧即夷昧，徐廣所引，殆即因此二語而櫽括之。《索隱》以爲《吴越春秋》無此語，已誤，序從而疑此書，更誤矣。其餘若《文選注》諸書所引，亦當在所佚二卷之内。序乃云，今曄本咸無其文，若疑其在方、遵書内也者，何其漫無考證哉！《提要》乃稱其考證頗爲詳悉，過矣！余十五歲時，嘗作《吴越春秋辨證》，既悔其少作，原稿又燬，姑撮其大指如此。（《四庫提要辨證》卷七《史部·載記類》）

校釋

〔一〕「選」字前似脱一「文」字。

〔二〕七，按蔣光煦《斠補隅録·吴越春秋》，應作「八」。

〔三〕皇甫，應作「方」。

〔四〕遵，應作「方」。

附録四　相關人物傳記

後漢書趙曄傳

趙曄字長君，會稽山陰人也。少嘗爲縣吏，奉檄迎督郵，曄耻於廝役，遂棄車馬去。到犍爲資中，詣杜撫受《韓詩》，究竟其術。積二十年，絶問不還，家爲發喪制服。（曄）〔撫〕卒（業）乃歸。州召補從事，不就。舉有道。卒于家。

曄著《吴越春秋》、《詩細歷神淵》。蔡邕至會稽，讀《詩細》而歎息，以爲長於《論衡》。邕還京師，傳之，學者咸誦習焉。（《後漢書》卷七十九下《儒林列傳》）

太平御覽所引趙曄傳

《會稽典録》曰："趙曄，字長君，山陰人也。少爲縣吏，奉檄迎督郵，曄甚耻之。由是委吏，到犍爲，詣博士杜撫受《韓詩》。撫嘉其精力，盡以其道授之。積二十年，不還，家人爲之發喪制服。至撫卒，曄經營葬之，然後歸家。"（《太平御覽》卷五百五十六《葬送四》）

晉書楊方傳

楊方字公回。少好學，有異才。初爲郡鈴下威儀，公事之暇，輒讀《五經》，鄉邑未之知。内史諸葛恢見而奇之，待以門人之禮，由是始得周旋貴人間。時虞喜兄弟以儒學立名，雅愛方，爲之延譽。恢嘗遣方爲文，薦郡功曹主簿。虞預稱美之，送以示循。循報書曰：「此子開拔有志，意只言異於凡猥耳，不圖偉才如此。其文甚有奇分，若出其胸臆，乃是一國所推，豈但牧豎中逸羣邪！聞處舊黨之中，好有謙沖之行，此亦立身之一隅。然世衰道喪，人物凋弊，每聞一介之徒有向道之志，冀之願之。如方者乃荒萊之特苗，鹵田之善秀，姿質已良，但沾染未足耳；移植豐壤，必成嘉穀。足下才爲世英，位爲朝右，道隆化立，然後爲貴。昔許子將拔樊仲昭於賈豎，郭林宗成魏德公於畎畝。足下志隆此業，二賢之功不爲難及也。」循遂稱方於京師。司徒王導辟爲掾，轉東安太守，遷司徒參軍事。

方在都邑，搢紳之士咸厚遇之。自以地寒，不願久留京華，求補遠郡，欲閑居著述。導從之，上補高梁太守。在郡積年，著《五經鉤沈》，更撰《吴越春秋》，并雜文筆，皆行於世。以年老，棄郡歸。導將進之臺閣，固辭還鄉里，終于家。（《晉書》卷六十八《楊方傳》）

張淏寶慶會稽續志徐天祜登科記

景定三年壬戌牓　徐天祜（《（寶慶）會稽續志》卷六《進士》）

淩迪知萬姓統譜

徐天祐〔祜〕，字受之。父耜，朝奉大夫，知惠州。天祐〔祜〕幼有慧質，穎悟夙成。以惠州任爲將仕郎，銓試爲祠〔詞〕賦第一。注歸安尉，地近事煩，而尉職猶劇。天祐〔祜〕既試以吏事，衆皆驚服。貴人居邑者，將囑事，出謂人曰：「吾見尉，自不敢有所請。」中進士第，時年尚英妙，聲華籍籍。爲大州教授，日與諸生講經義，聽者感發。德祐二年，以文林郎、國庫書監召，不赴。退歸城南，杜門讀書。與人交，終不變。四方學者至越，必進謁。天祐〔祜〕高冠大帶，議論卓卓，見者咸以爲儀型。（《萬姓統譜》卷七《六魚》）

萬斯同宋季忠義録徐天祜傳

徐天祐〔祜〕，字受之，山陰人。以父相〔耜〕恩，爲將仕郎，銓試詞賦第一，尉歸安。時年尚少，即以吏事稱。嘗出郊，吏具供帳甚飾。天祐〔祜〕詰所出，吏以例對。天祐〔祜〕

曰：「費出於官，則犯法。於民，則重擾。例安可用？」卻之。貴人居邑者，將囑事，出謂人曰：「吾見尉，自不敢有所請。」中進士第，爲大州教授，日與諸生講經義，聽者感發。德祐二年，以國庫書監召，不赴。退歸城南，杜門讀書。四方學者至越，必進謁。天祐〔祜〕高冠大帶，議論卓卓，見者以爲儀刑。（《宋季忠義録》卷十四《徐天祐〔祜〕傳》）

厲鶚宋詩紀事徐天祜小傳、詩

徐天祐〔祜〕

天祐〔祜〕，字受之，山陰人。景定三年進士。與王修竹齊名。

洛思山在蕭山。昔有洛下人，隨太尉朱雋來會稽三年，不得返，乃登山北望而歎，故名。

歸去蹉跎歲月深，羈愁無奈故鄉心。人生畢竟俱懷土，莊舄當時自越吟。

方干島在鑑湖中，一名筍莊。

平生心事白鷗知，一卷雲菴處士詩。占得鏡中奇絶處，祇緣身值廣明時。

白樓亭《世説》：孫興公、許玄度共在白樓亭，商略先往名達。林公既非所屬，聽訖云：二賢故自有才情。

江左名流共往還，白樓何許只青山。不須商略閑今古，物换星移俯仰間。

許詢園在蕭山。許詢嘗登永興縣西山，築室其上，蕭然自放，乃號其岫爲蕭山。

高棲不受鶴書招，北幹家園久寂寥。明月空懷人姓許，故山猶自岫名蕭。

錢王祠

石鏡山前結駟遊，故鄉霞錦徧林丘。祇今東府空遺廟，露立唐碑老樹秋。以上《紹興府志》。（《宋詩紀事》卷六十八《徐天祐〔祜〕》）

王梓材宋元學案補遺徐天祜傳

徐先生天祐〔祜〕

徐天祐〔祜〕，字受之，□□人。穎悟夙成，以父任爲將仕郎，銓試爲詞賦第一，注歸安尉。中進士第，時年尚英妙。爲大州教授，日與諸生講經義，聽者感發。德祐二年，以文林郎、國子監書庫召，不赴。退歸城南，杜門讀書。與人交，終不變。四方學者至越，必進謁。先生高冠大帶，議論卓卓，見者咸以爲儀刑。《姓譜》

梓材謹案：先生爲韓莊節婦翁，黄文獻志莊節墓言先生號賢有德，與莊節自爲師友，不敢待以尋常子壻之禮云。（《宋元學案補遺》卷六十四《莊節師承》）

陸心源宋史翼徐天祜傳

徐天祐〔祜〕，字受之，山陰人。以父相〔耜〕恩爲將仕郎，銓試詞賦第一，尉歸安。時年尚少，即以吏事稱。嘗出郊，吏具供帳甚飾。天祐〔祜〕詰所從出，吏以例對。天祐〔祜〕曰：「費出於官，則犯法。於民，則重擾。例安可用？」盡卻之。貴人居邑者，將囑事，出謂人曰：「吾見尉，自不敢有所請。」中進士第，爲大州教授，日與諸生講經義，聽者感發。德祐二年，以國庫書監召，不赴。退歸城南，杜門讀書。四方學者至越，必進謁。天祐〔祜〕高冠大帶，議論卓卓，見者以爲儀刑。《兩浙名賢録》。（《宋史翼》卷三十五《徐天祐〔祜〕》）

附録五　俞樾、孫詒讓考校兩種

俞樾諸子平議補録・吴越春秋

《吴太伯傳》：吴人或問：「何像而爲句吴？」太伯曰：「吾以伯長居國，絶嗣者也。其當有封者，吴仲也。故自號句吴。」

樾謹按：仲雍所以稱吴仲者，以其後君吴而稱之也。此乃云太伯因仲雍名吴仲，而號其國爲吴。漢人之異説有如此。

餘祭十二年〔一〕，楚靈王會諸侯伐吴，圍朱方，誅慶封。

樾謹按：徐天祜注曰：「《左傳・襄公二十八年》，慶封『奔吴，吴句餘予之朱方』。杜預云：『句餘，吴子夷昧也。』《索隱》曰餘祭以二十九年卒，則二十八年賜慶封邑不得是夷昧，但句餘或別是一人。今按《春秋》於明年書：『閽殺吴子餘祭。』又《年表》，餘祭四年，守閽殺餘祭。則句餘非別爲一人矣。《世家》、《年表》皆在餘祭三年，即襄公二十八年也。《年表》既云餘祭四年卒，此乃書十二年，何也？十二、十三年，皆當刪十字。十七年亦改從四年可也。」以上並徐天祜注文。餘祭、夷昧二王享國之年，《春秋》、《史記》不同。《春秋・襄二十五年》：「吴子遏卒。」《二十九年》：「閽弑吴子餘祭」。則餘祭在位四年。《昭二十五年》：「吴子夷末卒。」則夷末在位十七年。《史記・世家》：「十七年，王餘祭卒。」「四年，王餘昧卒。」則兩王之年適與《春秋》相反。考之《年表》，亦同。《吴越春秋》從《史記》而不從《春秋》，則所載當悉如《史記》。楚誅慶封，據《史記》，在王餘祭十年。則此云「十二年」者，「二」乃衍字也。當删「二」字，不當删「十」字。徐氏欲删「十」字，非也。其下云十三年「楚伐吴，至乾谿」，依《史記》在餘祭十二年。則「三」字乃「二」字之誤，而「十」字亦不當删也。兩王之年，自以《春秋》爲正。但治古書者，當各治其書。《吴越春秋》既從《史記》，則但當改正其文字之誤，而不得改從《春秋》也。又《史記・年表》並無餘祭四年守閽弑餘祭，及餘祭四年卒之文。徐氏所引，未知何據。

《王僚使公子光傳》：吴師敗而亡舟。光懼，因捨，復得王舟而還。

樾謹按：徐注曰：「『捨』字不通，疑當作『揜』。蓋揜其不備，取之以歸。」「捨」固不通，改爲「揜」字，亦於義未足。「捨」乃「舍」字之假借。軍行一宿爲舍。吴師時已奔北，因公子光欲復得王舟，故又止一宿，而以計取舟也。

伍子胥者，楚人也，名員。員父奢，兄尚。其前名曰伍舉。

樾謹按：徐注曰：「『前名』，當作『前人』。」徐以「前名」二字連讀，誤也。「其前」，猶云其先，言伍員之先世名曰伍舉也。下文「胥乃解百金之劍，以與漁者：『此吾前君之劍。』」又專諸及公子光稱

「前王餘昧」、「前君壽夢」，是此書「前」字皆作「先」字用。

八年，僚遣公子伐楚，大敗楚師，因迎故太子建母於鄭。鄭君送建母珠玉簪珥，欲以解殺建之過。

樾謹按：昭二十三年《左傳》：「楚大子建之母在郹，召吳人而啟之。冬十月甲申，吳大子諸樊入郹，取楚夫人與其寶器以歸。」杜注曰：「郹，郹陽也。平王娶秦女，廢太子建，故母歸其家。」又曰：「諸樊，吳王僚之太子。」《正義》曰：「吳子諸樊，吳王僚之伯父也。僚子又名諸樊，乃與伯祖同名。吳人雖是東夷，理亦不應然也。此久遠之書，又字經篆隸，或誤耳。」然則《左傳》「諸樊」二字，顯有錯誤。今以此書證之，以「郹」字亦誤也。杜解「郹」爲「郹陽」。《正義》以爲蔡地。夫太子建母雖蔡女，然既歸母家，自應居蔡國都，不應居郹陽也。《史記·世家》云：「吳使公子光伐楚，敗楚師，迎楚故太子建母於居巢以歸。」則又以爲在居巢，而不在郹。夫楚太子建母何緣得在居巢，亦未詳也。此書以爲在鄭，疑得其實。蓋太子建之出奔，實奉其母以行。先奔宋，後奔鄭。及建見殺，而其母仍在鄭。至是，建之子勝與伍員俱奔吳，故吳迎其母於鄭以歸，使依其孫也。「鄭」字隸書或作「鄓」，故《左傳》誤爲「郹」，殆與諸樊同爲字誤也。

階席左右，皆王僚之親戚，使坐立侍，皆操長戟交軹。

樾謹按：此「軹」字當讀爲枝，古字通用。「枝」從支聲，「軹」從只聲，兩聲相近。胑或作肢，即其證也。戟者有枝之兵，「交軹」即「交枝」，言戟枝相交也。下文「立戟交軹」義同。徐注云「謂戟之立如軹之交」，未達古人假借之例。

《闔閭内傳》：闔閭復使子胥、屈蓋餘、燭庸習術戰騎射御之巧。

樾謹按：上《傳》蓋餘、燭庸已降楚矣，此《傳》錯也。

樂師扈子援琴爲楚作《窮劫》之曲。其詞曰：「王耶王耶何乖烈，不顧宗廟聽讒孽！任用無忌多所殺，誅夷白氏族幾滅。二子東奔適吴越，吴王哀痛助忉怛。垂涕舉兵將西伐，伍胥白喜孫武決。三戰破郢王奔發，留兵縱騎虜荆闕。楚荆骸骨遭發掘，鞭辱腐屍耻難雪。幾危宗廟社稷滅，嚴王何罪國幾絶。卿士悽愴民惻悷，吴軍雖去怖不歇。願王更隱撫忠節，勿爲讒口能謗褻。」

樾謹按：昔人謂《招魂》、《大招》「去其些只」，即是七言詩。今觀此曲，則更在前，可爲七言詩之祖矣。又《句踐伐吴外傳》載句踐伐秦歸，軍士作《河梁》之詩曰：「渡河梁兮渡河梁，舉兵所伐攻秦王。孟冬十月多雪霜，隆寒道路誠難當。陣兵未濟秦師降，諸侯怖懼皆恐惶。聲傳海内威遠邦，稱霸穆桓齊楚莊。天下安寧壽考長，悲去歸兮河無梁。」亦是七言詩。然詞意均淺薄，不似春秋人語。

波太子夫差日夜告於伍胥曰：「王欲立太子，非我而誰？」

樾謹按：徐注曰：「詳下文，則夫差爲太子波之子。此『太子』下當又有『子』字。」下文子胥曰：「今王欲立太子者，莫大乎波泰之子夫差[二]。」徐注曰：「『泰』字疑衍。」徐氏以夫差爲太子波之子，則闔閭之孫也。而《左傳》載夫差使人謂己曰：「夫差，而忘越王之殺而父乎？」《史記·世家》作闔廬之言曰：「爾而忘句踐殺汝父乎？」兩文不同，然皆足徵夫差是闔閭子，非孫也。徐注非是。此云「波太子夫差」，下云「波泰之子夫差」，蓋衍「之」字。「波泰子」即「波太子」也。惟是時聘齊女之太子波已卒，而此復言波太子，殊不可曉。疑「波」字乃「次」字之誤。蓋夫差是太子波之弟，故謂之次太子，實即次子耳。曰「次太子」，乃吴俗尊之之稱也。

《句踐入臣外傳》：身居而名尊〔三〕。

樾謹按：「居」字無義，疑當取蹲踞之意。凡人蹲踞，則身必卑。故借作卑下之義，言身雖卑下，而名則尊也。

今臣遂天文，按墜籍。

樾謹按：「墜」當作「墬」，古地字也。天文、地籍相對。

寡人將去入吴，以國累諸侯大夫。

樾謹按：「侯」，衍文。

功曹爲螣蛇而臨戌〔四〕。

樾謹按：「戌」字誤，當作「巳」。功曹者，寅也。范蠡占此爲十二月戊寅日卯時，以日辰起貴神，則寅爲螣蛇，而臨地盤巳位。

巳句午青未空申白

辰六　酉常

卯朱　戍〔戌〕元

寅臘丑貴子后亥陰

《句踐歸國外傳》：晉竹十廋。

樾謹按：徐注曰：「廋，當作『搜』。《漢・溝洫志》：『漕船五百搜。』今文作艘，音騷」，「或作椶」。依《説文》，則以作「椶」爲正。又徐氏未釋「晉」字。「晉」當讀爲「箭」。「晉竹」即箭竹，所謂會稽之竹箭是也。《周官・職方氏》「其利金錫竹箭」注曰：「故書箭爲晉。杜子春曰：『晉當爲箭。』」

《句踐陰謀外傳》：何易見而難使也？

樾謹按：「見」當作「得」。此《傳》所載越王及計倪之言，與《戰國策・齊策》管燕、田需之言相似，彼作：「士何其易得而難用也？」《韓詩外傳》「管燕」作「宋燕」，「田需」作「陳饒」，亦曰：「何士大夫易得而難用也？」二書皆是「得」字，故知此《傳》「見」字之誤。「得」古作「㝵」，見《説文》，故往往誤作「見」。《史記・趙世家》：「踰年歷歲，未得一城。」《趙策》「得」誤作「見」，即其例也。

大夫種曰：夫欲報怨復讎，破吴滅敵者，有九術。

樾謹按：徐注曰：「《史記》作『七術』。」下文越王曰：「『善』。乃行第一術。」又云越王曰：「善哉！第二術也。」又云越王曰：「善哉！第三術也。」越王於九術止行其三，故《伐吴外傳》云：「九術之策，今用三已破彊吴，其六尚在子。」《史記》則云：「子教寡人伐吴七術，寡人用其三而敗吴，其四在子。」雖有九術、七術之異，而以爲用其三術則同。據《越絶書》以《九術》名篇，疑《史記》誤也。惟下文請糴之舉，實即九術中所謂「貴糴粟稾，以虚其國」者。而吴王之殺子胥，則又所謂「彊其諫臣，使之自殺」者。越王所用實五術，而不止三術。疑《史記》本作：「子教寡人伐吴九術，寡人用其五而敗吴，其四在子。」後人據《吴越春秋》改「用其五」爲「用其三」，又以「其四在子」不得爲九，因又改「九術」爲「七術」也。

立東郊以祭陽，名曰東王公〔五〕；立西郊以祭陰，名曰西王母。

樾謹按：《竹書》、《穆天子傳》並載西王母，其名古矣。至東王公之名，則始見於此。

乃使大夫種獻之於吴王，曰：「東海役臣，臣孤句踐，使臣種，敢因下吏，聞於左右：賴大王之力，竊爲小殿，有餘材，謹再拜獻之。」

樾謹按：宋葉大慶《考古質疑》歷舉秦、漢以前之言殿者，以辨《石林燕語》殿名起於秦之非，而於此事援引未及。

黄帝之後，楚有弧父。弧父者，生於楚之荆山，生不見父母。爲兒之時，習用弓矢，所射無脱。以其道傳於羿，羿傳逢蒙，逢蒙傳於楚琴氏。琴氏以爲弓矢不足以威天下。當是之時，諸侯相伐，兵刃交錯，弓矢之威不能制服。琴氏乃横弓著臂，施機設樞，加之以力，然後諸侯可服。琴氏傳之楚三侯，所謂句亶、鄂、章，人號麋侯、翼侯、魏侯也。

樾謹按：此陳音所言射法之源流頗悉。春秋時，楚人養由基以善射名，蓋亦得弧父之法者歟。

《句踐伐吴外傳》：范蠡既去，越王乃收其妻子，封百里之地。有敢侵之者，上天所殃。

樾謹按：據此，則范蠡之去，妻子不從。後世乃有載西子、泛五湖之説，非事實矣。

無玉去無余六世〔六〕。

樾謹按：以《無余外傳》證之，則「無玉」常爲「無王」〔七〕。又其下有「無皞」、「夫康」兩君。以《無余傳》證之，「無皞」當作「無瞨」，「夫康」當作「夫譚」。或傳刻之誤。

孫詒讓札迻

吴越春秋元刊徐天祜注本，傳録盧文弨校吴琯本、顧觀光《校勘記》校、俞樾《讀〈吴越春秋〉》校、蔣光煦《斠補隅録》校

吴太伯傳第一

粢、稷、黍、禾、蕖、麥、豆、稻，各得其理。

案：「蕖」非穀名，疑當作「粱」〔八〕，形近而誤。

古公曰：「君子不以養害害所養。」

案：此文不可通，當作「君子不以養者害所養」，徐注引《孟子》可證。此「者」字涉下「害」字而誤。

國所以亡也，而其身害〔九〕。

盧校云，「亡」字誤。案：以上文校之，「亡」疑當爲「養」之誤。

闔閭内傳第四

故小城南門上反羽爲兩鯢鱙〔一〇〕，以象龍角。

案：「反羽」即「反宇」。《釋名·釋宫室》云：宇，羽也，如鳥羽翼自覆蔽也。《論衡·骨相篇》云：「孔子反羽。」《講瑞篇》作「反宇」。此謂吴小城南門門臺甍宇反起爲美觀也。「鯢鱙」當作「蟉繞」，下又挩「棟」字。《太平御覽》卷七十六引《句踐歸國外傳》〔一一〕，説越王作飛翼之樓，云：「爲兩蟉繞棟，以千象龍角。」今本無此文。制正與此同，可據以校此文之誤。

今若斯議，何乃天乎？

盧云：《佚史》本「何乃天子」明馮念祖刊本同。似當作「何乃夫子」，倒句文法。案：此當作「何反天乎」。此因上子胥對曰「恐非皇天之意」而詰之也。盧説未憭。何允中本作「何及夫子」，尤誤。

二鼓操進。

案：「操」當爲「譟」。《詩·大雅·大明》孔疏引今文《書·太誓》云：「師乃鼓譟。」《周禮·大司馬》鄭注云：「譟，讙也。」「譟」、「操」形聲相近而誤。

王耶王耶何乖烈。

徐注云：「烈，疑當作『劣』。」案：「烈」當讀爲「剌」。「烈」、「剌」聲近字通。古金文「烈」字竝作「剌」。薛尚功《鐘鼎款識·晉姜鼎銘》：「妥揚乃光剌。」剌，《釋文》讀爲烈，是其證。「乖烈」猶言「乖剌」也。

夫差内傳第五

甲堅士選，器飽弩勁。

案：器不可以言「飽」，「飽」當爲「飭」，形近而誤。

今君悉四境之甲〔三〕，出大臣以環之。

案：「環」當爲「擐」之借字。成二年《左傳》云：「擐甲執兵。」杜注云：「擐，貫也。」《國語・吴語》云：「服兵擐甲。」韋注同。

不知螳螂超枝緣條，曳腰聳距，而稷其形。

案：「稷」當讀爲「側」。「側」、「稷」聲近，假借字。《御覽・皇王部》引《尚書》《中候》日下稷，鄭康成注云「稷」讀曰「側」，是其例。

越王無余外傳第六

迴崑崙，察六扈，脈地理，名金石。

案：「六」疑當作「玄」。《山海經・中山經》云：陽虚之山，臨于玄扈之水。郭注引《河圖》云：蒼頡爲帝，南巡狩，登楊虚之山，臨于玄扈洛汭，靈龜負書，丹甲青文以授之。「玄」，俗書或作「𠫓」，挩其半，遂成「六」字耳。

句踐入臣外傳第七

今懷夏將滯，志在於還。

盧云：「夏」疑「憂」。蔣校云：「滯」，宋本「遰」。案：宋本是也。《説文・辵部》云：「遰，去也。」《大戴禮・夏小正》傳云：「遰，往也。」「懷夏」疑當作「遝夏」。懷，古作「褱」，與「遝」同，从眔，因而致誤。《説文・辵部》云：遝，迨也。《方言》云：迨、遝，及也。東齊曰迨，關之東、西曰遝，或曰及。《爾雅・釋言》云：逮，遝也。遝、逮字通。《禮記・中庸》「所以逮賤也」，《釋文》「逮」作「遝」。《公羊・哀十四年》傳「祖之所逮聞也」，漢《石經》「逮」作「遝」。上文云越王句踐五年，與大夫種、范蠡入臣於吴，此云「遝夏將遰」，謂句踐許吴以入臣，至夏將往也。故云：「志在於還」。盧氏不知「懷」字之誤，而轉改「夏」爲「憂」以就之，傎矣。

越王服犢鼻，著樵頭。

案：「樵頭」即「幧頭」也。《釋名・釋首飾》云：「綃頭，綃紗也，鈔髮使上從也。」《後漢書・向栩傳》云：「好被髮，著絳綃頭。」《方言》云：「絡頭，自河以北，趙、魏之閒曰幧頭。」《廣雅・釋器》亦作「幧頭」。《儀禮・士喪禮・喪服》鄭注竝云「著幓頭」。樵、幧、綃、幓，皆一聲之轉。《御覽》六百八十八引作「王衣獨鼻幓頭」，字與《儀禮》注同。

青龍在，勝先。而臨酉。

案：宋、元本如此。明袁經、吴琯、馮念祖刊本竝同。何本「先」作「光」，非也。《五行大義》第二十《論諸神》篇云：午勝先者，陽氣大威，陰氣時動，惟陽在先爲勝也。《黄帝龍首經》亦云：午爲勝先。蓋古六壬式皆如此作。何刻依俗本六壬書改「先」爲「光」，殊繆。

句踐歸國外傳第八

陵門四達，以象八風〔一三〕。

案：《越絶書·外傳記越地傳》云：陸門四，水門一。則「陵」當爲「陸」之誤。前《闔閭内傳》記吴城制云：「陸門八，以象天八風；水門八，以象地八聰。」亦其證也。

句踐伐吴外傳第十

越王還於吴，當歸，而問於范蠡曰：「何子之言〔一四〕，其合於天？」范蠡曰：「此素女之道，一言即合大王之事。王問爲實，《金匱》之要，在於上下。」

徐云：「『爲』當作『焉』。」案：「其合於天」，「其」疑「甚」之誤〔一五〕。「大王之事，王問爲實」，一語有誤。徐改「爲」爲「焉」，而以「實」屬下讀，於文仍難通。以意推之，疑當作「《玉門》爲實」。「玉門」與「金匱」文正相對，皆六壬式書名。今道藏《金匱玉衡經》即其遺法。《句踐入臣外傳》范蠡曰：「大王安心，事將有意，在《玉門》第一。」又子胥曰：「且大王初臨政，負《玉門》之第九。」又本篇後文文種曰：「吾見王時，正犯《玉門》之第八也。」《金匱》第八，見《夫差内傳》子胥語。此越王訝蠡言何甚合天，故蠡即以六壬占式爲對。今本「玉門」譌作「王問」，遂不可通耳。

校　釋

〔一〕按俞樾此文體例，「餘祭」前脱「吴王壽夢傳」五字。

〔二〕泰，大德本、弘治本、《古今逸史》本《吴越春秋》均作「秦」。下同。

〔三〕居，大德本、弘治本《吴越春秋》作「拘」，《古今逸史》本《吴越春秋》作「居」。

〔四〕 䲢，大德本、弘治本、《古今逸史》本《吴越春秋》均作「騰」。

〔五〕王，大德本、弘治本、《古今逸史》本《吴越春秋》均作「皇」。

〔六〕六，大德本、弘治本《吴越春秋》均作「十」。

〔七〕王，大德本、弘治本、《古今逸史》本《吴越春秋》均作「壬」。

〔八〕粱，原作「梁」，此係穀名，應作「粱」，徑改。

〔九〕其，大德本、弘治本、《古今逸史》本《吴越春秋》均作「爲」。

〔一〇〕羽，原脱。據大德本、弘治本、《古今逸史》本《吴越春秋》補。

〔一一〕七十六，應作「一百七十六」。

〔一二〕甲，大德本、弘治本、《古今逸史》本《吴越春秋》均作「中」。

〔一三〕象，大德本、弘治本、《古今逸史》本《吴越春秋》均作「法」。

〔一四〕之言，大德本、弘治本、《古今逸史》本《吴越春秋》均作「言之」。

〔一五〕之之，疑作「字之」。

附録六　今本《吴越春秋》作者、成書新探

長期以來，人們在今傳本《吴越春秋》的作者和成書問題上歧説紛紜，始終未能取得一致。其説主要有五，兹概括，臚列如下：

一、趙曄原著説。元徐天祜《〈吴越春秋〉序》、明錢福《重刊〈吴越春秋〉序》和清《四庫全書總目》卷六十六《史部·載記類》均認爲今本《吴越春秋》係東漢人趙曄所作。

二、楊方撰削説。王芑孫《惕甫未定稿》云今本或竟出楊方之手。黄雲眉《〈古今僞書考〉補證》則曰今本所傳或爲楊方更撰之本，自宋以後，趙書既失，遂以楊方歸之趙曄耳。《玉海》卷四十一《吴越春秋》、余嘉錫《四庫提要辨證》卷七《史部·載記類》、曹林娣《關於〈吴越春秋〉的作者及成書年代》均以楊方爲晉人，而未指明楊方書作於何時〔一〕。

三、趙曄著、楊方作未定説。明楊慎《丹鉛餘録》卷十四指出：「今世所行曄耶？方耶？」姚際恒《古今僞書考》則從其説。

四、皇甫遵傳録趙曄書説。余嘉錫、曹林娣和梁宗華《現行十卷本〈吴越春秋〉考識》皆主張今本是據皇甫遵之本而去其注，復加音注，刊刻而成〔二〕。皇甫遵書又是傳録趙曄

書，删其二卷（存留十卷），考正而注之。所以皇甫遵書即是趙曄之書。曹文云趙曄生於公元十五年，其書成於公元五八年歸鄉之後，即明帝時（五八—七五）。梁文認爲皇甫遵之生平、年代皆不可考，最遲當生活於隋以前。《崇文總目》卷三《雜史類》則曰：「《吴越春秋傳》十卷，唐皇甫遵注。」

五、漢、晉間人撰作説。今人陳中凡先生《論〈吴越春秋〉爲漢晉間的説部及其在藝術上的成就》認爲，今本並非趙曄所作，而是出自漢、晉間人之手〔三〕。

以上諸説均各有所據，在一定程度上反映了歷史的真相，但同時又存在不少謬誤和片面之處。例如曹文對趙曄的生年及曄書著述年代的考證便是錯誤的。楊方、皇甫遵的生活時代及方、遵二書的撰作年代，是可以大致考知的。諸説對今本與曄、方、遵三書之關係所下的論斷則是不盡合乎事實的。從現已掌握的全部事實和證據出發，從歷史的眼光來看，今本並非一人一時之作，而是一部歷經衆人之手，成書過程長達一千二百餘年的歷史著作。

一

在深入探討今本的作者和成書過程前，必須先釐清今本與各種《吴越春秋》的關係，以確定今本究竟淵源於何種《吴越春秋》。

現今流行的各種《吴越春秋》，無一不出自元大德十年徐天祜之音注本。因此，欲推究今本的淵源，當從追尋徐天祜音注的底本入手。按徐天祜《〈吴越春秋〉序》所言，其所據以音注的底本，是題爲趙曄所撰的十卷本《吴越春秋》。漢唐間以《吴越春秋》爲名的著作有東漢趙曄的《吴越春秋》十二卷，趙岐的《吴越春秋》（卷帙不詳），張遐的《吴越春秋外紀》（卷帙不詳），楊方的《吴越春秋削繁（煩）》五卷，以及撰人不詳的《吴越春秋》七卷、《吴越春秋次録》一卷和皇甫遵的《吴越春秋（傳）》十卷等〔四〕。衹要對上述諸書的書名、卷帙、作者和存佚情況略作分析，便可確定何者爲今本之祖本。

就書名而言。曄、岐所作和七卷本《吴越春秋》，均與今本及徐天祜音注本之底本名稱相符。皇甫遵所撰始名《吴越春秋》，後又稱《吴越春秋傳》，二名並行〔五〕。其書名亦可謂與今本及音注本之底本相符。

就卷帙來説。上述諸書衹有遵所作與今本及音注本之底本同爲十卷。南宋時藏之中秘的十卷本曄書殘本，所記吴事「起太伯，止闔閭」〔六〕，較所記吴事「起太伯，盡夫差」的曄書十二卷本少二卷〔七〕。其書雖亦爲十卷，但内容、篇帙卻與今本及音注本之底本不合。

又就作者而論。除趙曄所作外，楊方所撰是據曄書刊削而成，皇甫遵所作則是「合（曄、方）二家之書，考定而注之」〔八〕，二書亦均可題爲趙曄所撰。

復就存佚情況來看。據宋人公私書目著録，可知當時衹有趙曄、皇甫遵所作尚存留於世，趙岐、張遐、楊方及撰人不詳者所作均已不見載録，當係佚失不存，顯然不可能成爲徐天祜所據以音注的底本。

按上所述，今本的祖本應爲遵書而非曄書，儘管後者爲今本祖本的可能性遠大於遵書以外的各書。

進一步的分析可以確認曄書絶非徐天祜所據以音注的底本。從用字遣詞來説，今本《王僚使公子光傳》《勾踐入臣外傳》《勾踐伐吴外傳》有「前莊王爲抱居之臺」、「望見大越山川重秀」和「稱霸穆桓齊楚莊」之句，不避與趙曄同時的光武帝劉秀、明帝劉莊之諱。

又從現已掌握的全部曄書引文來看。《北堂書鈔》卷一百六十，《初學記》卷五、卷六、卷十三、卷十四、卷十八、卷二十二、卷二十四、卷二十九、卷三十，《吴地記》，《太平御覽》卷四百四十、卷四百八十二、卷五百三十三、卷七百三十八和卷九百九所引趙曄《吴越春秋》之子胥乞食、闔閭葬女、薛燭相劍、歐冶子作劍、夫差開溝、禹發金簡之書、禹娶塗山之女、勾踐入臣於吴、范蠡卜吴王之疾、范蠡起靈臺、勾踐欲登明堂、勾踐嘗膽欲復仇和越人穿允常之墓十九條原文，均與今本所載文字有別，以至相去甚遠。《初學記》卷七、卷二十四、《太平御覽》卷四百五十六所引曄書之鯀築城造郭、夫差祠子胥和海鹽縣淪陷三條原文，今本又全部不載。所有這一切，都無可辯駁地表明：今本的祖本並非曄書，而是皇甫遵之書。

既然今本的祖本是遵書，那麽，遵書的祖本又是何書呢？對此，《崇文總目》卷三《雜史類》和徐天祜《〈吴越春秋〉序》所引《圖書十志目》均給予了明確的答案，指出遵書是「合（曄、方）二家之書，考定而注之」，是「合二家考正，爲之傳注」，亦即淵源於曄、方二書。

值得注意的是，與人們歷來所認爲的大相徑庭的是，遵書並非一一照録原文的曄書傳本，而是曄、方二書的一種改編本。從邏輯上説，曄書文繁，方書文約，欲合二書爲一，必須删繁增簡，兩者兼顧。而文字和事實的考定，亦勢必導致文字和内容上的修改。又由曄書十二卷，方書五卷，遵書十卷，推知合二書爲一必定要下一番重新編定其篇帙的工夫。因此，遵書應是據曄、方二書增删、考定、改寫和重編而成的一部著作。

又就事實而言，如將《初學記》卷七、卷二十四和《太平御覽》卷四百五十六所引鯀築城造郭、夫差祠子胥、海鹽縣淪陷三條曄書原文，與足以體現遵書原貌的今本相對照，便可發現以上三條曄書原文已被皇甫遵删去。如將《初學記》卷五、《太平御覽》卷四百八十二所引禹夢見玄夷蒼水使者、勾踐嘗膽欲復仇二條曄書原文，與今本相比較，即可見今本中「聞帝使文命於斯」至「故倚歌覆釜之山」，「苦身勞心」至「足寒則漬之以水」數句，即係曄書原文所無，遵書所增。曄書中「於是群臣聞之」至「興師滅吴」之句，則爲遵書删去。又若將《初學記》卷十三、卷二十二、卷二十四、卷二十九、卷三十，《吴地記》、《太平御覽》卷七百三十八所引薛燭相劍、歐冶子作劍、闔閭葬女、范蠡卜吴王之疾、范蠡起靈臺、勾踐欲登明堂諸條曄書原文，與今本一一對照，則可知兩者相去甚遠，頗多歧異，皇甫遵對曄書的文字和内容作了相當大的改動。這説明遵書絶非照録曄書原文的傳本，而是據曄書大量增删，重新改寫、編定的又一種《吴越春秋》。

由上文所述，可知今本淵源於東漢趙曄的《吴越春秋》，晉時曾經楊方刊削，後由皇甫遵改寫、編定，最終由元徐天祜音注、刊板而成。從廣義的作者概念來説，原著者趙曄，改編者楊方、皇甫遵，音注者徐天祜均應被視爲今本之作者。其成書過程歷時約一千二百餘年。

二

趙曄的生平事迹載見於《後漢書》卷一百九下《儒林列傳》。其文云：曄爲會稽山陰人，少嘗爲縣吏，後至犍爲，從杜撫「受《韓詩》，究竟其術。積二十年，絶問不還，家爲發喪制服。撫卒乃歸」。《太平御覽》卷五百五十六所引《會稽典録》亦曰曄從撫受《韓詩》，「撫嘉其精力，盡以其道授之。積二十年不還，家人爲之發喪制服。至撫卒，曄經營葬之，然後歸家」。杜撫爲犍爲人，少受業於薛漢。卒業，歸鄉，有弟子千餘人。撫後受驃騎將軍、東平王劉蒼之辟。蒼就國，其掾吏悉補王官屬，撫爲大夫。建初（七六—八四）中，爲公車令，數月，卒官〔九〕。劉蒼於中元二年（五七）爲驃騎將軍，永平五年（六二）歸藩〔一〇〕。據此推斷，撫當於公元五七至六二年間應辟，卒於公元七七至八三年之間。又曄始從撫時，撫尚未應辟，仍在犍爲。曄從撫達二十年，撫卒方歸。按此推算，曄詣撫及歸鄉之年應分别在公元五八至六二年之間，和公元七七至八一年之間。若以二十至三十歲爲少，則曄應生於公元二九至四三年之間，即光武帝建武中，卒於章帝、和帝、甚至安帝時。曹文因將撫應辟和曄歸鄉誤繫於同一年，遂得出曄生於公元十五年，並於公元五八年歸家的錯誤結論。

趙曄平生著述頗豐。《後漢書》曄本傳云其撰有《詩細歷神淵》、《吴越春秋》等書。《隋書·經籍志》曰：梁有《韓詩譜》二卷、《詩神泉》一卷，趙曄撰，亡〔一一〕。以上各書除《吴越春秋》外，不見於隋以後書目著録，隋、唐之際似已不存。

根據趙曄的生平、師承、治學領域和著述，可以大致確定其《吴越春秋》的撰作年代。曄少爲縣吏，後至犍爲師從杜撫，始得向學。撫少受業於世習《韓詩》的薛漢，定《韓詩章句》。其所作《詩題約義通》，學者傳之，曰「杜君注」。薛漢父子及杜撫均以治《韓詩》著名。所以曄從撫問學後，即「受《韓詩》」。二十年中，曄不與家鄉通音問，潛心鑽研，以「究竟其術」。撫亦「嘉其精力，盡以其道授之」。撫所授、曄所治者乃《韓詩》，而非其他。《韓詩譜》、《詩細歷神淵》等書即應是其二十多年中一意專治《韓詩》的産物和成果。在此期間，曄一面專心治《韓詩》，一面隨撫宦游，與家鄉不通音問，既無法接觸和搜集有關吴越地區的史料，也無時間和精力整理、研究這些資料，顯然不可能撰作《吴越春秋》一書。杜撫既卒，曄返鄉，不就州召辟，始有閑暇和條件接觸、搜集、整理和研究有關史料，撰作《吴越春秋》。按此推算，此書應撰於公元七七至八一年以後，即章帝、和帝時，成書於安帝時的可能則不大。

楊方的生平、事迹見於《晉書》卷六十八《楊方傳》。其文云：方少好學，有異才。爲會稽郡鈴下威儀之暇，輒讀五經。「内史諸葛恢見而奇之，待以門人之禮。」恢嘗遺方爲文，薦郡功曹。主簿虞預見而稱美，送以示賀循。循遂稱方於建康。王導辟爲掾，後遷司徒參軍事。方自以地寒，不願久留京師，「求補遠郡，欲閑居著述」。導從之，上補高梁太守。方「在郡積年，著《五經鉤沈》，更撰《吴越春秋》，並雜文筆，皆行於世。以年老，棄郡歸」，還鄉里，終於家。按諸葛恢於建興末（三一六）至太興元年（三一八）任會稽内史〔一二〕。虞預在庾琛、紀瞻任會稽太守時爲主簿，後轉功曹史，召爲丞相行參軍。太興二年以前，丁母憂家居〔一三〕。琛、瞻於永嘉間任會稽太守〔一四〕。賀循卒於太興二年〔一五〕。因此，諸葛恢、虞預、賀循稱譽楊方應是建興末至太興二年間事。《玉海》卷四十二《晉五經鈎沈》引《書目》云：「《五經鈎沈》十卷，晉高涼太守楊方撰。自序云：『晉太寧元年（三二三）撰。』」其任高梁太守當係永昌、太寧交際時（三二二—三二三）事。王導卒於咸和五年（三三〇）〔一六〕。由此推知，方棄官歸里應在太寧至咸和五年之間。又由其歸里時已年老，推知方很可能卒於晉成帝在位期間（三二六—三四二）。其生活時代應在西晉末至東晉成帝時，可謂兩晉間人。

楊方除撰有《吴越春秋削繁（煩）》五卷外〔一七〕，又著有《五經鈎沈》十卷、《小學》九卷等書〔一八〕。按《舊唐書》所載，楊方還撰有《楚國先賢志》十二卷〔一九〕。其《五經鈎沈》見於《崇文總目》卷二《論語類》和上述書目之著録〔二〇〕，宋代尚存。其餘三書不見於《崇文總目》《郡齋讀書志》《直齋書録解題》等書著録，宋時似已佚失。楊方少爲吏，壯爲官，公務在身，不得空閑。爲閑居著述，求補遠郡。在郡多年，著述頗豐，《五經鈎沈》即作於太寧元年〔二一〕。按此推斷，《吴越春秋削繁（煩）》應成書於太寧前後。

三

直接記録皇甫遵生平事迹的資料在經歷了一千多年的滄桑變遷後，絶大部分都已散逸，僅在《隋書·經籍志》、《崇文總目》等書對其所撰著作的著録中還保留了一些。史料的闕如，使我們對其人其事接近於一無所知。但如不是囿於成見，便會發現其所撰《吴越春秋》本身也是有關其人其事的一種間接資料。從這種數量大大增加的史料出發，即可大致確定皇甫遵生活的時代及地域。

按公家書目《崇文總目》所載，皇甫遵之書是合曄、方二書而成。曄書作於東漢前期，方書作於東晉初，遵書應撰於東晉初之後。又《隋書·經籍志》著録了遵所撰《吴越春秋》和《參解楚辭》二書。《隋書·經籍志》是唐初人據隋觀文殿藏書目録改編而成。「其舊録所取，文義淺俗，無益教理者，並删去之。其舊録所遺，辭義可採，有所弘益者，咸附入之。」〔二二〕其所著録者僅限於唐以前所成之書。如唐貞觀十年(六三六)修成的《梁書》、《陳書》、《北齊書》、《北周書》等〔二三〕，《隋書·經籍志》即未收録。據此可知，遵書應作於東晉初至唐之間，皇甫遵應爲東晉初至唐之間人。

又就遵所撰《吴越春秋》而言。曄書是參考《越絶書》、《史記》、《國語》、《左傳》等書而撰成，遵書又是據曄、方二書及參考《越絶書》等改編而成。因此，祇要運用避諱學的知識，遍檢今本全文，並將其與各書所引《吴越春秋》及記載吴越史事的《越絶書》等詳加比較，即可發現皇甫遵是否避用某字，從而確定遵書的撰作時代。

從用字避諱來看，遵書不可能作於隋代。《太平御覽》卷四百八十二引趙曄《吴越春秋》云：勾踐「乃中夜抱柱而哭。哭訖，復承之以嘯」。今本作勾踐「中夜潛泣，泣而復嘯」，改動雖大，「中夜」二字卻沿而未改。《初學記》卷五所引曄書有禹「案《黄帝中經歷》」之語，今本作「案《黄帝中經曆》」。《史記》卷四《周本紀》云姜原「見巨人跡，心忻然説」。今本作「見大人跡而觀之，中心歡然」，於「心」字前多「中」字。足見今本不避「中」字。又《國語》卷十九《吴語》云：「晉師大駭，不出，周軍飭壘。」今本作「晉大驚，不出，反距堅壘」。《史記》卷七十六《仲尼弟子列傳》、《越絶内傳陳成恒》云：「吴城高以厚，池（地）廣以深，甲堅以新，士選以飽。」今本作「吴城厚而崇，池廣以深，甲堅士選」，不用「高」、「新」、「飽」字，卻仍用「堅」、「廣」二字。隋文帝名堅，其父名忠，煬帝名廣。隋諱禁較嚴，隋人行文例須避「忠」、「中」（忠之嫌名）、「堅」、「廣」等字。今本在參考《史記》等書改編曄書、大量更改原著文字之際，並未迴避，而是沿用甚至增入「中」、「堅」、「廣」諸字。全書共用「忠」字七十七次，「中」字四十九次，「堅」字二次，「廣」字八次。這説明皇甫遵之書絶非作於隋代，而是成書於隋以前。

晉、隋之間，晉諱制頗嚴，南北朝避諱寬嚴隨人意而異，矛盾之事並見於一時。因此，祇有根據整體和大量材料，而非局部和少量例證，方可確定今本是否避用某字。

祇要將諸書所引曄書原文與今本所載一一對照，即可知在引文所述範圍内，今本不用曄書所用的「滸」、「紗」、「豈」、「逆」、「清」、「壺」、「名」、「哀」、「陷」、「墳」、「甚」、「邦」、「地」、「棺」、「怨」、「先」、「興」、「掘」、「深」、「通」、「疑」、「忽」、「然」、「岳」、「年」、「嗣」、「都」、「攸」、「病」、「澤」、「恐」、「生」、「竊」、「自」、「布」、「熱」、「思」、「柱」、「哭」等字。

不過，除少數特例，在上述範圍以外，今本不僅使用以上各字，而且在今本與諸書所引《吳越春秋》及《史記》等書所載相同内容之文字存在差異，尤其是在後者不用上述各字的情況下，今本卻仍用各字，並不迴避。如按下表：

序號	諸書所引		今本《吳越春秋》	
	出處	引文	出處	引文
1	《國語·越語上》	其有敢不盡力者乎	《勾踐伐吳外傳》	豈敢有不盡力者乎
2	《越絶外傳記吳王占夢》	夫齊無罪	《夫差内傳》	夫齊、晉無返逆行

續表

序號	諸書所引		今本《吴越春秋》	
	出處	引文	出處	引文
3	《國語·吴語》	孤敢不聽天之命	《夫差内傳》	其可逆乎
4	《國語·楚語》	而以金石匏竹之昌大囂庶爲樂	《王僚使公子光傳》	金石之清音，絲竹之凄唳，以之爲美
5	《越絶荆平王内傳》	掩爾壺漿	《王僚使公子光傳》	掩夫人之壺漿
6	《史記·伍子胥列傳》	其先曰伍舉	《王僚使公子光傳》	其前名曰伍舉
7	《越絶外傳記吴王占夢》	不能自惜	《夫差内傳》	非但自哀
8	《國語·吴語》	今天降衷於吴	《夫差内傳》	賴天降哀
9	《群書治要》卷十二	掩忽陷墜於深井也	《夫差内傳》	闇忽埳中，陷於深井
10	《越絶外傳記地傳》	壇高三尺	《越王無余外傳》	墤高三尺
11	《史記·伍子胥列傳》	鄭人甚善之	《王僚使公子光傳》	鄭人甚禮之

續表

序號	諸書所引 出處	諸書所引 引文	今本《吴越春秋》 出處	今本《吴越春秋》 引文
12	《國語·吴語》	越國南則楚	《勾踐伐吴外傳》	邦國南則距楚
13	《史記·周本紀》	欲得地與民	《吴太伯傳》	欲其土地
14	《墨子·節葬》	桐棺三寸	《越王無余外傳》	葦椁，桐棺
15	《史記·吴太伯世家》	吾敢誰怨乎	《王僚使公子光傳》	吾誰怨乎
16	《史記·仲尼弟子列傳》	故移其兵欲以伐魯	《夫差内傳》	故前興兵伐魯
17	《越絶荆平王内傳》	操鞭捶笞平王之墓	《闔閭内傳》	乃掘平王之墓，出其屍，鞭之三百
18	《史記·伍子胥列傳》	恐一旦平王卒	《王僚使公子光傳》	深念平王一旦卒
19	《國語·吴語》	率師沿海泝淮	《夫差内傳》	率師屯海通江
20	《史記·仲尼弟子列傳》	智者不疑也	《夫差内傳》	則王不疑也

續表

序號	諸書所引		今本《吴越春秋》	
	出處	引文	出處	引文
21	《國語·吴語》	則不能斷疑以發大計	《勾踐伐吴外傳》	則不能斷去就之疑
22	《越絶外傳記吴王占夢》	晝卧姑胥之室	《夫差内傳》	忽晝假寐於姑胥之臺
23	《史記·伍子胥列傳》	不能則死	《王僚使公子光傳》	不然而死
24	《越絶外傳記地傳》	禹知時晏歲暮	《越王無余外傳》	吾晏歲年暮
25	《史記·夏本紀》	而使續鯀之業	《越王無余外傳》	舉爾嗣考之勳
26	《藝文類聚》卷六十引《吴越春秋》	千户之都	《闔閭内傳》	萬户之都二
27	《越絶外傳記寶劍》	千户之都二	《闔閭内傳》	萬户之都
28	《左傳·哀公十一年》	越在，我心腹之疾也	《夫差内傳》	越在，心腹之病
29	《史記·周本紀》	而棄渠中冰上	《吴太伯傳》	復置於澤中冰上

續　表

序號	諸書所引		今本《吴越春秋》	
	出處	引文	出處	引文
30	《史記·仲尼弟子列傳》	竊爲王危之	《夫差内傳》	臣竊爲君恐焉
31	《越絶請糴内傳》	是養寇而貧邦家也	《勾踐陰謀外傳》	是養生寇而破國家者也
32	《越絶外傳記吴王占夢》	是籠稻也	《夫差内傳》	是生稻也
33	《越絶内傳陳成恒》	臣切爲君恐	《夫差内傳》	臣竊爲君恐焉
34	《越絶内傳陳成恒》	墮魯以尊臣	《夫差内傳》	隳魯以自尊
35	《史記·伍子胥列傳》	伍胥貫弓執矢嚮使者	《王僚使公子光傳》	胥乃張弓布矢，欲害使者
36	《越絶内傳陳成恒》	如此不可得也	《夫差内傳》	思之三年，不可得也
37	《文選》卷二十二《應詔觀北湖田收詩》注引《吴越春秋》	崑崙乃天地之鎮柱也	《勾踐歸國外傳》	寡人聞崑崙之山，乃地之柱
38	《太平御覽》卷五百七十一引《吴越春秋》	哭訖，即承之以歌	《勾踐入臣外傳》	因哭而歌之曰

即可知今本並非不用「豈」、「逆」等字。

「澣」、「紗」、「岳」、「攸」、「熱」和「先」六字屬特例，應分别加以考察。從表中看，今本無「澣」、「紗」、「岳」、「攸」四字。「澣紗」一詞，《太平御覽》卷五十九、《太平寰宇記》卷九十所引内容相同，而曄書和今可見的另一種《吴越春秋》作「擊漂」，《越絶荆平王内傳》作「擊絮」。今本作「擊綿」，很可能是參照以上二書所致，而非有意避用此二字。即便是有意迴避，亦非避帝室之諱。因爲東晉、南北朝諱榜中並無此二字。又諸書所引《吴越春秋》「禹發金簡玉書」條，分别録自三種不同版本的《吴越春秋》。《(嘉泰)會稽志》卷九《山》所引與曄書有别，而與今本屬同一系統。今本作「嶽」字處，《(嘉泰)會稽志》所引均作「岳」。這説明皇甫遵並非不用「岳」字。又禹娶塗山女條之「攸」字，今本及《太平御覽》卷九百九所引曄書皆作「彼」。從其上下文來看，《初學記》卷二十九所引曄書之「攸」字，應係「彼」字之訛。今本有「熱」字。如《勾踐歸國外傳》云：「火消則無熹毛之熱。」僅此一例，即足證今本並非不用「熱」字。按上可知，除以上曄書引文所述範圍内的孤證外，通過對今本與諸書所引《吴越春秋》及《越絶書》等書的對比，始終未發現今本不用或迴避以上五字的有力證據。因此，我們不能僅據個别例證，即輕易斷言今本不用上述五字。

「先」字的情況則有所不同。將今本與諸書所引《吴越春秋》及他書對照，即不難發現今本在絶大多數場合下不用「先」字。如《初學記》卷二十四、《吴地記》和《太平御覽》卷七百三十八所引暐書「王先食蒸魚」及「唯先生卜焉」二句，今本作「王前嘗半」和「惟公卜焉」。《太平御覽》卷二百七十七，《北堂書鈔》卷一百二十二，《(紹定)吴郡志》卷五十《雜志》，《文選》卷三十五《七命》注，《太平御覽》卷三百四十三，《事類賦》卷十三注，《太平御覽》卷四百七十九、卷三百五十六，《初學記》卷二十二，《太平御覽》卷四百八十九和卷七百三十六所引《吴越春秋》有「先莊王」、「先君之劍」、「先君無廢祀」、「先師」、「先人與君相遭於途」、「先人藏器」、「先沉後揚」諸語，今本分别作「前莊王」、「前君之劍」、「前君無廢」、「師」、「前人與君相逢於途」、「前王所藏」和「前沉後揚」。又如《左傳》昭公二十七年，定公三年、四年、五年，《國語》卷十七《楚語上》、卷十九《吴語》、卷二十《越語上》，《史記》卷二《夏本紀》、卷四《周本紀》、卷三十一《吴太伯世家》、卷四十《楚世家》、卷四十一《越王勾踐世家》、卷六十六《伍子胥列傳》、卷六十七《仲尼弟子列傳》，《越絶荆平王内傳》、《越絶請糴内傳》、《越絶内傳陳成恒》、《越絶外傳記地傳》、《越絶外傳計倪》、《越絶外傳記吴王占夢》、《越絶内經九術》在記載與今本所記内容相同之事時，共用「先」字三十五處。其中二十六處今本均作「前」：内「先王」五處，「先」、「先人」各一處，今本均作「前王」。「先人」五處，今本均作「前人」。「先君」三處，「先人」一處，今本均作「前君」。「先越」二處，今本均作「前越」。「其先曰」、「先告」、「先君」、「先死」、「先晉」、「許之先」、「先與」、「先受」各一處，今本分别作「其前名曰」、「前告」、「前」、「前死」、「前進」、「許之以前期」、「前與」、「前受」。另外七處「先」字，今本或删去，或用其他字替代。如「先人父鯀」、「先從」、「先聞」、「先定」、「先辦」各一處，「先人之賜」二處，今本即作「父」、「從」、「聞」、「預定」、「預辦」和「天之賜」、「天賜」。其餘二處「先王之老臣」、「先王雅琴」則與今本一致。上舉大量例證表明，今本基本不用「先」字。

值得注意的是，在上述諸例中，今本往往以「前」字代「先」字。祇要細讀今本全文一過，便不難發現其所用「前」字頗多令人費解和易使人誤解之處。如《王僚使公子光傳》云伍員「其前名曰伍舉」。又云專諸曰：「前王餘昧卒，僚立，自其分也。」公子光則曰：「前君壽夢有子四人，……適長之後，即光之身也。今僚何以當代立乎！」復云公子光弑僚後，季札曰：「苟前君無廢，社稷以奉，君也。……是前人之道。」《闔閭内傳》云闔閭食魚，「前嘗半而與女」。《夫差内傳》則云：「無會、前進，孰利？」以上各句讀來令人不得其解，問題即主要出在「前」字上。按前字表示次第、時間在先，又表示上前、前進、爲前驅及方位。先字與前字含義相近，但又不盡相同。先字除表示次第、時間在先外，還表示先導、先容、致意、首要之事，以及上古的、對已逝者的尊稱和祖先、先生的簡稱。兩者不可隨意混用。

如祖先一般稱先、先祖、先考、先妣、先人、先王、先君、先公等，而不稱前、前祖、前考、前妣、前人、前王、前君和前公。上述引文之所以令人難解，就是因爲諸句中之「前」字本應作先。

對此二字使用頻率的統計可以證實這一點。先、前二字均爲常用字，使用頻率應大致相當。但元大德本正文共用「前」字一一九次，用「先」字九次，相去十分懸殊。其所用一一九次「前」字包括「前王」二十九處，「前君」十三處，「前人」十二處，「前莊王」及「其前」各一處。按先、前二字含義的差異及用字習慣，此五十六處「前」字均應作「先」而非「前」。如此，則全書共用「先」字六十五次，用「前」字六十三次，使用頻率始大致相當。

由上所述，可知今本頻頻使用「前」字，而基本不用「先」字，並在五十六次應用「先」字的情況下，不顧有害文義而硬是以「前」代「先」。從以上事實出發，衹能得出今本是有意避免使用「先」字的結論。迴避「先」字的原因，當出自避諱。在世家大族勢力强大，家族組織趨於强化，皇權則相對削弱的南北朝，當時人避諱，於己之家諱則較嚴，於帝室之諱則較寬，常有避諱不盡之事。而避諱回改之事亦多發生在後者而非前者。從今本避用「先」字，但又用「先」字九次來看，今本所避應係帝室之諱。南北朝時以「先」字爲名的帝后及帝后和皇太后之父母，僅陳霸先一人。據此推斷，遵書應撰作於陳朝。

又將今本與諸書所引《吳越春秋》及《國語》等書所載内容相同之文句一一對照，並遍檢今本全文，可知今本全書又不用且迴避「景」、「偃」二字。如《太平御覽》卷五百五十六引《吳越春秋》云「齊景公使子女爲質於吳」，今本即作「齊子使女爲質於吳」。《春秋左傳正義》卷五十五孔穎達疏、《太平御覽》卷三百八十六引《吳越春秋》曰「迎風則偃」，今本作「迎風則僵」。《國語·吳語》有「偃兵接好」之語，今本則作「邊兵接好」。上述二字有可能是遵之家諱，亦可能是帝室之諱。但二字均爲遵之家諱的可能則不大。就後一情況而言，查南北朝諸帝后及帝后和皇太后父母名諱，知宋前廢帝外祖父王偃，陳高祖章皇后父景明，陳後主外祖父柳偃，北魏宣武帝高皇后父偃之名諱有此二字〔二四〕。按宋前廢帝於大明八年（四六四）閏五月登基，次年十一月被弑，在位時間很短，皇位即落入其叔父一支手中〔二五〕。今本不避其名子業，其母憲媖（如《史記·周本紀》之「姜原」，今本即作「姜嫄」）、其祖父義隆之諱，顯然也不會避其外祖父之諱。北魏宣武帝高皇后在孝明帝即位時被尊爲皇太后，「尋爲尼」，後爲孝明帝生母胡太后所殺。孝明帝無子，絶嗣。由今本不避胡太后父珍之諱，可知今本不會避高皇后之父諱。又陳高祖章皇后在高祖去世後先後被尊爲皇太后及太皇太后，高宗柳皇后爲後主生母，二人在世時均擁有很大的權力和影響。因此，今本不用「景」、「偃」二字當係避此二后之父諱。以上事實可被視爲今本確實成書於陳朝的一條佐證。

皇甫遵之書既作於陳朝，其人即應爲陳人。他對梁的滅亡，梁、陳間的戰亂和南朝的衰弱不振必定感觸良多。楊方爲兩晉間人，其書作於西晉覆滅之後。宋刊《越絶書》卷末所附無名氏之跋云：「《越絶》，復仇之書也。……有國有家者，可以鑒觀焉。」〔二六〕汪綱則認爲，《越絶書》、《吴越春秋》「二書實相表裏」，故「併刻之」〔二七〕。上述無名氏之跋作於宋室南渡之後，汪綱重刻二書則是在嘉定十七年（一二二四），即開禧北伐、宋人意欲復仇失敗之後。作跋、重刻是爲了給有國有家、意欲復仇者有所借鑒。其目的應和楊方之刊削《吴越春秋》相一致。據此推測，梁亡以後，皇甫遵之撰作、改編《吴越春秋》亦應是出自這一目的。

當然，皇甫遵之書作於陳朝，並不意味着他祇能是陳人。按《崇文總目》卷三《雜史類》所言，其書係「唐皇甫遵注」。如《崇文總目》所説無誤，則皇甫遵應爲歷經陳、隋二朝，至唐初方才去世，享年五六十歲以上的一位學者。

今本的最後一位作者爲徐天祜。《萬姓統譜》卷七、《宋季忠義録》卷十四、《宋詩紀事》卷六十八、《宋元學案補遺》卷六十四和《宋史翼》卷三十五等均有徐天祜小傳，此不贅述。按《（寶慶）會稽續志》卷六《進士題名》所載，天祜係景定三年（一二六二）壬戌方山京榜進士。余嘉錫《四庫提要辨證》卷七作「嘉定三年」進士，誤。

大德本《吴越春秋》卷末所載附記云：「大德十年，歲在丙午；三月音注；越六月，書成刊板；十二月畢工。」按此可知，徐注始於大德十年（一三〇六）三月。六個月後，音注完成，付工刊板。該年十二月，板成印行。此後，徐天祜復作《徐氏補注》九條。此九條文字不載於元大德十年刻明修本，而僅見於明弘治年間刊本，當作於大德十年以後。由此可見，直至大德十年以後，而非大德十年，纔最終形成以今日面貌流傳於世的今本《吴越春秋》一書。

綜上所述，可知今日傳世之《吴越春秋》，最初是由東漢會稽山陰人趙曄在章帝至和帝，乃至安帝時撰成，共有十二卷。東晉太寧前後，會稽人楊方將趙曄所作刊削爲五卷。至陳代，皇甫遵又合二家之書，考定傳注，增補删削，改編爲一書。其書共分十卷，已無鯀築城造郭、夫差祠子胥、海鹽縣淪陷等内容。元大德十年，徐天祜又據此十卷本刊正疑訛，考其異同，爲之音注，序其卷首，以刊行傳世。其後，徐復作《徐氏補注》九條，並增入其書。至此，經趙曄、楊方、皇甫遵和徐天祜的撰作編修，歷時約一千二百餘年，今本《吴越春秋》的成書過程方告結束。

注釋

〔一〕曹文見《西北大學學報》一九八二年第四期。

〔二〕梁文見《東岳論叢》一九八八年第一期。

〔三〕陳文見《文學遺産(增刊)》第七輯。

〔四〕分別見《隋書》卷三十三《經籍志·雜史》、《舊唐書》卷四十六《經籍志·雜史》、《新唐書》卷五十八《藝文志·雜史類》、朱彝尊《經義考》卷二百七十五《擬經篇》、《日本國見在書目·雜史家》、《册府元龜》卷五百五十五《國史部·採撰一》、《崇文總目》卷三《雜史類》、《郡齋讀書志》卷二上《雜史類》、《玉海》卷四十一《吴越春秋》。

〔五〕皇甫遵之書,《隋書》卷三十三《經籍志·雜史》、《玉海》卷四十一《吴越春秋》、《宋史》卷二百三《藝文志·別史類》均作《吴越春秋》,《舊唐書》卷四十六《經籍志·雜史》、《新唐書》卷五十八《藝文志·雜史類》、《崇文總目》卷三《雜史類》、《文獻通考》卷一百九十五《雜史》均作《吴越春秋傳》。

〔六〕《玉海》卷四十一《吴越春秋》。

〔七〕晁公武《郡齋讀書志》卷二上《雜史類》。

〔八〕《崇文總目》卷三《雜史類》。

〔九〕《後漢書》卷一百九《儒林列傳》。

〔一〇〕《後漢書》卷二《明帝紀》、卷七十二《光武十王傳》。

〔一一〕《册府元龜》卷六百五《學校部・注釋》云趙曣〔曄〕撰《詩道微》十一篇。

〔一二〕《晉書》卷七十七《諸葛恢傳》。

〔一三〕《晉書》卷八十三《虞預傳》。

〔一四〕《晉書》卷九十三《外戚傳》、卷六十八《紀瞻傳》。

〔一五〕《晉書》卷六十八《賀循傳》。

〔一六〕《晉書》卷六十五《王導傳》。

〔一七〕繁，《舊唐書》卷四十六《經籍志・雜史》、《新唐書》卷五十八《藝文志・雜史類》均作「煩」，此據《隋書》卷三十三《經籍志・雜史》。

〔一八〕小學九卷，《舊唐書》卷四十六《經籍志・小學類》作《小學集》十卷，《新唐書》卷五十七《藝文志・小學類》作《少學集》十卷，《隋書》卷三十二《經籍志・小學》作《少學》九卷。

〔一九〕《隋書》卷三十三《經籍志・雜傳類》作「《楚國先賢傳贊》十二卷，晉張方撰」。《新唐書》卷五十八《藝文志・雜傳記類》作「張方《楚國先賢傳》十二卷」。此據《舊唐書》卷四十六《經籍志・雜傳類》。

〔二〇〕《玉海》卷四十二《晉五經鈎沈》。

〔二一〕《玉海》卷四十二《晉五經鈎沈》。

〔二二〕《隋書》卷三十二《經籍志序》。

〔二三〕《唐會要》卷六十三《修前代史》、《史通》卷十二《古今正史》。

〔二四〕《宋書》卷四十一《后妃傳》、《陳書》卷七《皇后傳》、《魏書》卷十三《皇后傳》。

〔二五〕《宋書》卷七《前廢帝紀》。

〔二六〕見上海古籍出版社點校本《越絶書·附録》。

〔二七〕張金吾《愛日精廬藏書志》卷十四《史部·載記類》。

附録七　今本《吴越春秋》版本淵源考

元、明以來一直流傳至今的《吴越春秋》，是一部充滿諸多未解之謎的古代文獻。長期以來，學者們在其版本淵源——例如歷史上究竟有多少種以《吴越春秋》爲名的著作，它們和今本《吴越春秋》有何關係，皇甫遵所撰《吴越春秋》是怎樣一部著作，今本是足本還是殘本等問題上，始終存在種種不同的看法，未能作出令人信服的圓滿解釋。

東漢至唐宋間的《吴越春秋》

今之學者多認爲唐、宋以前以《吴越春秋》爲名的典籍衹有趙曄的《吴越春秋》、楊方的《吴越春秋削繁(煩)》和皇甫遵的《吴越春秋(傳)》三種。其實，以《吴越春秋》爲名的著作遠不止上述三種。例如，陳橋驛先生即指出，這樣的著作尚有張遐的《吴越春秋外紀》，撰人不詳的七卷本《吴越春秋》和一卷本《吴越春秋次録》等[一]。

趙曄所作成書於東漢前期，是以上各書中成書年代最早的一種。此書《隋書·經籍志》《舊唐書·經籍志》《新唐書·藝文志》皆有著録，均作十二卷。南宋紹興年間，此書尚流傳於世。如晁公武《郡齋讀書志》卷二上《雜史類》即云：「《吴越春秋》十二卷……後漢趙曄撰。吴起太伯，盡夫差。越起无余，盡勾踐。」嘉定末（一二二四），汪綱在其所刻十卷本《〈吴越春秋〉跋》中指出，該書「訛舛特甚，惜無從可以是正」〔二〕。可見南宋中葉以後，趙曄的十二卷本《吴越春秋》已無處可覓，不復可見。

值得注意的是，在宋代，曄書另有殘本傳世。如《玉海》卷四十一《吴越春秋》引《中興館閣書目》云：「《吴越春秋》十卷，……吴起太伯，止闔閭。越起無余，止句踐。」其書即缺佚記載夫差時吴國之事的二卷。按成書於淳熙年間的《中興館閣書目》和嘉定末汪綱所言推斷，此十卷本《吴越春秋》殘本南宋中葉以後已成藏之中秘的珍本。宋亡後，即佚失不傳。

張遐所撰之書，顧櫰三《補〈後漢書藝文志〉》卷四《雜史霸史類》作《吴越春秋》。按朱彝尊《經義考》卷二百七十五《擬經篇》、《（同治）餘干縣志》卷十六《藝文志》、卷十二《張遐傳》所載，張遐所撰之書全名應爲《吴越春秋外紀》。張遐與陳蕃、徐穉同時，乃東漢後期順帝、桓帝時人。按姚振宗《後漢藝文志》卷一《五經總義類》所引《饒州府志》，張遐還撰有《太極説》《五經通義》等。《吴越春秋外紀》一書卷帙不詳。《隋書·經籍志》《舊唐書·經籍志》《新唐書·藝文志》和宋人所著多種書目均未著録，頗疑隋、唐時即已散逸不存。

楊方係晉人〔三〕。方所作《吴越春秋削繁(煩)》五卷,見於《隋書·經籍志》《舊唐書·經籍志》和《新唐書·藝文志》,而不載於《崇文總目》《郡齋讀書志》和《直齋書録解題》諸書目,宋時當已失傳。

皇甫遵所撰成書於隋以前,但晚於楊方的《吴越春秋削繁(煩)》。遵書十卷,見於《隋書·經籍志》《舊唐書·經籍志》《新唐書·藝文志》和《崇文總目》等書著録。其中《隋書》作《吴越春秋》,餘三書則作《吴越春秋傳》。遵書是「合(曄、方)二家之書,考定而注之」〔四〕。徐天祜《吴越春秋》序引邯鄲李氏《圖書十志目》,亦云遵合二書「考正,爲之傳注」。足見遵書名稱的改變,不僅是爲了以示與曄、方二書有別,而且是爲了説明遵書與另二書的關係。南宋嘉定末,汪綱在刊行《越絶書》時,曾一併刊刻此書,而誤題爲趙曄所作〔五〕。

撰人不詳的七卷本《吴越春秋》和一卷本《吴越春秋次録》,祇載見於《日本國見在書目·雜史家》,而不見於《隋書·經籍志》《舊唐書·經籍志》《新唐書·藝文志》和其他宋人書目的著録。《日本國見在書目》成書於九世紀後期,以上二書應成書於九世紀後期以前。復由二書不見於隋、唐及宋人所著公私書目的記載,頗疑隋、唐時二書在中國即屬珍稀之物,唐以後在中日兩國均已散佚不傳。

此外，據筆者考知，以《吴越春秋》爲名的著作至少還有一種，即爲東漢趙岐的《吴越春秋》。《册府元龜》卷五百五十五《國史部·採撰一》云：「趙岐爲太嘗〔常〕，著《吴越春秋》。」按《後漢書》卷六十四《趙歧傳》所言，歧爲東漢後期安帝至獻帝時人，平生「多所述作」，著有《三輔決録》《孟子章句》《扂屯歌》《禦寇論》《壽藏圖讚頌》等。《吴越春秋》應是其所撰多種著作中的一部。此書卷帙不詳，《隋書·經籍志》《舊唐書·經籍志》《新唐書·藝文志》等均未著録，隋、唐時恐已散佚。

另外，據《册府元龜》卷五百六十一《國史部·世官》、《國史部·自序》和《北史》卷一百《序傳》所載，李延壽父大師「將擬《吴越春秋編年》，以備南北」所撰，未畢而卒。其書擬記南北朝事，與趙曄等人所作名似而實異。書以《吴越春秋》爲名者，祇是表示借用其内吴外越的叙事體例而已。

由上所述，可知自東漢至唐、宋，世間流傳的以《吴越春秋》爲名的著作並非祇有趙曄、楊方和皇甫遵三家，而是至少有七種之多。因此，成書於南北朝至宋初之間的《史記集解》《水經注》《世説新語注》《後漢書補注》《北堂書鈔》《藝文類聚》《群書治要》《文選注》《初學記》《史記索隱》《史記正義》《白孔六帖》《吴地記》《太平廣記》《太平御覽》《太平寰宇記》和《事類賦注》等書所引《吴越春秋》之文，既可能録自趙曄、楊方和皇甫遵之書，也可能取自其他幾種《吴越春秋》。既然諸書所引《吴越春秋》未必一定出自曄、方、遵三書，那麽，我們便不能僅僅憑藉各書引文來探討此三書與今本的關係。更不能因今本源自以上三書，便將各書所録、今本所無之引文，一概斷爲遵書原有、今本脱漏之佚文，並據此來判定皇甫遵所作是怎樣一部著作，和今本是否殘缺不全。

今本《吴越春秋》源自皇甫遵之書

東漢至唐、宋間流傳於世的《吴越春秋》既然至少有七種之多，那麽，它們和今本有何關係？究竟何者是今本的祖本呢？

在此問題上，歷來存在種種不同的觀點。例如徐天祜《〈吴越春秋〉序》、錢福《重刊〈吴越春秋〉序》和《四庫全書總目》皆認爲今本即趙曄之書。明人楊慎始對此説提出疑問〔六〕。王芑孫、黄雲眉繼而提出今本爲楊方所作的看法〔七〕。余嘉錫《四庫提要辨證》、曹林娣《關於〈吴越春秋〉的作者及成書年代》均主張今本係用皇甫本而去其注，皇甫本則是合曄、方二書而成〔八〕。梁宗華的《現行十卷本〈吴越春秋〉考識》强調指出，今本是皇甫遵據曄書改定〔九〕。陳中凡《論〈吴越春秋〉爲漢晉間的説部及其在藝術上的成就》則斷言今本並非趙曄所作，而是出自漢、晉間人之手〔一〇〕。筆者以爲，既然元代以前傳世的《吴越春秋》並非衹有曄、方、遵三家，那麽，爲避免疏漏，我們就應從上述七種《吴越春秋》出發，來探討其與今本的關係。

先就趙岐、張遐所作和撰人不詳的《吴越春秋》、《吴越春秋次録》而言。今本是元大德十年（一三〇六）徐天祜據當時「行於世」的趙曄十卷本《吴越春秋》考訂、音注而成。趙岐等人所作，與今本所題作者不符。張遐所撰《吴越春秋外紀》，與今本及徐注底本名不合。無名氏所作《吴越春秋次録》一卷不僅與今本書名不同，卷數亦不一致。撰人不詳的《吴越春秋》七卷則與今本卷數不合。又趙岐等人所作均不見於宋、元時公私書目的著録，大約在徐天祜音注時即已散佚。因此，上述諸書均不可能是今本的祖本。

再就趙曄所撰而言。趙曄著《吴越春秋》十二卷，卷數與今本不合。此十二卷本自紹興間《郡齋讀書志》著録後，即不復見諸公私書目的記載。嘉定末，汪綱重刻《吴越春秋》時，其書已「無從可以是正」。大德間，徐天祜亦云今「獨曄書行於世」，其書「今存者十卷」〔二〕。可見十二卷本曄書南宋中葉以後當已散佚。曄係漢人，而今本文字「乃不類漢文」，徐天祜音注時即已對此提出疑問〔三〕。又今本用字，不避趙曄在世時之君主光武帝劉秀和明帝劉莊的名諱。如今本《勾踐入臣外傳》有「望見大越山川重秀」之句，《王僚使公子光傳》和《勾踐伐吴外傳》則有「前莊王爲抱居之臺」和「稱霸穆桓齊楚莊」之句。

今本所載之子胥乞食、闔閭葬女、薛燭相劍、歐冶子作劍、夫差開溝、禹發金簡之書、禹娶塗山之女、勾踐入臣於吴、范蠡卜吴王之疾、范蠡起靈臺、勾踐欲登明堂、勾踐嘗膽欲復讎和越人穿允常之墓諸條〔一三〕，與《北堂書鈔》卷一百六十、《初學記》卷五、卷六、卷十三、卷十四、卷十八、卷二十二、卷二十四、卷二十九、卷三十，《吴地記》，《太平御覽》卷四百四十、卷四百八十二、卷五百三十三、卷七百三十八和卷九百九所引趙曄《吴越春秋》之文均顯然有别，或相去甚遠。《初學記》卷二十四、卷七和《太平御覽》卷四百五十六所引鯀築城造郭、海監縣淪陷和夫差祠子胥三條趙曄《吴越春秋》原文，今本又全部不載。所有這一切都無可辯駁地説明，大德間徐天祜所據以考訂、音注的《吴越春秋》絶非趙曄原著。

此外，按《崇文總目》卷三《雜史類》，《玉海》卷四十一《吴越春秋》所引《中興館閣書目》和《宋史》卷二百三《别史類》、卷二百四《霸史類》所載，宋時尚有十卷本曄書。《崇文總目》卷三《雜史類》著録了「《吴越春秋》十卷」和皇甫遵注「《吴越春秋傳》十卷」二書。由其不列「僞謬重復」之書〔一四〕，可知其所録《吴越春秋》十卷應是有别於皇甫遵《吴越春秋傳》的曄書殘本。又按前所述，《中興館閣書目》所録十卷本亦係曄書殘本，較十二卷足本缺佚記載夫差時吴國之事的二卷。又《宋史·藝文志》是據《崇文總目》、《中興館閣書目》

等書「删其重復，合爲一志」而成〔一五〕。按此可知，宋時藏之中秘的十卷本曄書衹是一種殘本。其卷數雖與今本及徐注底本相同，内容卻較今本少記載夫差時吴國之事的許多篇幅。此十卷本曄書顯然不可能是今本的祖本。

復就楊方所作而言。楊方著《吴越春秋削繁（煩）》五卷，其書名、作者、卷數均與今本不同。此書宋時已佚。徐天祐所據以考訂、音注的亦不可能是楊方之書。

最後就皇甫遵所撰而言，按前所述，遵書初名《吴越春秋》，後改稱《吴越春秋傳》，二名並行於世〔一六〕。據此亦可以説其書名、卷數均與今本及徐注底本相合。遵書是合曄、方二書而成。曄書足本叙事吴起太伯，止夫差；越起無余，止勾踐。内吴外越，本末咸備。遵書所載亦應如此。就事實而言，這和今本所載正相符合。足見今本應淵源於曄、遵二書。又今本雖非趙曄、楊方原著，但書中涉及辰日生克之占、相面、占夢、預言吉凶和災異的記載比比皆是，隨處可見盛行於兩漢，魏晉時已式微的陰陽五行占驗之術和讖緯之説的影響。其行文在保持古樸、自然的同時，又駢儷迭見，韻散相間，頗具魏晉之風。對上述事實唯一合理的解釋，衹能是今本是據合曄、方二書而成的遵書考定、音注而成。

又就直接證據來説。按瞿鏞、陸心源所見及其著録，南宋嘉定末汪綱所刊十卷本《吴越春秋》「每半葉九行，行十八字」〔一七〕，「行數、字數與元刻同」〔一八〕。又按顧廣圻所見、所校及蔣光煦據影宋本與明翻大德本、《古今逸史》本相校而成之《〈吳越春秋〉校》，宋十卷本與元、明刊本卷帙、文字、内容基本相同〔一九〕。汪綱在刊行十卷本時，已無他本「可以是正」。徐天祜亦認爲，大德年間獨有其據以音注之《吳越春秋》尚「行於世」。可見此十卷本在嘉定至大德間已成爲唯一流傳於世的《吳越春秋》。這都説明汪綱所刊宋本應爲今本之祖本。復由其書共十卷，並有《夫差内傳》一卷，而其餘各種《吳越春秋》僅曄書殘本爲十卷，且缺佚夫差時吳國之事的内容，可知此宋本即遵書而非曄書殘本，遵書確爲今本之祖本。

不過，在最終判定今本直接源於遵書前，還必須解決今本題爲趙曄所著的問題。今本之題爲趙曄所著，並非始於徐天祜。按其《〈吳越春秋〉序》所言，徐所據以音注之書即題作趙曄所撰。在此問題上，徐並非始作俑者，而衹是踵襲前人而已。例如南宋嘉定末汪綱所刊十卷本遵書，即已題爲「後漢趙曄撰」〔二〇〕。人們之所以將遵書題爲趙曄所著，則是因爲遵書本是曄書的傳注，主要據曄書撰成，理應題有原著者之名。另外，在宋人普遍認爲遵書僅爲曄書之注，曄書已不復可見，而遵書又未兼録曄書本文的情況下，人們自然會因其並無遵之注文和曄之本文之別而將其誤認爲曄書本文的一種殘本，從而删去皇甫遵之名。宋代曄書十卷本殘本的存在，使曄、遵所作書名、卷數相同，極易混淆，從而進一步助長了人們的誤解，促成了上述錯訛的產生。

皇甫遵的《吳越春秋傳》及其流傳

近數十年來，人們多認爲皇甫遵之書是由曄書本文和遵注二部分組成。如余嘉錫先生即認爲：「皇甫遵之書名之爲傳，即是書之注。」宋本「即用皇甫之本，而去其注」（即祇留下曄書本文）。故曰遵書「即曄書」〔三一〕。梁宗華亦認爲遵書本文和注文是合在一起的〔三二〕。這種説法頗有值得商榷之處。

就親睹宋本者所言而論。徐天祜在考訂、音注《吳越春秋》時即指出，其所據宋本「無所謂傳注」。江標《宋元本書目行格表》卷上著録云：「宋本《吳越春秋》，行十八字，無注，十卷。」其每行字數及卷數均與汪綱刊本相同，應屬同一刻本系統。顧廣圻、張金吾和蔣光煦諸人曾有幸見過影鈔或影寫宋本，除極少數小注外，他們也都没有指出宋本有足以被指證爲遵注的注文〔三三〕。這説明宋本祇有正文，而無本文和傳注之分，並非曄書本文和遵注的合刻本。

又古代經典本文、傳注均各自成書。南宋初年以後，經典本文、傳注合刻之風始逐漸流行。由南宋嘉定末汪綱刊本尚非合刻本，可以推知隋、唐時皇甫遵之書並非由曄書本文和遵注二部分組成。

從現存的曄書本文來看，宋本與今本之文字並非出自曄書。按前所述，衹要將諸書所引趙曄《吴越春秋》之原文與今本逐一對照，便可發現兩者出入頗大，顯然有别。按蔣光煦《〈吴越春秋〉校》所校，今本與宋本卷帙、文字、内容基本相同。因此，宋本之文字、内容亦當與曄書有别。上述宋本應爲前文即已指出的遵書，而非曄書。

由上所述，可知皇甫遵之書並非由曄書本文和遵注組成，宋本《吴越春秋》之文字、内容與曄書判然有别，係出自皇甫遵之手，絶非曄書、遵注之合刻本。因此，人們也就根本不可能用曄書本文而去其注。遵書係本文與傳注合一説既然不能成立，那麽，遵書即書之注的觀點是否也有問題呢？欲回答這一問題，即應從傳注的詮釋和分類入手。

古人所説的傳，是指博識經意、傳示後人之文。注則指解釋經指、使義理著明之文。按其與本文的關係，傳注大致可分二類。一類依本文逐字逐句直接解釋字句及大義，如《周禮注》《公羊傳》《穀梁傳》等即是。另一類則不依本文而别自爲説，並非直接闡述正文字句和大義，而是論述本意、證發經意，或採雜説、非本義，引類以託其意。如《左傳》《尚書大傳》《韓詩外傳》等即是。《舊唐書·經籍志》、《新唐書·藝文志》、《崇文總目》云皇甫遵撰《吴越春秋傳》，注《吴越春秋》，《圖書十志目》曰遵合曄、方二家，爲之傳注。其所言之傳、注或傳注，均指以上所述的後一類傳注。因爲祇要對皇甫遵所撰稍加分析，便可知此書並非依附曄書，按其本文逐字、逐句直接解釋字詞大義，而是據曄、方二書改編，自成一書的另一種《吴越春秋》。

從有關遵書的著録來看。《崇文總目》及《圖書十志目》指出，楊方「以曄所撰爲煩」，「刊削之，爲五卷」，「遵乃合(曄、方)二家之書，考定而注之」，「考正而爲之傳注」。曄書文繁，方書文省，欲合二書爲一，勢必要删繁增簡，兼顧兩者。而文字和事實的考正和考定，也必將導致文字和内容的修改。又由曄書十二卷，方書五卷，遵書十卷，可知皇甫遵在合二書爲一的過程中，必定下過一番重新編定其篇帙的工夫。顯然，遵書祇是以曄、方二書爲基礎，加以增删、考正和改寫，編定，本末俱備的一種《吴越春秋》改編本。如若一定要將其視爲曄書之傳注，則祇能將遵書歸入後一類而非前一類傳注之列。

又從遵書本身來看。按前所述，今本與遵書卷帙、文字、内容基本相同，足以體現遵書的本來面目。如將《初學記》卷二十四、卷七和《太平御覽》卷四百五十六所引鯀築城造郭、海鹽縣淪陷和夫差祠子胥三條趙曄《吴越春秋》原文與今本相對照，便可發現以上三條曄書原文已被遵書删去。又如將《初學記》卷五、卷二十四和《太平御覽》卷四百八十二所引禹夢見玄夷蒼水使者、范蠡起靈臺、勾踐嘗膽欲復讎三條曄書原文，與今本所載相對照，即可知遵書中「聞帝使文命於斯」至「故倚歌覆釜之山」之句，「東南爲司馬門，立增樓，冠其山巔」之句，以及「苦身勞心，夜以接日，目卧則攻之以蓼，足寒則漬之以水」之句，均係曄書原文所無，遵本所增。在後二條中，曄書原著所載「仰觀天文，候日月之變怪」，以及「於是群臣聞之」至「興師滅吴」數句，又爲遵書删去。此外，《初學記》卷十三、卷二十二、卷三十和《太平御覽》卷四百四十、卷七百三十八所引薛燭相劍、歐冶子作劍、勾踐欲登明堂、子胥乞食和范蠡卜吴王疾諸條曄書原文，亦與遵書所載頗多歧異，文字相去甚遠。依據以上事實，可知十卷本遵書和十二卷本曄書存在相當大的差異，前者的確是對後者大量增補删削，重新改寫、編定而成。又由今本以正面闡述事實的方式記載吴、越二國的歷史，全書結構完整，本末俱備，叙事自成體系，首尾銜接，可知遵書的確衹能歸入後一類傳注。

按上所述，如將傳注分作二類，則《舊唐書·經籍志》、《新唐書·藝文志》、《崇文總目》和《圖書十志目》等書所説的皇甫遵之傳注即應被歸入後一類。從遵書爲曄、方二書後一類傳注的角度出發，余嘉錫先生説遵書即書之注是正確的。余説的失誤在於將一向單行的遵注，誤認作曄書和遵注的合刻本了。

還應指出的是，遵書在身爲後一類傳注的同時，又兼有前一類傳注。如今本云：范蠡「起游臺其（怪山）上，東南爲司馬門，立增樓，冠其山巔，以爲靈臺」。《初學記》卷二十四引趙曄《吳越春秋》曰：「范蠡起游臺於怪山，以爲靈臺。」據此，可知「東南爲司馬門」至「冠其山巔」之句係曄書所無，當出自後人所增。按其上下文意，此句應爲與正文有别的注文。又今本引干將之言曰：「昔吾師作冶，金鐵之類不銷，夫妻俱入冶爐中，然後成物。至今後世即山作冶，麻絰葌服，然後敢鑄金於山。今吾作劍不變化者，其若斯耶？」其中「至今」至「鑄金於山」一句中之「今」，與下文之「今」所指不同。此句的存在，又使全段上下文意突兀受阻，無法貫通。顯然，此句應係插入正文中之注解。復由諸書所引來看，該句見於《（紹定）吳郡志》卷二十九《土物》所引之《吳越春秋》，而不載於《文選》卷三十五《七命》注、《初學記》卷二十二、《太平御覽》卷三百四十三、《事類賦》卷十三注所引之《吳越春秋》，應係趙曄、楊方等書所無，皇甫遵之書獨有之注。又如今本云：禹「家于西羌，地曰石紐。石紐在蜀西川也。帝堯之時……」〔三四〕祇須稍一推敲上下文意，便可知「石紐在蜀西川也」是「石紐」一詞的注解。「西川」一名，始於唐代。至德二年（七五七），唐分劍南節度使西部地爲劍南西川，簡稱西川。因此，「石紐在蜀西川」一句不可能是隋以前成書的皇甫遵《吳越春秋》的原文，而應是至德二年以後人所增入之注。此外，按蔣光煦《〈吳越春秋〉校》所載，《王僚使公子光傳》有「胥乃貫弓執矢，去楚」之句，宋本在「貫」字下有「烏還切」三字小注（此三字徐天祐注沿而未改）。《闔閭內傳》「白喜」之「喜」字下，宋本有「上音伯，下音䝮」六字小注。《越王無余外傳》緜「化爲黄能」之「能」字下，宋本又有「囊來切，鼈三足」六字小注。除「石紐」一注外，上述五注出自皇甫遵之手的可能性均無法排除。以上六注都是依附正文，按正文直接詮釋其字句及大義的前一類傳注。

皇甫遵《吴越春秋》成書後，其初當以鈔本的形式流傳於世。唐至德二年以後，有人曾爲此書作注。其注文本與正文有别，後因輾轉傳鈔及刊刻，至南宋嘉定末汪綱刊板時，不少注文已羼入正文，全書僅剩少量小注。所以徐天祜、江標等人皆云宋本無注。大德十年，徐天祜考訂、音注並刊行遵書後，即不再有人刊刻無徐注的遵書。此後直至清代，遵書主要以各種徐注本、宋刊本和影宋鈔本的形式傳存於世。如顧廣圻所著録的即爲宋「嘉定甲申《吴越春秋》景鈔本」〔二五〕。張金吾所收藏的也是嘉定甲申「影寫宋刊本」〔二六〕。蔣光煦所據以校勘的亦爲「影宋本」〔二七〕。此書十九世紀尚存留於世。今日傳世的則是出自徐天祜音注本系統的各種版本。

今本《吴越春秋》是足本而非殘本

今本《吴越春秋》自徐天祜據舊刊本考訂、音注和刊行以來，即一直存在是否完整無缺的問題。如徐天祜即認爲，其所據以注刻之底本乃趙曄之書，「今存者十卷，殆非全書」。所以《文選注》諸書所引《吳越春秋》數事，「今曄本咸無其文」。錢福以爲今本較曄書少「西施之至吳，范蠡之去越」二卷。余嘉錫認爲宋本是用皇甫之本，而去其注，《文選注》諸書所引《吳越春秋》數事應在宋末所亡曄書二卷内。梁宗華則主張今本缺皇甫遵所删曄書中有關地理、名物的二卷，並認爲遵注已失傳〔二八〕。以上各家之説可大致歸納爲二點：一、今本較曄書缺二卷内容；二、今本缺遵書之注。

先分析今本缺二卷的觀點。此説的立足點，建立在今本即曄書這一錯誤認識的基礎上。按前所述，遵書是皇甫遵以曄、方二書爲基礎，大量增删、改寫、編定而成。全書結構完整，本末俱備，自成體系。遵書較曄書少二卷，並非是由簡單的散佚所致，而是由皇甫遵的删削和重新編定造成的。遵書與曄書是原著與改編本的關係。今本又是據遵書而非曄書考訂、音注而成。在今本、遵書和曄書這兩種不同的版本系統間，祇應有篇帙、文字和内容多少的不同，而不應有足本和殘本的分別。

具體來説。按前所述，徐天祜所見之十卷本《吳越春秋》乃皇甫遵之書而非曄書。今本是據遵書而非曄書殘本考訂、音注而成，並非卷帙不全之殘本。《文選注》諸書所引數事既可能是曄、方二書原有之文，後爲皇甫遵删落，也很可能是引自别種《吳越春秋》，曄、方二書原本即不載，所以今本俱無其文。

范蠡、西施二人是吴越争霸歷史中的重要人物，其事迹富於故事性和傳奇色彩，天生就是民間傳説和文人墨客構作文學作品的好素材。但多年來，各種古籍所引二人之事迹，基本不出今本《吴越春秋》和《越絶書》、《史記》等書所載的範圍，並無多少新内容。各書所引《吴越春秋》之文亦僅較今本多出「吴亡後，越浮西施於江，令隨鴟夷以終」一條〔二九〕。人們關注和争論的也衹限於吴亡以後西施的命運〔三〇〕。這都説明曄書並無二卷專門叙述范蠡、西施之事而爲今本所不載的大量内容。今本也不可能因删削和散佚而脱落此二卷。錢説全出臆斷，純係無根之言。

又諸書所引季札見遺金事、闔閭時夷亭事和越事數條，無一爲夫差時吴國之事。按前所述，宋時曄書所佚二卷記載的正是夫差時吴國之事。因此，諸書所引數事顯然不可能在宋時所佚二卷曄書内。今本係據曄書改編而成，有《夫差内傳》一卷，專記夫差時吴國之事，並未脱落這一部分内容。上述今本不載數事，有可能原本載見於曄書，後和《初學記》卷七、卷二十四，《太平御覽》卷四百五十六所引海鹽縣淪陷、鯀築城造郭、夫差祠子胥三條曄書原文一樣，均爲皇甫遵一一删去。但也很可能本來即不載於曄書，而是録自别種《吴越春秋》。我們不能因今本無曄書原本不載和爲皇甫遵所删去的内容，即斷定今本爲殘本。

從曄書的結構和内容來看。其叙事「吴起太伯，盡夫差。越起无余，盡勾踐。内吴外越，本末咸備」〔三一〕。按其所言，又一一參考諸書所引曄書原文，可知曄書按吴、越二條綫索分別叙述吴、越争霸的歷史。全書結構完整，叙事首尾銜接，本末咸備。其中不應有獨立於吴、越二國争霸歷史以外，專門和大量記述地理、名物的二卷内容，也不應載有勾踐以後之事〔三二〕。

在諸書所引《吴越春秋》中，確有不少是今本不載，專記地理、名物的内容。但其中《太平御覽》卷五百五十六、卷九百九十八和《太平寰宇記》卷九十、卷九十三所引麋湖西城、太官舍和平王都固城、秦置暨四條，即係勾踐以後之事，均不可能出自曄書，而是引自别種《吴越春秋》。今本不載以上數事，是因爲曄書本來即無此内容。至於《太平御覽》卷九百十八、卷一百八十七、卷四十七和《初學記》卷二十四所引雞陂墟、夏禹廟、獨女山和賀臺數條，既可能是曄書本有此内容，後因無法穿插於叙事之中，而被皇甫遵删去；也可能是曄書原本不載，引自别種《吴越春秋》；亦可能爲後人之注。因此，我們不能因今本不載上述諸事，就在缺乏確鑿證據的情況下，斷言曄書原有專門記載地理、名物的二卷内容，更不能因之而斷定今本即殘本。

再分析今本缺遵注一説。此説建立在遵書由曄書本文和遵注二部分構成，今本僅用其本文而去其注這一錯誤認識的基礎上。按前所述，今本與宋本基本相同。宋本即遵書，亦即遵注，並無曄書本文和遵注之别。因此，今本即皇甫遵之傳注。其書是沿襲、照録皇甫遵所作而成，而非用皇甫本而去其注。從遵注即今本的角度來看，可以説遵注從未失傳，至今仍流傳於世。我們不能僅從遵注已佚這一不能成立的前提出發，而得出今本乃殘本的結論。

必須指出的是，今本正文和宋本遵書原文也存在一些文字上的差異。其中部分是因徐天祜考訂和「刊正疑訛」所致〔三〕。如宋本目録第一卷《吴王太伯傳》，徐天祜音注本即改作《吴太伯傳》；宋本《王僚使公子光傳》云楚莊王「即位二年」，今本便改爲「即位三年」；宋本《勾踐伐吴外傳》在「格霸二百二十四年」下有「所伐還，游江東」六字，即爲今本删去；宋本《夫差内傳》有「遂緣泝淮」之語，今本在「緣」字下即增一「江」字。

另有少數差異則是因刊刻時脱訛所致。其中最主要的莫如宋本《越王陰謀外傳》「女即捷末」下，今本脱「袁公操其本而刺處女，女應即入之，三入，處女因舉杖擊之」二十三字。但統觀全書，這一類脱訛總共不過數十字。因此，從脱、訛文字的數量來看，也還不能將今本視爲遵書的一種殘本。

由上所述，可知今本乃曄書的改編本，而非卷帙不全、散佚和删餘之殘本。今本即皇甫遵書和遵注之全帙，而非缺佚遵注之殘本。無論從今本是曄書之改編本，還是從今本爲遵書之音注本來説，今本都是足本而非殘本。

注釋

〔一〕見《杭州大學學報》一九八四年第一期《〈吴越春秋〉及其記載的吴、越史料》。
〔二〕張金吾《愛日精廬藏書志》卷十四《史部・載記類》。
〔三〕《晉書》卷六十八有《楊方傳》。
〔四〕《崇文總目》卷三《雜史類》。
〔五〕張金吾《愛日精廬藏書志》卷十四《史部・載記類》。汪綱之誤詳見下。
〔六〕楊慎《丹鉛餘録》卷十四。
〔七〕見王芑孫《惕甫未定稿》、黄雲眉《〈古今僞書考〉補證》。
〔八〕余説見《四庫提要辨證》卷七《史部・載記類》，曹文見《西北大學學報》一九八二年第四期。
〔九〕梁文見《東岳論叢》一九八八年第一期。
〔一〇〕陳文見《文學遺産（增刊）》第七輯。
〔一一〕徐天祜《〈吴越春秋〉序》。
〔一二〕徐天祜《〈吴越春秋〉序》。
〔一三〕以上諸條分别見《闔閭内傳》《夫差内傳》《越王無余外傳》《勾踐入臣外傳》和《勾踐歸國外傳》。
〔一四〕《玉海》卷五十二《慶曆崇文總目》。
〔一五〕《宋史》卷二百二《藝文志序》。

〔一六〕《隋書》卷三十三《經籍志·雜史》、《玉海》卷四十一《吴越春秋》、《宋史》卷二百三《藝文志·别史類》作《吴越春秋》,《舊唐書》卷四十六《經籍志·雜史》、《新唐書》卷五十八《藝文志·雜史類》、《崇文總目》卷三《雜史類》、《史略》卷三《歷代春秋》、《文獻通考》卷一百九十五《雜史》則作《吴越春秋傳》。

〔一七〕瞿鏞《鐵琴銅劍樓藏書目録》卷十《載記類》。

〔一八〕陸心源《儀顧堂題跋》卷四《元板〈吴越春秋〉跋》。

〔一九〕《黄顧遺書·思適齋書跋》卷二《史部》、《涉聞梓舊·斠補隅録·〈吴越春秋〉校》。

〔二〇〕張金吾《愛日精廬藏書志》卷十四《史部·載記類》。

〔二一〕余嘉錫《四庫提要辨證》卷七《史部·載記類》,曹林娣《關於〈吴越春秋〉的作者及成書年代》。

〔二二〕梁宗華《一部值得重視的漢代歷史小説——現行十卷本〈吴越春秋〉考識》。

〔二三〕張金吾《愛日精廬藏書志》卷十四《史部·載記類》,《黄顧遺書·思適齋書跋》卷二《史部》,《涉聞梓舊·斠補隅録·〈吴越春秋〉校》。

〔二四〕《越王無余外傳》。

〔二五〕《黄顧遺書·思適齋書跋》卷二《史部》。

〔二六〕張金吾《愛日精廬藏書志》卷十四《史部·載記類》。

〔二七〕《涉聞梓舊·斠補隅録·〈吴越春秋〉校》。

〔二八〕分别見徐天祐《〈吴越春秋〉序》，錢福《重刊〈吴越春秋〉序》，余嘉錫《四庫提要辨證》卷七《史部·載記類》，梁宗華《一部值得重視的漢代歷史小説——現行十卷本〈吴越春秋〉考識》。

〔二九〕據馬驌《繹史》卷九十六下引《修文御覽》所録《吴越春秋》。

〔三〇〕可參見《（元豐）吴郡圖經續記》卷下《事志》。

〔三一〕晁公武《郡齋讀書志》卷二上《雜史類》。

〔三二〕唯一例外的是，《初學記》卷七所引曄書云：「海鹽縣淪爲招湖，徙居武原鄉，故越地也。」從其内容和語氣來看，以上引文應係曄書之注文而非正文，或本爲别種《吴越春秋》之文，後爲人誤繫於趙曄名下。

〔三三〕徐天祐《〈吴越春秋〉序》。

中國史學基本典籍叢刊　書目

穆天子傳匯校集釋
國語集解
吴越春秋輯校彙考
越絶書校釋
西漢年紀
兩漢紀
漢官六種
東觀漢記校注
校補襄陽耆舊記（附南雍州記）
十六國春秋輯補
洛陽伽藍記校箋
建康實録
荆楚歲時記
貞觀政要集校（修訂本）
唐六典
蠻書校注
十國春秋
皇朝編年綱目備要
皇宋十朝綱要校正
隆平集校證
宋史全文
宋太宗皇帝實録校注
金石録校證
靖康稗史箋證
中興遺史輯校
鄂國金佗稡編續編校注
皇宋中興兩朝聖政輯校
續宋中興編年資治通鑑
續編兩朝綱目備要
宋季三朝政要箋證
宋代官箴書五種
契丹國志

西夏書校補
大金弔伐録校補
大金國志校證
聖武親征録（新校本）
元朝名臣事略
國初群雄事略
明本紀校注
皇明通紀
明季北略
明季南略
小腆紀年附考
小腆紀傳
廿二史劄記校證